新闻传播学精品文库

暴力网络游戏与青少年

一个涵化视角的实证研究

陈韵博 著

暨南大学出版社
JINAN UNIVERSITY PRESS

中国·广州

图书在版编目（CIP）数据

暴力网络游戏与青少年：一个涵化视角的实证研究 / 陈韵博著. —广州：暨南大学出版社，2015. 5
（新闻传播学精品文库）
ISBN 978 - 7 - 5668 - 1444 - 9

Ⅰ. ①暴… Ⅱ. ①陈… Ⅲ. ①互联网络—游戏—影响—青少年问题—研究 Ⅳ. ①D669. 5

中国版本图书馆 CIP 数据核字(2015)第 120680 号

……………………………………………………………………………………

暴力网络游戏与青少年：一个涵化视角的实证研究
著　　者　陈韵博

出 版 人　徐义雄
策划编辑　杜小陆　史学英
责任编辑　颜　彦　郭海珊
责任校对　周优绚　王嘉涵
出版发行　暨南大学出版社（广州暨南大学　邮编：510630）
网　　址　http：//www. jnupress. com　http：//press. jnu. edu. cn
电　　话　总编室（8620）85221601
　　　　　营销部（8620）85225284　85228291　85228292（邮购）
排　　版　广州市天河星辰文化发展部照排中心
印　　刷　佛山市浩文彩色印刷有限公司
开　　本　787mm×960mm　1/16
印　　张　17. 5
字　　数　320 千
版　　次　2015 年 5 月第 1 版
印　　次　2015 年 5 月第 1 次
定　　价　38. 00 元

序

恭喜陈韵博的博士论文《暴力网络游戏与青少年：一个涵化视角的实证研究》出版。网游影响威力极大，尤其对青少年来说，已远远超过其他的文化产业的影响。然而在中国，将“游戏”作为题材的学术研究，实在是廖廖可数。还记得当年陈韵博博士告诉我她要以“游戏”为题材写她的博士论文的时候，我真的感到中国新一辈的年轻学者出现了。我认为她是新一代年轻学者的代表，融会了西方传播学的知识，但不再重复西方研究的议题，为中国的社会和研究作出了贡献。

陈韵博以涵化效果为理论框架，研究网游对青少年的暴力态度、移情和暴力意图的影响。不但在取题上配合中国的社会环境，而且在理论发展上传承了传播学上的经典暴力研究。本书结合 20 世纪 70 年代我的老师 George Comstock 的暴力研究，并以 George Gerbner 的涵化理论为基础，发展出涵化效果的第三顺序的研究。本书以结构方程模型的统计方法把暴力在不同情况下（如家庭和学校关系上）的直接和间接影响科学地呈现出来。

我自己也从事青少年和文化产业的研究，我希望以后有更多像陈韵博这样的年轻学者加入这个研究范围的行列，以研究结果为基础，推动文化产业的发展，最后能走出一条适合中国的青年政策的道路。

《暴力网络游戏与青少年：一个涵化视角的实证研究》的出版，让我回想起一些往事。当陈韵博读博士的时候，她的孩子出生了，这是第一个喜悦；现在她完成毕业论文，回到暨南大学当老师，她的新书也诞生了，这是第二个喜悦。在此，我祝陈韵博在未来的学术生涯上有更多喜悦来临。

冯应谦

香港中文大学新闻与传播学院院长

暨南大学新闻与传播学院珠江讲座教授

2015 年 2 月

前　言

随着网络游戏（以下简称网游）产业在中国的蓬勃发展以及网游在青少年中的盛行，网游中的暴力元素对青少年的影响也日益成为各方关注的焦点。当前国内外的研究多为行为层面的效果探讨，且并未达成共识。本研究以涵化理论为理论框架，讨论暴力网游对青年认知、态度、情感等层面的影响，同时考察玩家的暴力经验与对网游的认知真实这两个调节变量的作用。在此基础上进一步探讨暴力网游的“第三顺序”（Third-order）的涵化效果——对玩家暴力意图的影响。

研究采用量化的问卷调查法，针对广州市的中学生进行分层整群抽样，样本量为518人；同时，以《魔兽世界》这一最受欢迎的网游为例，分析暴力元素的展现特点以及暴力的叙事策略。

结果显示，在青少年中大受欢迎的网游，以暴力网游为主。一方面，暴力网游对玩家个人层面的暴力认知没有显著影响，社会层面的暴力认知的涵化效果仅部分成立。暴力网游接触量与玩家的恐惧感之间也没有显著正相关关系。但是另外一方面，暴力网游在“卑鄙世界综合征”（Mean World Syndrome）、暴力态度、移情水平以及暴力意图等方面，具有显著的涵化效果。具体而言，玩家的暴力网游的接触量越大，则越倾向于认为世界是丑恶的，他人是不值得信任的，对暴力的赞同度越高，移情水平越低，且越倾向于采取暴力行为作为解决矛盾冲突的手段。本书还分析了暴力网游的涵化效果与电视涵化效果的异同，并给出了合理的解释。

此外，本研究还利用结果方程模型对暴力网游接触量、暴力态度、移情水平和暴力意图四者之间的关系进行了探索性研究。优化后的模型显示，暴力网游接触量对暴力意图既有直接正面影响，也通过影响暴力态度从而间接对暴力意图产生影响。暴力网游接触量还与移情有显著负相关，但移情则与暴力意图无显著相关。该模型验证了暴力网游的第三顺序的涵化效果。

作　者

2015年2月

目 录

第一章　研究背景介绍

第一节　选题背景

一、网游的迅猛发展

游戏（包括电子游戏和网游）在世界各国已经成为娱乐业的主流，对经济的发展起着重要的推动作用。日本的三大国民支柱产业（汽车业、动漫业、数字媒体业）中，有两个与游戏相关；韩国文化产业振兴院 2014 年发布的《韩国文化产业前景预测报告》数据显示，2013 年，韩国游戏产业销售总额和出口总额分别为 10.88 万亿韩元和 29.78 亿美元，2014 年有望同比增长 11.2% 和 15.6%；美国的游戏业已经超越好莱坞电影业，成为整个电子娱乐产业的龙头。

中国网游产业是一个新兴的朝阳产业，经历了 20 世纪末的初步形成期，以及近些年的快速发展，已经形成了巨大的产业规模，现在正处在成长期并快速走向成熟期。其爆炸式增长主要体现在以下几个方面：

（一）网游市场规模迅速扩大

根据艾瑞咨询公司的数据（见图 1.1），2014 年中国网游市场规模同比增长 24.3%，首次突破千亿大关，达到 1 108.1 亿元。

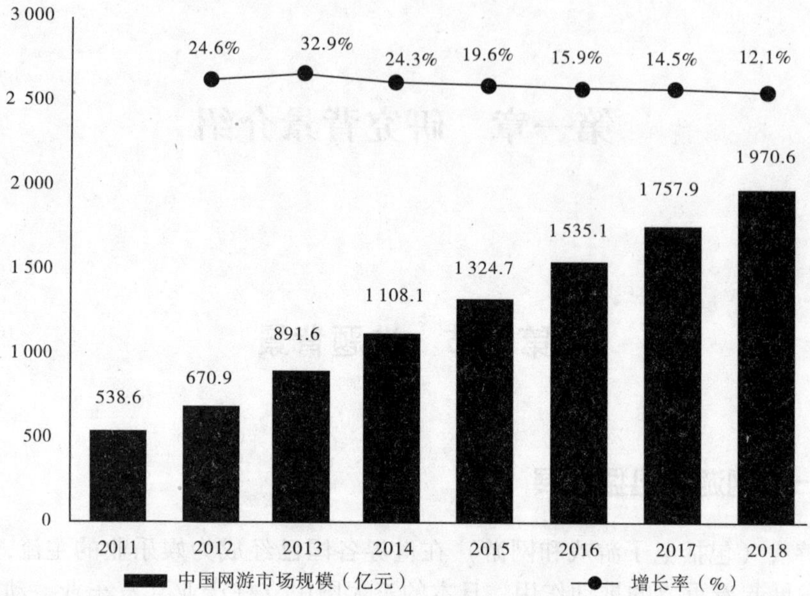

图 1.1　2011—2018 年中国网游市场规模①

注释：①中国网游市场规模统计包括 PC 客户端游戏、PC 浏览器端游戏、移动端游戏；②网游市场规模包含中国大陆地区网游用户消费总金额，以及中国网游企业在海外网游市场获得的总营收；③部分数据将在艾瑞 2015 年网络游戏相关报告中作出调整。

（二）网游玩家呈几何增长

中国互联网络信息中心（简称 CNNIC）发布的第 35 次《中国互联网络发展状况统计报告》显示，截至 2014 年 12 月，整体网民中游戏用户的规模达到 37 716 万人，占网民总体的 58.1%。从用户规模、在线时长以及游戏收入等方面来看，PC 网游吸引了最具价值的深度用户，与手机网游相比而言，仍然是游戏市场的中坚。市场从生命周期角度看还远未达到成熟期，仍处在快速发展的成长期。

（三）网游用户游戏使用时间较长，防沉迷状况不容忽视

根据 CNNIC 的调查，中国网民数量在不断增加，并且大型网游用户平均单次游戏使用时间也较长，为 3.1 小时，略微超过 3 小时的健康游戏时间标

① 数据来源：综合企业财报及专家访谈，根据艾瑞统计模型核算。

准。从游戏使用时长分析，2～3小时与3～5小时的用户比例最大，分别为35.9%和32.9%。[①]

二、网游成为青少年的主要娱乐方式

青少年已经成为中国最大的网游用户群体。CNNIC发布的调查报告显示[②]，在整体网游用户中，10～19岁年龄段的用户群体最大，占到整体网游用户的46.1%。与之相对应的是，在校学生是构成中国网游用户的最大群体，占到总体的37.2%。20～29岁以及30～39岁年龄段的用户比例分别为35.5%和13.5%，40岁以上的网游用户比例为4.0%，如图1.2所示。

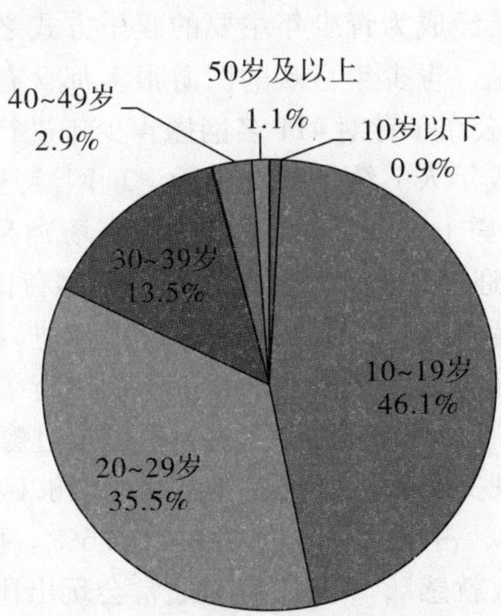

图1.2 中国网游用户年龄结构

另外，网络使用也成为青少年主要的媒介接触行为。根据CNNIC发布的《2013年中国青少年上网行为调查报告》，截至2013年12月底，中国青少年网民规模已达2.56亿人，占整体网民的41.5%，占青少年总体人口的71.8%。青少年网络普及率超过全国互联网普及率45.8%的平均水平26个百分点，较2012年增加了5.4个百分点，呈延续增长之势。青少年平均每周上网时长为20.7小时，较2012年增加了2.3小时。其中，中学生网民每周上网时长增加了6.1个小时。网络娱乐类应用是青少年群体最常用的互联网应

① 见《2009年中国网络游戏市场研究报告》。

② 见《2009年中国网络游戏市场研究报告》。

用，网络音乐、网络游戏、网络视频和网络文学类应用在青少年网民中的使用率均超过了全国平均水平，其中网游使用率高出 11 个百分点。

从短期来看，网游用户以青少年群体为主的格局很难改变，其吸引力可以用马斯洛需求理论来解释。在满足个人生理以及安全感等基本需求后，获得尊重、归属感以及自我实现等较高层次的需求会变得越来越强烈，而对于青少年群体来说，这些需求很难在现实社会中得到满足，因此，该群体往往会通过网游空间去获取。

三、青少年喜欢的网游多有暴力成分

如前所述，网游已经成为青少年主要的娱乐方式之一，而其中需要引起多方重视的一个事实是，青少年喜欢的网游很多都含有暴力成分。中国青少年网络协会 2009 年底公布了针对 411 名网瘾青少年进行调查的结果，此次被调查的对象主要是未成年人。统计数据显示，玩网游是这些未成年人上网的主要目的。《地下城与勇士》（2007 年进入中国市场）是最让未成年人沉迷的网游，其他 13 款受欢迎网游包括《梦幻西游》、《魔兽世界》（2005 年 6 月开始在中国开展商业化运营）、《穿越火线》（2008 年进入中国市场）等。在调查中，中国青少年网络协会的工作人员和孩子们进行了深入交流。孩子们就《地下城与勇士》给出了如下评语："打打杀杀的很过瘾，百玩不厌"，"游戏的虚拟、刺激，还有现实中做不到的，在网络中能够做到"。有 80 人选择了最喜欢玩《梦幻西游》，占玩网游的总人数的 20.6%。孩子们说："当我打到顶级时有一种很大的成就感"，"在游戏里通常会玩出比较大的名声，极大地满足自己的虚荣心，可以填满内心的空虚感"，"刺激、血腥，打败了对方有成就感和自豪感"，"与众人一起聊天、杀怪、升级，有一种快乐感，可以在虚拟世界中随心所欲"。有 63 人选择最喜欢玩《魔兽世界》，占 16.2%。孩子们告诉调查人员，选择这款游戏的理由是"现实中达不到的一种完美状态在游戏中可以达到"、"能将人带入其中无法自拔"。有 35 人选择最喜欢玩《穿越火线》，占 9.0%。孩子们的理由是"这款游戏可以杀人，惊险刺激，有快感"，"我很喜欢玩这样的暴力游戏，心里很爽"，"自由、无约束，可以满足自己的虚荣心"。

《中国青少年网瘾报告（2009）》调查结果显示，在接受调查的 2 665 名青少年网民中，《魔兽世界》是他们最喜欢玩的网游，选择人数占青少年网民全体的 10.3%，但是在深入访谈过程中，调查者不止一次听到老师、家长对《魔兽世界》进行控诉。

由艾瑞咨询公司和腾讯公司发布的《2010 年中国网络游戏人群分析》显示，动作类、西方魔幻类、社区类、射击类、东方武侠类和棋牌休闲类网游最受网民欢迎，渗透率均超过 25.0%（见图 1.3）。游戏是否刺激、服饰外观是否精美、游戏是否可以开展团队冒险等因素，是网民选择心仪游戏的重要依据。

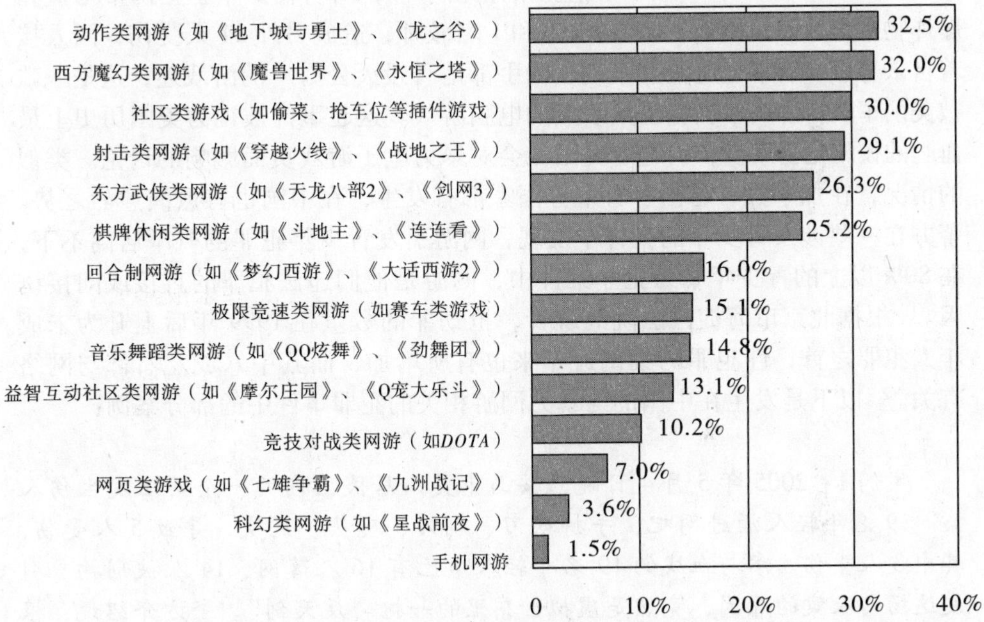

图 1.3　2010 年中国网游用户最常玩的游戏类型

样本描述：$N=48\ 865$；2010 年 12 月通过网络联机调研获得。

虽然上述这些调查报告实施的主体和受调查的对象不尽相同，但调查结果都表明，当前在青少年中受到欢迎的网游，大部分都带有射击、枪杀、血腥等暴力场面。同样的情况在国外也非常普遍。例如，Dietz 曾于 1998 年取样 SEGA 和任天堂的 33 款游戏进行分析，发现 80% 的游戏本质上是暴力的。而 Carnagey（2004）和 Anderson（2001）等人的调查也发现，游戏玩家喜爱的游戏大部分都是暴力的。

四、暴力游戏的盛行与青少年犯罪

随着暴力游戏在青少年中的盛行，近年来，越来越多的青少年犯罪被归因于暴力游戏（包括电子游戏和网游）的影响，国内外都有类似的案例以及相同的关注与指责。1999 年 4 月 20 日，美国科罗拉多州杰弗逊郡哥伦拜恩高中（Columbine High School）发生校园枪击事件，两名青少年学生携带枪械和爆炸物进入校园，枪杀了 12 名学生和 1 名教师，造成另外 24 人受伤，两人接着自杀身亡。后来经过调查发现，凶手都是《毁灭公爵》的游戏迷，这是一款被美国军队特许用来训练士兵杀人的电脑游戏。这起事件被视为美国历史上最血腥的校园枪击事件，引起了美国社会对暴力电子游戏负面影响的讨论。类似的情况，在加拿大、德国、日本等国家都有发生，在中国也有愈演愈烈之势。警方在一些涉及青少年的案件中发现，网游引发青少年犯罪的概率居高不下，在 80% 以上的青少年暴力犯罪案件中，网游是他们违法犯罪的直接或间接诱因。① 根据北京市海淀区法院的统计，抢劫罪的数量在 1999 年后上升为未成年人犯罪之首，性犯罪的案例近年来也有所增加，而其中八成左右都与网络有关。② 以下是发生在中国的与暴力网游相关的犯罪事件中的部分案例：

案例 1：2005 年 5 月 4 日晚，鞍山市灵山居民区内的一个网吧发生伤人案。19 名年轻人涌进网吧，手持砍刀、刺刀、砖头、瓦块，导致 5 人受伤，其中 3 人重伤。参与血战的 19 名年轻人中已有 16 人落网，14 人被刑拘。引发这场伤人案的原因，竟然是虚拟世界里的一把“反天剑”。警方介绍说，根据有关统计和分析，青少年犯罪绝大部分与其在网吧上网玩游戏、聊天等引发纠纷有关。网上一言不合即在现实世界中相约“决斗”，打架斗殴几乎成了家常便饭。他们成天沉迷于在虚拟的网络世界中打打杀杀，追求刀光剑影，血肉横飞，网络游戏满足了他们战胜一切的欲望，暴力崇拜成为其共同特点。③

案例 2：由于沉溺于网络暴力游戏，弓宪民和李新阳等一群不到 20 岁的年轻人，在短短的半年时间内，模仿游戏套路在河南境内的 20 多个县、市作

① 《上海警方在青少年案件中发现八成犯罪与暴力游戏有关》，http：//www. qingdaonews. com/content/2004 – 10/17/content_3772716. htm。

② 《“研究报告”显示网游给青少年带来的伤害最大》，http：//news. xinhuanet. com/edu/2009 – 05/19/content_11398665. htm。

③ 《“游戏暴力”冲击现实世界　网吧里挥起大片刀》，http：//news. xinhuanet. com/newscenter/2005 – 07/14/content_3218029. htm。

案40多起。2005年9月2日，河南省高级人民法院签发了对弓宪民和李新阳执行死刑的命令，结束了两个年仅21岁的生命。一款名为“CS”（俗称“半条命”）的网络游戏要了弓宪民和李新阳两人的命。这款游戏以“反恐”为题材，丰富的场景设置、逼真的音响效果以及血腥的射杀场面都是引起玩家兴趣的兴奋点。正是这款紧张、刺激、血腥的枪战游戏，让弓宪民深陷其中，不能自拔。面对死刑，痴迷于网络游戏的弓宪民依旧不知悔改。他说，自己是游戏高手，只有在游戏中，他才能体验到自己是统领一方的“霸主”。他始终认为，武力可以征服一切，他要一步步按照“游戏套路”去锻炼自己的胆量和“计谋”。①

案例3：想不到，网络游戏中的“血雨腥风”，会引来现实社会中的一场刀光剑影。广州越秀区警方4月5日破获3月31日发生在白云路口的学生聚众斗殴案件，6名参与聚众斗殴的学生被越秀区警方刑事拘留。这宗群殴案竟是因网络游戏《魔兽世界》而引发的。据有关数据显示，游戏中的暴力、血腥等有害因素把大量的青少年拽到网瘾的深渊，导致逃课、辍学和被劝退的中学生日益增多，引发的犯罪逐年低龄化。白云派出所办案民警称，两帮学生均来自多间技校，有的是被技校开除的学生，平时喜好上网玩游戏。越秀区警方提醒家长和学校要正确引导和教育青少年远离不良网游，使之身心健康发展，杜绝网络不良信息对青少年的侵害。②

有学者认为，与其他娱乐媒介相比，网游能使青少年沉溺其中而乐此不疲，并在相当程度上存在着诱发暴力犯罪的几个特点。首先，玩家对网游有高度认同感。虽然网游的血腥暴力场面不一定比电影、电视多，但可能使玩家对游戏中的攻击者产生角色认同，并主动参与游戏中的攻击行为。玩家的角色认同度越高，将游戏中的攻击手段运用到冲突情境中以解决问题的可能性就越高。因此，在犯罪动机的支配下，玩家往往会冲动性地模仿网上角色的行为方式。其次，网游具有超现实和理想化的色彩，它迎合了人们内在的、本性的需求，如自我表现、自我实现等。当青少年在网上受到这些信息的刺激时，很容易对其不加鉴别地接受，从而产生暗示效应，促成类似行为的实施。再次，网游中的主体和对象体现了去生理化和去规则化的特点（皮勇、刘卫国，2005）。作为一个正常人，暴力犯罪的代价无时无刻地提醒其恪守道德或法律，但是，在网游中不必如此。如今游戏与生活的界限越来越模糊，

① 《暴力游戏应实行分级限制》，《中国青年报》，2005年9月9日。

② 《玩魔兽人也变魔兽？十余男子追砍学生祸起网游》，《羊城晚报》，2011年4月8日。

难免令人担心虚拟犯罪或许是真实犯罪的开始。

五、社会各界的反应

网游逐步进入大众娱乐生活，由于存在开发管理、游戏运营以及游戏选择规则不规范等问题，加之青少年玩家比重高，而网游极易对成长中的青少年产生较大的影响，社会大众对网游这个新生事物存有深深的疑虑。青少年由于迷恋网游，甚至沉迷成瘾而导致的成绩下降、无心向学、自闭甚至暴力犯罪等严重后果，已经引起家长及社会的广泛关注和担忧，政府部门对暴力网游的负面影响也越来越重视。

（一）家长

作为对未成年人影响最大的群体，家长对网络成瘾和暴力网游普遍存有戒备或反对的态度，认为青少年会受到不良影响。2010 年发布的《中国未成年人互联网运用报告》调查了家长对孩子接触网络的意向，42.6% 的家长对孩子上网“比较反对”或“非常反对”，高于“比较支持”或“非常支持”的比例。同时，被调查的家长深受“网瘾”观点的影响，九成家长认为“网络沉迷”很普遍，超过一半家长认为网络沉迷“极其严重”。

另外，CNNIC 在 2009 年针对未成年网游用户的父母对网游产品的了解状况进行调查，结果不容乐观。数据显示，46.4% 的未成年网游用户的父母对于网游不了解，其中“一点也不了解”的父母比例高达 16.5%，而对网游了解的缺乏也造成对未成年人使用网游的态度的歪曲（见图 1.4）。

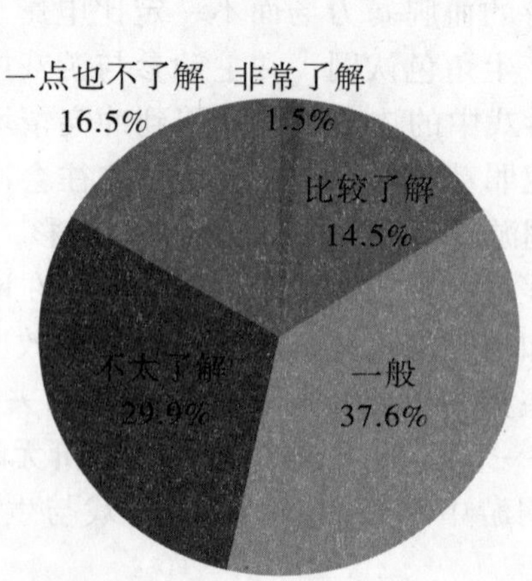

图 1.4　未成年网游用户的父母对网游的了解情况

由此可见，虽然家长对网络持有保守意见，且对网游可能存在的负面影响大都表示担心，但由于家长对网游的了解程度较低，难以客观地看待这一新生事物，所以很可能在与孩子沟通的过程中存在障碍，从而导致无法良性规范孩子的上网行为，对其与网游的接触给予适当的指导。

（二）学校

学校教育是未成年人获取知识的基本途径，学校作为教育场所应该对网游起到引导作用，而网游的特殊性又提高了学校提供网游教育的紧迫性。但目前看来，学校对未成年人进行网游教育的力度有待提升。CNNIC 发布的《2009 网络游戏用户调研》数据显示，超过三成的未成年网游用户在学校并没有接受过与网游相关的教育。

青少年平日主要的活动时间和范围都是在学校，因此如何加强网游教育，引导学生正确看待网游的利弊，学校的教育任重而道远。

（三）游戏业界

作为网游的运营主体，网游业界对于网游对玩家产生的影响，尤其是不良影响，同样负有责任。

2010 年，北京、上海两市试点开展了网游适龄提示工程，网游运营企业根据游戏的复杂激烈程度、价值导向性等特点，对游戏所适宜的玩家年龄进行提醒，从而指导未成年人及其监护人正确选择适合其年龄阶层的游戏产品，提高其网络休闲娱乐的合理性和健康性。

在文化部的指导下，2010 年 2 月，完美时空、腾讯、网易、盛大网络、巨人网络、搜狐畅游 6 家网游骨干企业自主发起了“家长监护工程”，2010 年 5 月，其他 36 家网游企业也相继加入。此工程旨在加强家长对未成年人参与网游的监护，引导未成年人健康、绿色地参与网游，体现了网游企业和行业的自律意识及社会责任感。

（四）监管部门

针对网游存在的种种情况，监管部门出台了一系列的措施与政策，并对相关的制度作出努力的尝试，但收效甚微，部分原因在于其对网游没有真正透彻的了解，没能贴近和把握网游玩家的心理，对网游的规范与管理过于简单与粗暴。

1. 防沉迷系统

2007 年 4 月 9 日，国家新闻出版总署与教育部、公安部等 8 部委联合下发《关于保护未成年人身心健康实施网络游戏防沉迷系统的通知》，按照2006年9月18日公布的《网络游戏防沉迷系统开发标准（试行）》，使用者累计3小时以内的游戏时间为“健康”游戏时间，累计游戏3小时之后，再持续下去的2小时游戏时间为“疲劳”游戏时间，累计游戏时间超过5小时为“不健康”游戏时间。不同累计在线时间的游戏收益处理如下：累计在线时间在3小时以内，游戏收益为正常；累计在线3~5小时，收益降为正常值的50%；累计在线5小时以上，收益降为0。

虽有良好的初衷，该系统的有效性却遭到质疑。例如，该系统可能会促使玩家玩游戏的次数增多；玩家可以通过申请多个账号或者同时玩多个游戏来规避防沉迷系统；防沉迷系统只在正规的处于官方监管之下的游戏服务器上架设，这可能导致更多非法运行的私人服务器出现。

2. 网游实名制

2010年6月3日，文化部颁布了《网络游戏管理暂行办法》（以下简称《办法》），这是中国第一部专门针对网游进行规范和管理的部门规章，其中最引人关注的是有关“网游实名制”的规定。《办法》规定，网游账户需通过有效身份证件实名注册。这是我国首次就网游实名制出台的相关法规，虽有利于净化网游环境、减少过度沉迷、保护网民虚拟资产，但实施以来，执行情况并不乐观，各方对于新规的态度褒贬不一，应对新规的方式也层出不穷，网络上的所谓“身份证生成器”泛滥成灾，借助此工具，网民可以轻松获取符合标准的虚拟身份证号码。此外，网游运营商也认为，鉴于网络玩家数量众多，自己无法一一区分其注册信息是否真实，而且就目前的技术手段及权限而言，运营商实际上也很难判断一个身份证号码的真伪。在这种情况下，网游实名制多少显得有些尴尬。

3. 网游分级制

制定网络游戏的分级管理制度是规范网络游戏产业良性发展和保护青少年网游玩家的重中之重。2010年1月，北京大学文化产业研究院受文化部委托进行的网游分级标准课题研究完成。该研究建议将网游分为适合全年龄段、12岁以上、18岁以上三个级别。该标准提出文化价值导向性、虚拟社会健康度等5个评价指标，与西方主要依据引起身体反应的程度（比如色情、暴力、药品等）进行分级不同，该标准主要从价值取向、文化内涵等软性内容和服务水平进行分级管理。虽然该制度尚未正式实施，很多网民却对此表示“不买账”。腾讯投票显示，高达86%的网友表态不会按照分级制度玩游戏。[①]

综合以上讨论，虽然监管部门针对网游的各项措施和政策都面临着反对或质疑的声音，但毕竟都是有意义的尝试。其执行和实施的不力，很大程度上在于没有真正贴近游戏玩家，而是将网游，尤其是暴力网游单纯视为需要被规范管理的对象，对其受欢迎的成因以及发生作用的机制没有深入的了解。因此，亟须相关的研究为政府部门制定相应政策提供依据。

（五）学界

学界关于暴力游戏对青少年的不良影响的研究由来已久，在针对暴力网游的研究中，亚洲学者更多的是研究成瘾的危害（Wan & Chiou，2006；Yee，2006；Koo，2009），西方学者则沿袭暴力媒介的效果研究的传统，更加注重暴力网游对玩家的攻击性行为的影响（Norris，2004）。自从暴力网游与青少年犯罪成为社会热点议题，中国的学者也纷纷从以上两个角度进行研究。其中，针对暴力网游与青少年的攻击性行为之间的因果关系的研究，结论不一。有的研究表明二者存在正相关的关系（陈碧云，2010；曾凡林等，2004），但有的研究则发现暴力网游不会导致使用者的暴力行为，但会影响其对暴力的态度以及相关认知（张晓冰等，2009；贺建平等，2009）。可见暴力网游对青少年的影响成因非常复杂，需要从多个层面、多个角度进行探索。

六、暴力网游真的十恶不赦吗

很多人尤其是青少年的家长把网游看作邪恶的诱惑，认为它使青少年沉溺其中不可自拔，犹如吸毒一般，称之为“电子海洛因”，还有人将其比喻为潜伏在文化花园中的毒蛇。网游，尤其是暴力网游，是否真的如众人所担忧的那般是洪水猛兽，认人唯恐避之不及呢？玩网游真的毫无价值和意义吗？在对其进行责难及贴上各种标签之前，有必要对其进行理性的分析，才能给出公允的评价。

如前文所述，对于暴力网游是否导致青少年玩家的暴力行为，学术研究并未达成一致结论。此外，还有研究表明，网游对游戏玩家其实也存在着正面的效应。例如，《心理科学》上的一篇经过长期调研后总结出的研究报告指出，动作要素丰富的电子游戏有助于培养人的观察力。报告列举了一系列数据，证明在接触过一段时间的动作类游戏后，被测试者对事物观察的敏锐程

---

① http：//hb. qq. com/a/20100201/002340. htm。

度有了明显的提高。[①] 类似情况在其他学者的研究中也有发现（Greitemeyer & Osswald，2010）。

此外，作为直接参与者的网游玩家，对于网游被赋予众多负面色彩也持有很大的意见。《2009 中国未成年人互联网运用状况调查》显示，四成中学生认为网游能“释放压力”。被调查的中学生认为网游有帮助他们调节自身情绪的作用，另外还有利于拓展自己的社交关系。必须承认，中学生承受的压力的确较大，这种压力可能主要来自学业竞争和家庭期待，如果压力得不到释放和缓解，将会成为中学生学习及生活中的一大问题，因此需要寻求更多的方式来降压。

面对社会各界对网游的诟病，有的玩家针锋相对地列出了玩网游的十大好处，包括结识新朋友，学会处理人际关系和互相尊重；学到合作团结的精神，获得满足感和成就感；激发各种思维，训练思考能力和应变能力；舒解压力，放松心情，平复烦躁的情绪；在打怪升级中可以让玩家学会正义和锻炼恒心等等。[②] 还有的玩家在博客中写道：“如果说网游充满色情、暴力，容易毒害未成年人的话，那我从小看的四大名著、电视中也有，为什么没人管？作为玩家，我觉得很冤。我曾经天真地以为，时间会让人们对于新事物的恐惧慢慢消散。但时隔多年，恐惧依然在延续。谩骂、争吵解决不了任何问题，只能让彼此的误会加深。”[③]

综合以上分析，社会主流（包括家长、学校、业界、监管部门等）普遍对暴力网游持有高度怀疑和焦虑的心态，但是由于各种原因，例如，对网游的了解不多；缺乏相关的网游教育；无法真正贴近青少年，了解其所思、所想、所需；出台的措施或政策脱离实际情况，难以顺利贯彻实施，这些都导致目前对暴力网游的认知出现两极分化的情况：一方面，被社会各界妖魔化，另一方面，被为了对抗权威展示自我的青少年美化。因此，深入探讨暴力网游受欢迎的成因，分析网游中暴力元素的展现方式和叙述策略，通过科学实证的方法检验暴力网游对青少年的影响，是本研究最主要的目的。

---

① http：//game. 17173. com/content/2007 - 02 - 25/20070225112447248. shtml。

② http：//bbs. duowan. com/thread - 16339233 - 1 - 1. html。

③ http：//wow. 17173. com/content/2010 - 02 - 02/20100202100506763. shtml。

第二节 研究问题与研究价值

一、研究问题

Lazarus 等人指出，几乎每隔十年，人们就向媒体进行一次诘难（卜卫，2002），当今社会最主要的靶子就是暴力网游。如上一节所介绍的，网游已成为青少年接触的主要娱乐方式，且受欢迎的网游多充斥着暴力元素，青少年网络成瘾也以网游成瘾为主，在多股因素的共同作用下，暴力网游对青少年的不良影响自然成为各方关注的焦点。

媒介暴力效果研究是传播学研究中的经典主题，从电影暴力，到漫画暴力、电视暴力，以及电子游戏暴力，近百年来，相关的研究不计其数，学者们也相应提出了不同的理论以阐释媒介暴力对受众产生效果的机制，并不断使其得到发展和完善。相较于传统媒介，网游尚属于新生事物，对它的效果研究正处于起步阶段，现有的研究结果还不足以让人们对网游的影响有足够清晰的认识。因此，本研究将从以下几个层次对网游进行探讨，以期使大众对网游有较为全面的了解：

首先，在暴力网游中，暴力元素是如何展现的？其叙事策略有什么特点？

网游异于传统媒介的特点，如通过奖惩机制鼓励玩家的参与，玩家的主动性和互动性强，玩家对游戏角色有高度的认同感等，都决定了网游暴力与传统的媒介暴力甚至电子游戏暴力相比，存在诸多不同。了解网游中的暴力元素的展现和表达以及其叙事策略的特点，将有助于更全面地把握暴力网游对青少年产生影响的机制。

其次，对于青少年这个身心发展尚未完全成熟的群体，暴力网游会在认知、情感和态度等层面产生什么样的影响？

一个人犯罪的成因很复杂，且当前的社会环境也很多样，因此很难断言媒介的暴力内容是造成青少年犯罪的直接原因或主要原因。媒介效果研究探讨媒介内容对受众认知、态度及行为等层面的影响，暴力网游对青少年犯罪的影响只是行为层面的且是少数人极端行为层面的一个影响，而当前并无足够有力且一致的证据证明暴力网游与攻击性行为二者的因果关系。例如，贺建平等人（2009）的研究发现，玩暴力网游会改变人们对暴力行为的看法，但只是暴力网游本身使游戏玩家产生一种暴力倾向，且这个过程是长期的、潜移默化的。同时，无论在网络世界中还是在现实世界中，青少年对网游的模仿并不是普遍现象。张晓冰等人（2009）针对暴力网游进行的研究也发现，选择“将游戏中的暴力方式复制到现实中解决”的受访者寥寥无几。

在这种情况下，我们不妨将思路转向研究暴力网游对一般青少年的影响，尤其是在认知、情感和态度等内在层面上的影响，毕竟行为的产生也是各种心理机制作用的结果，这种转向或许更有助于理解暴力网游的真正影响。

在媒介效果研究的相关理论中，涵化假说是最有代表性的着眼于分析媒介暴力对受众认知与态度层面长期效果的理论。由于暴力网游高度的参与性、互动性和认同度，青少年受到潜移默化的影响更大，因此，本研究将以涵化理论作为主要理论框架，探讨暴力网游对青少年的影响。具体而言，本研究从以下几个方面探讨暴力网游的影响：

（1）暴力网游如何影响青少年的暴力认知？大量接触暴力网游，是否导致青少年玩家愈发高估社会的暴力普遍程度以及个人成为受害人的可能性？

（2）暴力网游如何影响青少年对暴力的态度？接触暴力网游越多的青少年是否对暴力的赞同度越高？

（3）暴力网游如何影响青少年的情感？长期大量接触暴力网游，是否导致青少年的移情水平降低？

（4）暴力网游如何影响青少年的暴力意图？

最后，哪些调节变量会影响暴力网游对青少年的涵化效果？

考察哪些调节因素会影响暴力网游的涵化效果，如在哪些情况下，网游暴力对青少年无作用或者作用更大，以及哪些特定条件下的游戏玩家，在认知、情感或态度层面最不受暴力网游的影响等等，都有助于全面展现暴力网游的影响机制，并提供防范暴力网游不良影响的可能性，将其不良影响降至最低。

需要指出的是，前文曾涉及网络成瘾（Internet Addiction，或网络沉迷）的相关内容，但本研究并不打算从这个角度来探讨暴力网游的影响。网络成瘾迄今尚未有统一的定义和诊断标准，通常研究者较为强调由于过度使用互联网而导致个体的心理依赖、行为冲动失控以及在社会功能等方面的明显损害。与其他研究关注的焦点不同，本研究不仅以网游成瘾者作为研究对象，而且试图探讨暴力网游对玩家在认知、情感、态度以及意图等层面的影响及作用机制。

二、研究价值

随着暴力网游受到越来越多的关注，探索它对青少年的认知、情感和态度将会产生何种影响是一个在实践上和理论上都非常有意义的尝试。

首先，本研究源于对一个当前社会热点问题的关注，因此必然有其社会现实意义。本研究将采用科学的社会调查法，以量化方式展现青少年网游（尤其是暴力网游）的基本使用情况、暴力网游产生作用的影响机制以及相关的调节因素。本研究的结果可以作为业界和学界专家的参考数据，亦可作为家长和学校正确对待青少年使用游戏的情况，并监督、约束青少年的网游行为的指引，同时政府监管部门也可在此基础之上准确科学地评价暴力网游并制定相关的政策与管理规范，以共同保护青少年这一身心发展尚未完全成熟的群体。

其次，本书以涵化理论为主要的理论框架探讨暴力网游的影响，既是传统媒介暴力效果研究的延伸和拓展，同时也是将涵化理论运用于新的传播技术的创新。从理论价值上看，本书主要有以下几点贡献：

（1）分析网游这种新兴的媒介形式的特点及其暴力展现方式与传统媒介的不同，在此基础上探讨暴力网游对青少年的影响机制。

（2）和传统的媒介暴力效果研究相比，当前关于暴力网游效果的实证研究尚处于起步阶段，且以探讨行为层面的影响为主，而认知和态度层面的效果研究非常匮乏，本书是一个全新的尝试和有力的补充。

（3）涵化理论作为重要的媒介效果理论，历经四十多年的发展和完善，研究主题不断扩大，涉及的媒介类型也不断增加，从电视、报纸到网络，涵化研究也开始在世界各国实施。这一理论是否适用于解释网游这种新型的互动性很强的媒介形式呢？目前相关的研究还非常缺乏，仅有 Mierlo 和 Bulck（2004）以及 Williams（2006）作了初步的尝试。本书的研究结果将为涵化理论在新媒体中的适用性提供佐证。

（4）自 20 世纪末作为主要的媒介效果理论被引入中国内地以来，涵化理论在中国传播学界开始得到重视，也出现了一定的研究成果，但总的来说，尚存在综述和评价多、实证研究少等问题，目前仅有龙耘（2005）和王玲宁（2009）两位学者进行过系统的量化实证研究，但前者探讨的是电视的涵化效果，且针对的是 18～65 岁的成年人，而不是青少年这一群体；后者则同时考察电视、电影碟片和网络对青少年的影响。专门着眼于暴力网游的涵化效果的研究，目前尚属空白。因此，本研究也将为中国内地的涵化效果研究提供有力的补充。

第三节 研究框架

本书共有八章，研究架构如下：

第一章对本研究的选题背景作了介绍，提出研究问题并分析了本研究的研究价值。

第二、三章是文献综述部分，针对主要的研究问题从两个方面对相关文献进行梳理。第一部分是对媒介暴力效果研究的回顾，包括媒介暴力效果研究的历史沿革（从电影、漫画、电视、电子游戏到网游）、媒介暴力效果研究的相关理论（社会学习理论、涵化理论、净化理论、脱敏理论、认知新联系理论、兴奋论等），并对暴力的定义进行了详细的分析；第二部分详细回顾本研究运用的主要理论——涵化理论，介绍该理论发展的不同历史阶段，回顾该理论在中国（包括内地和港澳台地区）的研究现状，并进一步论证了运用该理论来分析暴力网游的影响的可行性和创新性。

第四章提出本研究的研究假设和研究问题。本研究从以下几个方面来探讨大量接触暴力网游对青少年的影响：青少年对暴力普遍状况的估计、青少年对个人成为暴力受害人的估计、“卑鄙世界综合征”、青少年的暴力态度、移情水平以及暴力意图。此外，本研究还进一步考察个人的暴力经验、对网游的认知真实这两个调节变量对涵化效果的影响。

第五章介绍研究设计与研究方法。该章共有三节。第一节介绍数据收集过程，包括问卷调查的抽样地点、抽样过程和样本的组成。第二节介绍研究假设中涉及的主要变量的操作化定义和测量方法。第三节介绍本研究所采用的主要数据处理方法，包括多元分层回归分析、结构方程模型等。

第六章和第七章是理解游戏世界和研究发现部分。第六章首先介绍了网游的相关分类以及暴力网游大受欢迎的机制，接着以《魔兽世界》这一非常具有代表性的大受欢迎的暴力网游为例，分析暴力网游中暴力元素展现的特点以及暴力的叙事策略。第七章采用描述性统计、相关分析、方差分析、多元分层回归分析和结构方程模型对来自问卷调查的数据进行研究假设的检验。该章共有六节，第一节对本研究中采用的量表进行信度和效度检验；第二节针对第一组研究问题，对青少年接触网络、网游以及暴力网游的基本情况进行描述；第三节是对变量（包括自变量、因变量和调节变量）的基本描述，同时考察人口统计学变量的影响；第四节分别检验自变量与调节变量以及因变量与调节变量之间的相关关系；第五节针对本研究的 8 个研究假设以及研究问题进行多元分层回归的检验；第六节运用结构方程模型，检验暴力网游第三顺序的涵化效果。

最后一章（第八章）是总结与讨论部分，由五节构成。第一节对本研究的结果进行整合与总结。第二节至第四节充分讨论本研究在理论和方法上的创新与贡献，并指出本研究在现实中的意义。研究结果表明，大量接触暴力网游，虽然不会影响玩家对个人层面和社会层面的涵化认知，但是会通过影响情感、态度从而影响玩家的暴力意图。在没有有力证据支持暴力网游与暴力行为之间的因果关系的情况下，这一研究发现值得社会各界关注与警惕。第五节指出本研究的限制与不足之处，并对今后的进一步研究提出有建设性的建议。

第二章　文献综述（一）：媒介暴力效果研究

网游是一种新型的娱乐媒介，要了解它的暴力效果，有必要回顾一下媒介暴力效果研究的历程和相关成果。几十年来，来自不同学科领域的专家学者对媒介暴力进行了多层次、多角度的研究，这些研究成果对于政策制定者、大众传媒工作者、教育工作者以及其他社会各界解决因媒介暴力而产生的社会问题都起到了积极的作用。本章首先回顾西方媒介暴力效果研究的历程，接着对几十年来在各个学科领域形成的用以解释媒介暴力效果的理论进行评价和比较，然后介绍中国内地媒介暴力效果研究的现状，最后比较学者在不同研究中对暴力所下的定义，并给出本研究的暴力的定义。

第一节　西方媒介暴力效果研究的历史沿革

在西方社会，媒介暴力的效果研究或是随着新媒介的出现而引起社会各界的关注，或是因为社会暴力问题而引起政府的关注。例如，少年儿童对媒介中暴力行为的模仿、社会不安全感的产生、犯罪率的升高等，数十年来一直是社会研究和媒介研究的热点。本节以美国不同历史阶段的媒介暴力效果研究为主线，对其研究历程进行总结和回顾。

一、电影与暴力：佩恩基金会的研究

第一次世界大战时，电影成为普遍的家庭娱乐方式。20 世纪 20 年代，电影发展成为一种大规模的媒体，介入几乎每个美国人的生活。电影观众在短时间内迅速增加。仅在 1922 年一年内，美国每周卖出的电影票就有约 4 000 万张。与之相应，这个数字增长了一倍多，达到 9 000 万张！1929 年大约有 4 000 万未成年电影观众，其中 1 700 万不到十四岁。与之相应，人们对新兴电影工业的影响的关注度也迅速增加。无数的报纸社论、杂志文章以及社会舆论严厉指出电影正对儿童产生不利的影响。

1928年，美国电影调查委员会邀请了一批大学的心理学家、社会学家和教育学家，由一个私人慈善基金会——佩恩基金会（The Payne Fund）提供经济援助，对有关电影对儿童的各方面影响进行了一系列调查。研究进行了三年，从1929年一直到1932年，其结果分为10卷，于20世纪30年代初出版。

该研究是大众传播研究史上首次规模巨大的调查研究，虽然并非专门针对媒介暴力的效果研究，但研究的初衷由对电影引发的负面影响，诸如性、暴力等问题的关注而引起，而且研究成果中由布鲁默（Herbert Blumer）编写的《电影与行为》（1933）主要针对电影对儿童犯罪的影响，预见了日后成为分析媒介对人类行为长期影响的核心理论：意义理论（Meaning Theory）以及示范理论（Modeling Theory），并且关注了一些新兴的研究领域中的课题，如态度转变、休眠效应、使用与满足、内容分析、模仿的影响和现实的社会性建构。此外，在研究方法上，它既把定量分析、实验和调查的方法放在一个非常重要的位置，同时又使用了更多的定性分析方法，奠定了媒介暴力效果研究的基础，因此佩恩基金会的研究被视为媒介暴力研究的开端。

该研究的内容可根据目的分为两个大类：评估影片的内容并确定观众的数量和构成；评估电影主题和信息对观众的影响。它还对几种主要效果进行了研究，即电影对信息获取、态度改变、感情刺激、健康损害程度、道德水平的侵蚀程度以及对行为的影响。

布鲁默的研究采用生活史的定性研究方法，收集了1 823名男女青年和少年儿童的自述，旨在找出电影如何影响他们的童年，如出现各种模仿成人行为的举动、幻想、情感经历和生活方式。虽然其研究方法遭到很多批评和质疑，但是就很多方面而言，这是佩恩基金会的研究中最有趣的项目，因为它以丰富的细节展示了研究对象对电影如何影响自己生活的总结。布鲁默在其研究成果《电影与行为》一书中指出：电影对儿童的感情产生了强烈冲击，他们的情感被电影占有，有的甚至被电影耗尽；他们的日常行为和游戏也被污染，他们模仿银幕形象的许多举止、讲话方式和其他行为，他们的游戏充满了格斗、刺杀、射击、轰炸等战斗场面。因此，他认为，电影具有广泛的影响力。在他的实验报告的最后一部分中，布鲁默试着总结看电影对儿童造成的长期的和全面的影响。在这个过程中，他预见到了大众传播效果研究中两项后来才得到系统发展的理论：由德弗勒及助手完善的意义理论以及Bandura的示范理论。

佩恩基金会的成果证实了评论家对电影及电影业最坏的担心。20世纪30年代初，美国电影业制定了电影监管法规，并建立起行业的自我监督机制。30年代中后期，美国电影大大减少了对社会影响有争议的内容。

二、漫画暴力

20 世纪 50 年代，漫画在美国非常流行。漫画出版商为追求短期利益，放任暴力、色情等不良因素充斥于漫画作品之中。某些漫画图书甚至公开打出了“儿童不宜”的字样来刺激未成年人的购买欲望。这些做法引起了社会舆论的强烈反弹，一股“反漫画”的社会思潮悄然形成。1950 年，美国联邦参议院发表了关于漫画对青少年造成的不良影响的调查报告，进一步推动了“反漫画”思潮的发展。联邦和各州的立法机构也相继推出了一些限制漫画销售的法规，查禁乃至当众焚毁漫画书的事件屡有发生。

1954 年春，精神病学家弗雷德里克·沃瑟姆（Frederick C. Wertham）博士出版《引诱无辜》（*Seduction of the Innocent*）一书，抨击连环漫画的弊端。他的研究主要集中在两个方面：一是犯罪漫画的形式和内容；二是犯罪漫画的不良影响。他发现漫画书并非如成年人所设想的那样主要是卡通漫画或幽默漫画，而是犯罪漫画。通过内容分析，他把犯罪漫画书分为四种：警匪漫画、森林冒险漫画、超人漫画和爱情漫画。他认为这些漫画或许形式各异，但本质是相同的，都充满暴力、犯罪和恐怖等内容。许多战争漫画虽然披着爱国主义的伪装，但也充斥着大量犯罪与暴力的元素。他坚信这样的漫画是引起青少年犯罪和社会混乱的根源，是毁灭年轻一代的祸根。从认知上来讲，媒介暴力是社会现实的部分反映，会改变儿童对世界的看法，大量犯罪和暴力的内容会让儿童认为世界就是如此，会使儿童形成刻板和扭曲的世界观。在行为上来讲，儿童从漫画书中学到犯罪的技巧，并产生犯罪的念头，进而模仿犯罪行为。

在稍后的相关论文中，沃瑟姆进一步阐明他对大众媒介与暴力的关系的看法。他认为二者是天生就联系在一起的，大众媒介已经成为教育人们使用暴力作为解决问题的工具的学校，否认媒介暴力的效果是在掩盖事实。他还强调，大众媒介不仅引发了社会问题，而且其本身就是一个社会问题。

沃瑟姆的研究遭受到了很多批评。首先，他对连环漫画的内容分析并不系统，样本也不是随机抽取的。他倾向于突出最具有侵犯性的材料，从而归纳整个连环漫画业的特点。其次，他研究的年轻人很多都是被认为有行为问题的。他在著作中使用了大量牵强附会或缺乏事实依据的论断。比如，他宣称，曾经接受过心理治疗的少年犯都坦言自己的犯罪行为与漫画有关，却拿不出相关的病例记录；为了能够激起人们的义愤，他甚至毫无道理地指责《蝙蝠侠》中含有宣扬同性恋的成分等等。沃瑟姆提出的漫画书的负面效果，更多的是建立在他自己的个人判断上，而不是在坚实的科学证据之上。

虽然沃瑟姆的发现从未被专业研究领域接受或证实，但其在大众中影响巨大，且促进了漫画图书业标准的制定。1954年4月，美国联邦参议院青少年犯罪调查委员会召开听证会，专门讨论漫画对青少年的影响，沃瑟姆以证人的身份出席。他声称：漫画是玷污儿童纯真、引发少年犯罪的罪魁祸首，相对于漫画而言，希特勒只是小儿科。“孩子们往往从四岁开始，就遭受到漫画的毒害。”他甚至要求马上禁止所有漫画书的出售。尽管这次听证会没有能够得到一个明确的结论，但是对漫画业采取限制政策的主张在美国国会中占了上风。最终，联邦参议院要求颁布一个强制性检查标准，以杜绝漫画中一切可能毒害青少年和败坏道德的内容。

此外，沃瑟姆的研究还激发了暴力效果理论的形成。其中一种理论认为漫画暴力直接影响儿童的行为，且可以改变儿童对世界的看法；另外一种为净化理论，认为看漫画书可以适度地发泄情绪，是解除“成长之痛”的良药。（卜卫，2002）

当时的大众传播效果研究进入到一个转折期，即有限效果论时期，而沃瑟姆的研究强调媒介效果的强大，相对于所谓的主流研究来说可谓另类。它体现了大众传播效果研究的另一幅图景：媒介的强效果以及为摆脱有限效果论研究的僵局而进行的转型。

三、电视暴力的效果研究

1947年电视兴起，看电视成为美国一般家庭普遍的休闲娱乐活动。公众从20世纪50年代早期开始关注电视暴力的影响。1960年以来，电视暴力的效果研究趋于成熟，尤其是电视暴力对行为的影响（即电视暴力接触量与攻击性行为之间的正相关或因果关系）被众多研究结果所证实。研究类型更加多样，既有短期效果研究，也有长期效果研究。有关媒介暴力效果的理论学说开始提出和形成，并不断被补充、修正。学界制定了专门的暴力指数指标，成为今后众多暴力测量的标准，研究方法也更加多元化和科学。

半个多世纪以来，美国电视暴力效果研究主要经历了以下转变（潘玲娟，2005）：

1. 20世纪50年代末到60年代，着重探讨电视暴力对观众的攻击性行为的影响

从20世纪50年代后期开始，学者们主要针对电视暴力与观众的攻击性行为的关系进行研究，大多采用实验法测量观看电视的短期效果。

到了20世纪60年代，美国社会街头暴力盛行，民权运动高涨，再加上刺杀事件连续发生，社会环境充满暴力与不安。美国政府想了解这些现象是否与电视暴力有关系，因此占据主导地位，资助了许多有关电视暴力对儿童和青少年影响的研究，其中以探讨电视对儿童和青少年攻击性行为的影响的研究为主流。在这种政治和社会条件下，行政性研究主导了这一时期电视媒体内容研究的走向，但其过多关注暴力节目的负面影响，而忽略了电视可能对亲社会行为有正面影响。下面分别介绍最有代表性的两个大型研究的成果。

（1）美国暴力成因与防范委员会的报告。

1968年，美国总统艾森豪威尔下令成立“暴力成因与防范委员会”以探究电视暴力对儿童和青少年的影响，试图从学术研究中找出明确的答案，以期在国会听证会上形成具体结论，作为总统采取行动和管理电视暴力节目的依据。该委员会于1969年出版15册报告，其中以Baker和Ball所编的《暴力与媒体》最具学术价值。该报告主要分为三大部分：对言论自由的历史观点的介绍、对新闻媒体的批评以及对电视娱乐节目与暴力的研究。第三部分委托宾州大学Annenberg传播学院的学者George Gerbner负责。他采用内容分析法分析了黄金时段电视节目中暴力内容的数量，并在全美国进行大型的社会调查，以了解大众真正受到暴力侵害的实际经历。内容分析发现1967年和1968年的电视娱乐节目充斥着暴力内容，大约80%的节目包含一个或更多的暴力事件。而且，绝大多数暴力情节在意图上都被描述为严肃而非逗乐的，出于幽默意图的暴力在暴力行为中仅占20%。

《暴力与媒体》一书并没有明确解答电视暴力节目对青少年和儿童有什么影响，因为书中许多有关电视暴力节目的短期效果的说法是综合他人研究成果得出的结论，并非作者自己的实证研究结果。至于长期效果方面，虽然它举出了很多值得注意的问题，但由于研究时间短暂，难以骤下断语。（林东泰，2002）

不过该书的一些结论值得注意，譬如Baker和Ball认为虽然许多人说电视暴力节目造成受众行为和态度上具有暴力倾向，但是我们不得不注意到一个事实——成千上万的观众天天在看电视暴力节目，但并非人人都成为暴力分子。此外，研究者关于媒体的长期影响的大量结论包含了更多新的洞察，并在很多方面预见了今后研究的走向，而这些研究方向在20世纪70年代末和80年代初成为主流。例如，研究者指出“受众在社会化的过程中长时间接触大众媒体对暴力的描述，将使他们接受这些描述中关于暴力的规范、态度和行为”。

（2）公共卫生局局长的报告。

由于暴力成因与防范委员会所提交的研究报告没有明确指出电视暴力节目是否会对青少年和儿童产生不良的直接影响，同时社会暴力仍旧层出不穷，1969 年 3 月，参议员 Pastore 要求时任公共卫生局局长的 William H. Stewart 成立一个由专家组成的委员会，以探讨电视暴力是否会影响儿童，使其产生反社会行为。美国社会学会、社会心理学会、广播电视学会以及三大电视公司等受邀组成了一个“卫生局局长对电视与社会行为科学指导委员会”，针对电视暴力的负面影响展开深入研究。两年后，40 多篇研究报告被编成《美国公共卫生局局长对电视与社会行为的研究报告》。

该报告覆盖面很广，从观看电视的时间长度、观看节目的种类，到对电视节目甚至广告的反应等，都以电视暴力对儿童和青少年的行为及态度的影响为重点；同时采取不同的研究方法，如社会调查法、内容分析法、实验法、观察法、田野实验法等（林东泰，1997）。具体而言，主要的内容包括媒体内容与控制，电视和社会学习，电视与青少年攻击性行为，电视与日常生活，电视的效果等。从这些研究中可以得出 3 个主要结论：电视内容已经被暴力严重渗透；儿童和青少年接触暴力内容的时间越来越多；总体看来，调查证据支持了收看电视暴力节目会增加暴力行为的可能性这一假说。研究证据既来自实验室实验，也来自调查；前者允许因果推论，后者则在日常事件中提供了与现实生活相关联的证据。（洛厄里、德弗勒，2009）

由于该委员会的人员构成存在问题（12 名中有 5 名是电视公司的代表）以及研究方法和过程的不一致，所以该报告的公正性受到质疑。但是该报告也促使学界积极从事电视暴力研究，促成研究的丰收。在 1970 年左右，相关论文不超过 500 篇，但 5 年之后竟有高达 2 400 篇。（Comstock & Fisher，1975）

2. 20 世纪 70 年代，电视研究逐渐从行为层面转同认知层面，探讨电视暴力对受众除了攻击性行为之外的其他方面的影响

20 世纪 70 年代，电视研究取得了关键性的进步，人们意识到应该从更广泛的角度来理解媒介。学者不再依循攻击性行为的研究议题，开始研究电视暴力对儿童其他方面的影响。

Comstock 等人收集了 20 世纪 70 年代中期有关电视暴力对儿童的影响的相关研究，将相关影响归纳并分类为社会化态度与价值观念、心理反应以及情绪表现等。Drabman 和 Thomas（1976）认为，媒介的虚拟暴力会使人对真实生活中的暴力感觉冷漠，因为媒介暴力教导儿童“攻击性行为是美国生活的方式之一，不必看得太严重”。媒介暴力常常比真实生活中的暴力更残暴，

因此它甚至会造成儿童对暴力行为容忍的偏差观念。在心理反应方面，Cline，Croft 和 Courrier（1973）分析得出，和常看电视的儿童相比，不常看电视的儿童在看到电视中的暴力场面时，其脉搏跳动频率的变化较大。这表明常看电视的儿童早已过度暴露于暴力场面，因此变得麻木。在情绪变化方面，Biblow（1973）发现，儿童在观看攻击性影片之后，情绪会由愤怒转为羞愧和伤心，而在观看非攻击性影片后，情绪反而由愤怒转为高兴。这是第一次显示出观看电视暴力可能产生伤心或沮丧的情绪的研究（Lefkowitz & Huesmann，1981）。McCarthy（1975）也发现，常接触电视暴力的儿童，心情常是悲伤、沮丧的。

此外，电视暴力研究开始转向认知层面，探讨电视暴力对受众在暴力认知、态度以及对真实世界的认知等方面的影响。这对于传统的媒体效果研究是个很大的突破。传统的电视暴力研究关注的是青少年和儿童在接触电视暴力之后是否会受到它的影响，立即产生暴力的行为反应。而 Gerbner 在他早期进行的电视暴力内容分析研究的基础上，进一步探究一般受众观看电视及其对外在社会真实的认知二者之间的关系，并据此发展出涵化理论，认为长期收看电视暴力节目，会让社会大众对外在世界感到不安、恐惧和疏离，甚至觉得人心都是卑鄙、险恶、狡诈和自私自利的。该研究取向抛弃了简单、线性、短暂、刺激反应的媒介效果模式的思考架构，从根本上否定了从电视到观众的传播是一个单向的（One-way）、单一的（Monolithic）过程，或者有单一取向的（Unidirectional）影响，认为应该去探究持续的、一再重复的媒介内容到底对广大社会大众产生了什么长期的、累积的持久性作用和稳定性作用，而非短期性的变化。

3. 20 世纪 80 年代以后，着重分析电视以什么样的方式描述暴力

从 1980 年开始，美国电视暴力的研究重点转为媒介对暴力行为的描述方式和情境，如电视是在激励暴力还是批判暴力，电视使观众变得麻木或恐惧的趋势是否上升。例如，Williams 等（1982）检验了暴力行为的企图、后果和暴力是否以幽默的方式呈现等情境因素，而 Sherman 和 Dominick（1986）则研究了暴力行为的后果和在行使暴力的过程中是否使用武器。另外，Potter 和 Ware（1987）探讨了暴力行为是否得到奖赏、是否被合理化，暴力行为的动机以及是否以英雄的姿态描述行使暴力的角色等情境因素。

美国 1994 年开始的“国家电视暴力研究”（National Television Violence Study，简称 NTVS）是一个具有代表性的大型研究，成为近年来各界广为引用的权威证据来源。该研究由美国国家有线电视协会（National Cable Television Association，简称 NCTA）资助，历时 3 年整，由美国 4 所大学的研究机构

合作完成。其中加州大学圣塔芭芭拉分校负责评估娱乐节目里的暴力内容，北卡罗来纳大学负责检测公益广告里的反暴力内容，得州大学奥斯汀分校负责评估“真实”节目（比如谈话节目等）里的暴力内容，威斯康星大学麦迪逊分校负责研究暴力节目的受欢迎程度。此项研究由 300 多人合作完成，共分析了近 1 万小时的电视节目，有 1 600 多人参与了 5 个独立的实验。该研究的报告称“这一研究是电视研究历史上的一个路标，此前从未有如此多的电视内容被抽样作为研究对象”。

与之前 30 多年里关注电视暴力对受众的影响的无数研究不同的是，“国家电视暴力研究”从一开始就声明该研究的宗旨是“鼓励更加负责任的电视节目制作和收视行为出现”，力图在现实的社会环境下，唤起制作者和观看者的重新思考。这一宗旨决定了其研究方向与策略不是回答“为什么”，而是“怎样”的问题。

“国家电视暴力研究”在总体上采用了内容分析的研究方法。因为暴力定义直接影响到对样本内容的定量分析，所以，这项大型研究对暴力下了十分明确而且操作性很强的定义：暴力是对一个生命或一群生命用体力施以确定的威胁或行动，且能导致身体伤害的一种公开的行为；暴力同时也指用一种看不见的形式，使得一个生命或一群生命产生一系列的身体伤害的过程。在这个定义中，3 种形式的暴力——确实的暴力威胁、暴力行为以及看不见的暴力伤害都被包括进去了。

根据连续 3 年的调查研究发现，有 60% 的电视节目包含暴力内容，黄金时段的暴力节目比例呈上升趋势，一般的暴力节目每小时至少包含 6 个暴力镜头。该报告对美国的电视暴力的总体评估，主要有以下 4 个基本判断：多数电视节目里的暴力行为被美化了；大多数暴力节目的影响被淡化、净化了，只有不到 20% 的暴力被描述为会对朋友、家庭和小区产生有害的影响；多数的严重暴力行为被轻描淡写化了；极少数节目强调反暴力的主题。该报告还特别提到了并不被大家注意的卡通节目，指出对于小于 7 岁的儿童来说，卡通节目中存在高风险的暴力表现。

这项规模浩大的研究对美国国内几乎所有的电视内容进行了详细的统计和分析，是目前有关电视暴力内容分析最详尽的一项研究。它不但提交了自己的学术发现，而且从多方面提出了建议，其中不仅有对电视业的建议，还有对评级者、监管者、政策制定者的建议以及对家长的建议和要求，甚至对于举行反对暴力的媒介宣传活动也提出了看法和改进建议，在研究方法和研究重点上都值得借鉴。

四、暴力电子游戏

1972 年，随着电子游戏 *Pong* 的面世，一种新型的娱乐媒介开始走进人们的生活，这一娱乐产业的革命开始对人们产生巨大的影响。尽管电子游戏在设计时是有娱乐性、挑战性，甚至教育性的，但是大多数都含有暴力的内容。在许多流行的电子游戏中，伤害其他角色是游戏的主要行为。有将近一半的游戏的暴力内容会导致游戏中的其他角色严重受伤甚至死亡（Dietz，1998；Dill，Gentile，Richter et al.，2001）。在针对四到八年级学生的研究中，超过一半的学生喜欢的游戏里的主要内容就是暴力行为（Buchman & Funk，1996；Funk，1993）。正是这些游戏中大量存在的杀戮行为引起了媒介暴力研究者、儿童组织和父母的担忧。自从美国发生哥伦拜恩高中等多起校园枪杀案以来，暴力电子游戏成为大众舆论的焦点。理所当然，人们会质疑，电子游戏是否会产生与其他娱乐媒介类似的影响？接触暴力电子游戏是否会导致攻击性行为、情感的增加？

在过去的 30 多年间，许多学者针对暴力电子游戏对青少年的潜在负面影响进行了研究。认为玩暴力电子游戏和攻击性行为之间存在因果关系的理论假说，很大程度上源于大量的媒介暴力效果研究的支持。媒介暴力效果研究使用各种研究设计，包括实验法、观察法和长期纵向（Longitudinal）设计等来验证媒介暴力导致攻击性行为、认知和情感增加的假设。与电视暴力的研究一样，学者从以下几种机制来探讨电子游戏的暴力效果，包括减少抑制性行为、合法化攻击性行为、强化学习榜样、减少移情、改变世界观等（Bushman & Anderson，2002；Lynch，Gentile，Olson et al.，2001）。第一个综合的叙事性文献回顾研究（Dill & Dill，1998）发现这些暴力效果是有证据支持的，但是也显示出当前的研究存在许多问题和空白。

1. 暴力电子游戏效果的元分析

元分析（Meta-analysis）可以找出大量不同的关于暴力电子游戏效果的研究中的共同点。直到 2000 年后才有足够利用元分析来探讨暴力电子游戏的影响的相关研究。2001 年，Anderson 和 Bushman 进行了第一次大型的暴力电子游戏效果的元分析。两年后的结果再次得到相同的发现。根据他们的研究，玩暴力电子游戏的效果主要体现在以下 5 个方面：

（1）增加生理上的唤起。研究发现，和玩非暴力电子游戏相比，玩暴力电子游戏会导致心跳加快、血压波动（Gwinup，Haw & Elias，1983）。暴力电子游戏和生理唤起之间的平均效应量（Effect Size）是 0.22。Lynch（1994，

1999）发现那些已经具有很强攻击性倾向的儿童在玩暴力电子游戏时的生理反应更加强烈；对人具有强烈敌意的青少年，心跳、血压和血液中肾上腺素和睾丸素的水平都更高。这表明对于那些已经有很强攻击性倾向的儿童来说，玩暴力电子游戏的负面效果更强。

（2）增加攻击性认知。研究发现，和非暴力电子游戏相比，暴力电子游戏会增强玩家的攻击性思维。（Anderson & Dill，2000；Calvert & Tan，1994）玩暴力电子游戏和攻击性认知之间的平均效应量是0.27。这个效果在成年人和儿童、男性和女性、实验室研究和非实验室研究中都能发现。敌意偏见非常重要，因为具有这种特性的儿童更容易表现得富有攻击性，并更可能不适应社会。

（3）增加攻击性情感。研究发现，玩暴力电子游戏和攻击性情感之间的平均效应量是0.18。这个效果在成年人和儿童、男性和女性、实验室研究和非实验室研究中都能找到。

（4）增加攻击性行为。研究发现，与玩非暴力电子游戏相比，玩暴力的电子游戏更容易增加玩家的攻击性行为。二者之间的平均效应量是0.19。在成年人和儿童、男性和女性、实验室研究和非实验室研究中都能找到这个结果。一个相关性研究发现玩更多暴力电子游戏的青少年与老师的争吵更频繁，也更易于卷入肢体冲突中（Gentile & Walsh，2003）。即使在控制了性别、敌意和每周玩游戏的时间等变量的情况下，玩暴力电子游戏和肢体冲突之间仍然存在因果关系。

（5）亲社会行为减少。和玩非暴力电子游戏相比，玩暴力电子游戏会导致亲社会行为的减少。二者之间的平均效应量是-0.16。这个效果在实验室研究和非实验室研究中都能找到。

Anderson 等人在2010年的元分析中再次肯定了暴力电子游戏与青少年攻击性行为之间的联系（Anderson，Shibuya，Ihori et al.，2010），但是他们的结论受到了其他学者的各种质疑。例如，Ferguson 和 Kilburn（2010）指出 Anderson 等人在方法上的错误，如在元分析中纳入了许多并未发表的研究结论，过多地考察双变量的关系等，且0.15的效应量也非常小，不足以证明存在显著的效果。他们还利用现实生活中的数据驳斥了 Anderson 等人的结论。随后 Anderson 等人针对这些批评进行了多方面的回应（Bushman，Rothstein & Anderson，2010）。这些表明了学界对暴力电子游戏与青少年攻击性行为之间的关系并未形成一致意见。在这种情况下，转而研究暴力电子游戏对青少年玩家其他层面的影响或许不失为一种新的思路。

2. 暴力电子游戏效果的调节变量

诸多研究的证据表明暴力电子游戏对玩家有负面影响，并对相关变量的调节效果进行了检验。虽然没有足够的研究表明特定的群体受到暴力电子游戏的影响更大，但是已经有一些单独的研究提供了相关的证据。例如，有一些研究发现，敌意对暴力电子游戏的影响有调节作用。敌意更强的儿童，在玩暴力电子游戏时的生理反应会更大（Funk，2001）。纵向研究反复证明，过往的暴力史与将来的攻击性行为之间存在因果关系。电视和电影暴力研究也表明，具有攻击性的儿童更加容易受媒介暴力的影响（Bushman & Huesmann，2001）。Anderson 和 Dill（2000）也发现，反复接触暴力电子游戏对具有攻击性倾向的青少年负面效果更强。

还有的研究讨论了对游戏角色的认同度这一因素的调节作用（Konijn，Bijvank & Bushman，2007；Carll，2007），和被动收视的电视和电影的观众相比，电子游戏的交互性特点使得玩家对暴力角色的认同度更高。

父母对子女使用媒介的监督和限制也是一个非常重要的调节变量。父母的积极参与，如限制媒介的使用，鼓励收看有益的节目和限制接触负面信息，对于儿童收看节目、理解节目内容并对之产生反应、模仿等，都有正面的效果（Lin & Atkin，1989）。

总的来说，虽然玩暴力电子游戏对儿童和青少年具有普遍的负面效应，但是并非对所有的个体效果都完全一样。可能会使负面效应更强的调节变量包括：年龄小，解决社会问题的技巧不高，父母的监督不多，男性，有敌意，以及过往有暴力史等。但是这并不意味着暴力电子游戏只影响拥有以上特点的个体。即便是在控制性别、敌意水平、玩游戏时间等变量的情况下，电子游戏暴力和肢体冲突之间仍然存在因果关系。敌意水平最低的个体，玩暴力电子游戏后与人发生肢体冲突的可能性是没有玩暴力电子游戏时的 10 倍。实际上，敌意水平最低的个体，在玩了大量暴力电子游戏后，要比敌意水平最高但是没有玩暴力电子游戏的儿童更容易卷入肢体冲突之中。

3. 反面的意见

尽管不少研究验证了暴力电子游戏与玩家攻击性之间的关系，但仍然有学者对此表示质疑，并从不同角度进行了讨论。

（1）因果关系是否成立。

Gentile 等人（2004）指出，本身敌意更多的年轻人会玩更多的暴力游戏，这导致了暴力游戏与攻击性之间存在因果关系的问题。是年轻人接触了媒介暴力而变得更富有敌意和攻击性，还是有敌意的年轻人本来就更喜欢玩暴力电子游戏呢？这是许多相关性分析所无法回答的。这也说明一个事实：在讨论暴力电子游戏对青少年的影响时，还要考虑更多其他的因素和情境。

（2）暴力电子游戏是替罪羊。

有的研究者通过数据来证明犯罪率并未上升，认为暴力电子游戏导致负面影响的研究是错误的。“如众人所知，犯罪率从20世纪90年代早期以来已有显著下降，而许多暴力的电子游戏正是在这个时期进入市场的。如果暴力电子游戏会导致暴力行为的显著增加，那么我们应该看到犯罪率的上升。”（Gee，2007）“在*Doom*（一款1993年发行的大受欢迎的暴力电子游戏）发行后的10年间，青少年谋杀案的比例下降了77%。校园枪击案仍旧很少。”（Sternheimer，2007）Sternheimer指出，媒介和政客应该准确报道事实，而不是让公众陷入恐慌。她认为媒介和政客夸大暴力电子游戏负面影响的做法，只是在为发生的诸起校园枪击案寻找开脱的借口。Buckingham（2000）也认为媒介暴力很多时候只是替罪羊，有许多因素会影响媒介暴力和攻击性之间的关系，因此很难将一个研究中的结论推及全部人群，因为许多特定的因素和情境对不同个人的影响不同。

（3）暴力电子游戏的益处。

正如对电视暴力效果的探讨中也有分析其对受众的益处和正面效果的研究一样，并非所有的研究都认为暴力电子游戏有负面的影响。The Media Awareness Network指出了电子游戏的一些益处：提供娱乐，鼓励团队合作，提高儿童的自信心、阅读能力、数学水平和解决问题的能力。许多研究者认为这些积极的影响，不仅适用于电子游戏，也适用于暴力电子游戏。另外，有的研究者认为暴力电子游戏也有有益的一面，如青少年可通过玩暴力电子游戏来控制愤怒的情感或将其作为情感的一个宣泄口。（Gee，2007；Kestenbaum & Weinstein，1985）Ferguson（2010）也探讨了暴力电子游戏在视觉空间的认知、社会网络以及作为教育手段等方面的作用，指出对暴力电子游戏的效果研究不仅应该包括消极的影响，也要考虑积极的方面。

五、小结

从西方媒介暴力效果研究的历程来看，几乎每种新媒介面世不久后，就会遭受质疑，舆论的焦点普遍针对媒介的暴力内容可能产生的负面影响，尤其是对儿童和青少年这些身心发展尚未成熟、极易被媒体内容左右的群体来说。近百年来，不论媒介形式以及研究侧重点和方法如何变化，这一主题始终保持不变。我们不由要问：为何每一种新型的娱乐媒介出现后，迅速引起公众关注的焦点无一例外地都包括暴力内容？为什么暴力内容会如此受欢迎？

对于暴力信息的接收者而言，媒介暴力的吸引力何在？而对于媒介而言，又是哪些因素促使它们提供此类信息？在暴力内容的传与收之间，存在怎样的角力和共谋？这些都值得深入分析。尤其是本研究所针对的网游的暴力，在很大程度上区别于电影或电视暴力，甚至与视频游戏暴力也有不少差异。其独特之处在哪里？为何青少年游戏玩家更钟情于玩暴力网游，甚至沉迷成瘾？暴力网游满足了青少年玩家在哪些方面的需求和渴望？本研究将尽力探究这些问题的答案。

纵观近百年来的媒介暴力研究，不论是针对哪一种媒介的暴力内容，社会各界关注的焦点以及学界研究的重点都在于其对受众的行为，尤其是攻击性行为的影响，这也是可以理解的。毕竟，相较于认知、情感和态度层面的影响，暴力行为对社会的影响更为显著，也更易于引起重视。因此，每当发生恶性暴力事件时，媒介暴力就会一次又一次地被拉出来审视。尽管大家也都意识到暴力犯罪行为是各种因素（包括个人、社会、媒体等）共同影响的结果而非媒介一已之为，尽管这也许是政客企图回避责任而寻找借口或替罪羊的做法，但不可否认的是，寻找并验证媒介暴力和攻击性行为二者之间的因果关系，始终是社会和学者们努力的方向。从现有的暴力游戏效果研究的文献来看，绝大部分也是关注这一主题，而从认知与态度层面去探讨暴力游戏影响的研究，寥若晨星。在目前的研究尚无法确定二者因果关系的情况下，不妨另辟蹊径，转而探讨暴力游戏对玩家的认知、态度和情感的影响。

虽然和电影或电视相比，受众对游戏的真实性认知较低，但是随着技术的发展，游戏的画面质量越来越高，图像也越来越逼真，玩家在多大程度上能区分游戏世界与现实世界？长期接触暴力游戏，是否会影响玩家对社会真实的建构？是否会导致玩家认为采用暴力作为解决问题的手段是可以接受甚至理所当然的？甚至进一步，是否会影响玩家在面临纠纷或矛盾时采用暴力手段的意图？网游区别于电子游戏的特点中，有哪些会对这些影响效果起调节效应？上述这些在有关暴力游戏的文献中尚未得到足够关注的问题，正是本研究的出发点，希望本研究能够为暴力游戏的效果研究增添新的发现。

第二节　媒介暴力效果研究的相关理论

媒介暴力效果的研究主要有以下几种取向、心理学取向、社会学取向、人际互动取向以及社会文化取向（林东泰，1997；翁秀琪，1992）。在几十年的研究过程中，心理学、传播学和社会学领域形成了不少成熟的理论用来解释媒介暴力对受众的影响，不论是短期的还是长期的。其中用以解释短期效果的理论包括媒介启动（Media Priming）理论和兴奋转移（Excitation Transfer）理论，解释长期效果的包括脱敏理论、社会学习理论、认知新联系理论、一般攻击模型和涵化理论等。此外还有理论和上述这些理论恰好相反，认为接触媒介的暴力内容会减少受众的攻击性行为，即净化理论。以下将分别对这些理论进行介绍，并分析它们相互之间的联系与区别。

一、解释媒介暴力的短期效果的理论

媒介启动理论和兴奋转移理论都集中讨论媒介暴力的短期效果。

1. *媒介启动理论*

媒介启动理论又称为激发理论，是研究媒介暴力对受众的短期效果的一个视角。

媒介启动理论是 Berkowitz 在他的暗示理论基础上扩展而来的。Berkowitz 认为只有当个体所面临的情境中存在激发攻击性行为的“攻击性线索”时，其内在的“准备状态”才会转化为外在的行为表现。生气的个体接触电视暴力时，电视中的暴力元素，如武器、角色等可作为暗示，诱发观众表现出攻击性行为。因此，当观众在真实生活中面临这些暗示时，就会联想到暴力而增加表现攻击性行为的可能性。按照攻击线索（暗示）理论，经常接触暴力媒介内容会提高受众对类似情境中的攻击性信息的敏感性，使他们更容易注意到攻击性线索（如武器），而这些攻击性线索会诱发攻击性行为。Berkowitz 把这种现象称作“武器效应”，并形象地说：“枪不仅容许暴力，而且也能激发暴力。手指扣动着扳机，但扳机也可以牵引着手指去扣动它。”

Berkowitz（1984）把暗示理论扩展成为认知启动（Cognitive Priming）理论，用以解释受众对媒介暴力的短期反应。根据该理论，接触媒介的内容会迅速增加媒介信息的可接近性。一旦特定的信息被受众接收，就会影响受众的态度、信念甚至行为。如果受众接触到媒介中的攻击性或暴力内容，就会形成攻击性的图式（Schemata），这些攻击性图式又会连接储存于记忆中的其他相关想法、情绪和行为倾向，使受众用形成的这一攻击性图式来处理在其他社会情境中的信息，并提高其他攻击性认知出现在意识中的机会。这种认知是自动的，无须太多的思考，往往是不知不觉地被动产生的。因此，在接触媒介暴力后的短时间内，观众处于攻击想法和攻击性行为随时可能启动的状态。

2. 兴奋转移理论

在解释为什么接触到媒介中的暴力内容后会导致人们产生攻击性行为的理论中，兴奋转移理论是另一个被广泛讨论和运用的理论。该理论是由 Zillmann 提出的，也称作兴奋迁移模型。Zillmann 认为攻击性行为是由个体的情绪唤醒水平引发的，从一个方面引起的情绪唤醒可以与从另外一个方面引起的情绪唤醒联合起来，从而增强或降低情绪反应的强度。在他的一项研究中，他让助手激怒男性被试，或者用中性的态度对待男性被试。然后再让其中一半的被试做大运动量的锻炼，而另一半被试不锻炼。稍加休息后，他给被试提供了一个电击助手的机会。正如 Zillmann 所预料的那样，愤怒且做了锻炼的被试比愤怒但没有锻炼的被试用更高的电压电击助手。除了锻炼，高分贝的噪音、暴力与淫秽电影等引起的情绪都会增加人们的攻击性。

根据该理论，媒介内容会增加人的生理唤醒。对大部分受众而言，观看媒介暴力会导致个体心跳加快、皮肤电阻降低及其他生理指标产生变化，而且这种兴奋和唤醒具有迁移性。个体的生理唤醒的消失需要一段时间，即使个体采取反应有意消除它，情绪唤醒也不可能立刻终止，逐渐消失的兴奋的残余部分会进入后继的、潜伏的独立情绪反应和情绪经验中。如果在很短的时间内有两个独立的唤醒事件，那么第一个事件引起的生理唤醒可能被错误地归因于第二个事件上。由于生理唤醒本身会进一步激发、维持或强化个体当前的行为倾向，因此当前一个事件与攻击性有关时，生理唤醒导致个体本身的攻击动机更易转化成攻击性行为，而如果第二个事件又与愤怒有关，那么这个唤醒将使个体更加愤怒，通过后一件事进行攻击性行为的强化。

用电影和电视中的暴力内容来进行的旨在测试该理论的实验结果表明，当接触到媒介暴力刺激时，攻击性行为会立即产生，而且通常仅持续几分钟。

Zillmann（1971）的实验研究，将大学生受测者按年龄分成三组，分别观看暴力影片、色情影片以及中性（不具有暴力或色情）影片。研究结果显示，观看色情和暴力影片的受测者，表现出较高的攻击性。Zillmann 因此假设，观看色情和暴力影片后，观众处于兴奋状态，因而造成行为的改变，“兴奋”是解释媒介暴力对观众产生攻击性行为效果的重要因素。

兴奋转移理论虽然可以用来解释行为改变的原因，如非模仿的攻击性行为为何增强，但对观看者为何模仿影片中的攻击性行为无法作有效的解释。此外，兴奋假设也无法合理地解释不同的背景影响观看者的行为反应这一实验结果。基本上，电视或影片的“指导作用”才是影响观看者行为的主要因素，因此“兴奋”因素或许可视为造成行为改变的次要因素，与“媒体内容”在影响观众的行为上具有互补的作用（Paik & Comstock，1994）。

二、解释媒介暴力长期效果的理论

1. 脱敏理论

脱敏理论为接触大众媒介暴力内容的长期效果提供了另一种解释的角度。该理论假设在接触到暴力信息时，大部分人天生会产生负面的心理和生理反应。同一刺激反复呈现通常使神经生理反应越来越弱，即出现神经生理反应的习惯化。脱敏可以理解为人们在接触到媒介和现实中的暴力后在认知、情感和行为等方面所产生的不适反应的逐渐减弱或习惯化（Rule & Ferguson，1986）。

不断地接触媒介暴力会使个体对暴力的消极情感反应去敏感化，使其不再像从前那样对消极的唤醒感到不安。消极的生理唤醒和情绪反应一般会对思考、纵容和实施暴力行为具有抑制作用。但是，长期接触暴力内容的结果是人们不再有类似的反应。当人们大量观看暴力电影、电视或其他媒介内容后，最初紧张不安的生理反应减少甚至消失，在现实生活中面临暴力情境时不仅不会产生激动情绪和抑制动机，反而会产生司空见惯和麻木不仁的态度，使其心理上的恐惧感和罪恶感减少，暴力开始被认为是寻常可见的，导致受众在现实生活中把暴力行为当作一种可以接受的行为，实施攻击性行为的阈限降低，从而更轻易地使用暴力，或对暴力受害者的同情心与帮助减少。

尽管脱敏理论被大量地运用于电视暴力研究中，但是实证研究的结果显示该理论得到的支持非常有限（Carnagey & Anderson，2003）。至于在电子游戏的相关研究中，仅有 Funk 等人（2004）直接验证该理论在暴力电子游戏中的适用性。他们对 150 名四年级和五年级的学生进行调查，发现电子游戏中的暴力和亲暴力行为之间存在正相关的关系，而且接触越多的暴力电子游戏会导致对受害者的同情减少。

2. 社会学习理论

社会学习理论是用来解释媒介暴力的长期效果的理论之一，由 Bandura 在 1963 年出版的《社会学习和个性发展》（*Social Learning and Personality Development*）中首次提出。他认为，人类的一切行为方式都是后天学习的结果。Bandura 将社会学习分为直接学习和观察学习两种形式。直接学习是个体对刺激作出反应并受到强化而完成的学习过程。其学习模式是刺激—反应—强化，离开学习者本身对刺激的反应及其所受到的强化，学习就不能产生。观察学习也称替代学习，是指个体通过观察榜样在处理刺激时的反应及其受到的强化而完成学习的过程。学习者可以不直接作出行为反应，也不需要直接体验强化，只是通过观察他人在一定环境下的行为及该行为所带来的正面或反面的后果就可完成学习。社会学习理论将观察学习过程分为 4 个主要的组成部分：注意过程、保持过程、运动复现过程（或反应再生过程）、强化和动机过程，简单地说就是观察学习须先注意榜样的行为，然后将其行为记在脑子里，经过练习，最后在适当的动机出现的时候再一次将其表现出来。人的活动的动机来自过去别人和自己在类似行为上受到的强化，包括替代性强化、直接强化与自我强化，其中前两种属于外部强化，第三种属于内部强化。替代性强化是 Bandura 提出的一个非常重要的概念，指通过观察别人受到强化，即在观察者身上间接引起强化作用。例如，学生看到别人成功的行为得到肯定，就会加强产生同样行为的倾向；反之，看到别人的某种行为受到处罚，自己就会避免那样做。这种榜样可以扩大到电影、电视以及小说中的人物。

Bandura 运用社会学习理论作为指导，将社会问题研究与心理学研究方法相结合，开展了一系列社会行为的研究。其中最有影响的是关于攻击性行为的研究。关于攻击性行为，有人认为它出于人的攻击本能（如弗洛伊德、洛兰兹），也有人认为它是因为人受到了挫折才发生的（如多拉德）。Bandura 则明确指出，人类并不是生来就带着一个行为库的，人的一切行为方式都是后天学习的结果。Bandura 在 1961 年所做的关于观察学习的 Bobo Doll 实验就很好地说明了学习对攻击性行为的影响。Bandura 认为，儿童攻击性行为的获得并不一定要以其亲身获得奖励或惩罚为前提，儿童可以通过观察他人作出此类行为之后受到奖励或惩罚而学会这类行为。在研究中，Bandura 把儿童带到一间屋子里完成一个艺术项目，在这间屋子的另一头，一个大人正在静静地与一些玩具玩，在玩具的旁边有一个大木槌和一个 Bobo Doll。儿童被分为实验组和控制组：实验组的儿童看到大人叫喊着用大木槌击打 Bobo Doll，控制组的儿童看到的只是大人自己静静地玩玩具。在孩子们看了约十分钟之后，把他们带到另一间放着各种各样孩子们喜欢的玩具的屋子，告诉他们说这些玩具是留给其他人玩的，以此激起他们的挫折感。之后把孩子们带到第三间屋子，屋子里有一些玩具，包括 Bobo Doll。结果正如人们所预料的那样：实验组的儿童比控制组的儿童表现出了更多的侵犯行为。

Bobo Doll 实验的主要目的是说明接触具有攻击性的行为模范（Model）通常会对儿童产生教导效果（Teaching Effect）。Bandura 的贡献更在于发现儿童的行为的表现（行为操作）与行为的获得是不同的。具体地说，儿童通过观察习得的行为，也许会直接地表现出来，但也可能并不表现出来。儿童在观察学习后没有表现行为，并不意味着他们没有学习到行为。只要外部条件和内部动机相适应，习得而未表现的行为就会表现出来。Bandura 的实验还表明，行为模范并不仅限于生活中的真实人物，也可以是电视、电影中的角色或卡通影片中的虚拟人物。许多实验研究结果显示，儿童可以如同模仿真实人物般地模仿影片中的人物（Bandura，Ross & Sheila，1963）。而且，电视、电影和卡通影片中的人物对儿童的示范影响力，丝毫不亚于生活中的真实人物的影响力。除了教导效果外，攻击性行为模范对儿童还具有推动效果（Motivating Effect），促使儿童解除对暴力行为的抑制能力，或称解禁效果（Disinhibition Effect）。

Bandura（1986）在社会学习理论的基础上进一步提出社会认知理论。社会认知理论重视观察学习的认知过程，如注意过程和维持过程等，而且，被广泛地用来阐释受众从媒介暴力学习攻击性行为的过程。社会学习理论与社会认知理论都是帮助了解受众从媒介暴力中学得新的行为模式的架构。两者的差别为社会学习理论处于行为导向层面，探讨媒介暴力对观看者产生攻击性行为的影响，而社会认知理论探讨的层面则从行为导向转为认知导向，强调认知因素在产生影响的过程中的重要性。

3. 认知新联系理论

认知新联系理论是Berkowitz在挫折—攻击性理论的基础上加入认知因素后演变而来的，着重考察认知、情绪与行为和内在行为倾向之间的联系。该理论是认知主义观点的进一步发展，它用现代神经理论与认知主义相结合产生的认知联结主义观点来解释攻击性行为的催生。根据该理论，厌恶事件（如挫折、挑衅、高分贝噪音、不舒服的温度和不愉快的气味等）催生消极情感，而由不愉快经历导致的消极情感又自动地激发与“攻击”和“逃跑”倾向相联系的各种思维、记忆、表达性运动反应和生理反应等，随后的高级加工过程（如归因、评估和图式概念）进一步强化、抑制、改善和区分最初的各种反应。如果产生消极体验的个体不能迅速从该状态解脱，则会产生攻击性行为以应对。2003年，Berkowitz总结出如图2.1所示的认知新联系理论模型。

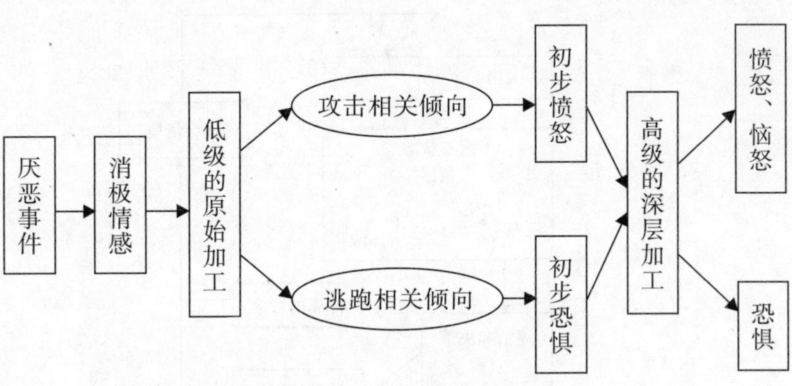

图2.1 认知新联系理论模型

该理论认为，攻击性的思维在记忆中建立起一个互相联系的网络。一旦攻击性的思维被激发，其激活作用会沿着交互的联系路径从一个节点传到另一个节点，从而激发与之相联系的攻击性概念和暴力情感，甚至导致攻击性行为。当人反复接触媒介的暴力内容时，他们的头脑中就会产生更加详细的相互联结的攻击性思维网络，逐渐形成攻击性的认知和情感反应模式，引发与攻击有关的技能、信念，从而增加在现实生活中出现暴力行为的可能性。在特定的情境下，它还会使人分不清什么样的行为是适当的。因此，在时间或方式上带有强制性的暴力媒介接触通常会导致攻击性的反应。

4. 一般攻击模型

2002 年，Anderson 等人根据多年积累的研究成果，在社会学习理论和社会认知理论的基础上提出了一种包容性更强、更加全面科学的理论解释，即一般情感性攻击模型（General Affective Aggression Model，简称 CAAM）。后来，Anderson 和 Bushman 又将这个模型升级为既强调外部因素，又关注个体特征的一般攻击模型（General Aggression Model，简称 GAM）。该模型的具体理论来源有：Bandura 的社会学习理论、Berkowitz 的认知联结模式、Dodge 的社会信息加工模式、Huesmann 的脚本理论以及 Zillmann 的兴奋迁移模式等。一般攻击模型综合了来自认知、情绪、生理、人格心理学等多个流派的观点，吸纳和总结了心理学各个流派在攻击性行为领域中的研究成果，形成了目前该研究领域中的一个最为完整的理论体系。

GAM 被用来解释特定情境下攻击性行为发生的机制，其流程如图 2.2 所示：

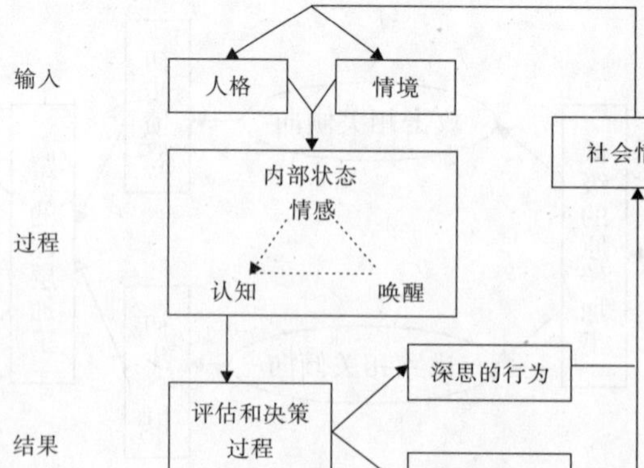

图 2.2　一般攻击模型

GAM关注处于情境中的人（Person in the Situation），也称为事件（Episode）。研究者认为，人类从婴儿时期就开始学习如何感知、解释、判断和响应现实环境中发生的事件。随着时间的推移，我们采用了各种各样的知识结构，通过观察自己与现实生活以及虚拟场景中的人们的互动而建立起认知脚本（Cognitive Schemata）。根据GAM，反复暴露于某一因素（如媒介暴力）中会造就较强的攻击性。这种长期的影响是储存于记忆中的与攻击相关的知识结构发展、激活和强化的结果。在当前的情境下，这种攻击性人格的长期改变会影响两种输入变量：个人内部变量（如敌意特质、性别、信念、价值、长期目标、对攻击性行为的态度等）和外部情境变量（如失败、挫折、真实世界中的暴力或媒介暴力、激惹性事件、疼痛与不舒服、药物等）。一方面，人格变化会造成面临情境的个体的多方面特质产生变化；另一方面，反复暴露于不利于适应的情境会通过改变知识结构甚至人格特质系统地影响其他情境变量。这两个变量相互作用，影响个体当前的内部状态，从而影响最终的输出行为。

个体内部状态的变化反映在认知（如敌意思想或攻击性认知）、情绪（敌意感受或表现攻击性行为的倾向）和生理唤醒（如心律、血压和内分泌等）3个方面，它们相互作用，彼此激活，决定了个体对攻击性行为的评价、判断和攻击动机的形成，并通过激活攻击性认知或思想，通过诱发以愤怒为主的情绪状态，通过生理唤醒来影响个体对攻击性行为的评估和决策。对攻击性行为的评价过程包括即刻评价（对情境的解释和对情感的体验）和再评价（对情境和情绪进行更多理性解释和评估）。前者是一种快速的、几乎无意识的评价，可能导致冲动行为，后者则需要更多的认知资源，会产生深思熟虑的行为。评价之后是行为选择和动机形成阶段（即决定是否采取攻击性行为）。该理论认为人类的攻击机制可能是一个动力循环的过程。

GAM为攻击性行为的产生及媒介中的暴力内容如何影响攻击性行为提供了一个整合的理论模型。按照该模型的观点，媒介暴力对青少年攻击性行为的形成具有短期效应和长期效应。在短期效应中，媒介暴力作为一个情境变量起作用，会在短时间内提高攻击性认知、敌意情绪和生理唤醒等方面的激活水平，进而促进暴力攻击性行为的产生。在长期效应中，媒介暴力通过强化青少年的攻击性信念与态度，巩固其攻击图式与脚本，使个体作出攻击性预期，对攻击具有高度脱敏性，或通过状态攻击性转化为特质攻击性等方式来起作用。另外，从长期效应来看，长期接触媒介暴力不仅可以改变个体的人格，而且会改变个体周围的环境，当个体变得富有攻击性时，如与家人、教师、朋友的交往减少，则更容易结交一些具有暴力倾向的伙伴，受这些伙伴的影响，个体的观念与活动场所会逐渐发生变化。人格的变化与新的环境相结合，再一次对个体行为造成新的影响。

此外，GAM 认为媒介暴力内容对青少年的不同时期具有不同的影响，其中对较年幼的青少年的影响最为明显。一方面，较年幼的青少年的生理唤醒水平高，观看媒介暴力内容更容易引起兴奋，并倾向于通过攻击性行为来宣泄这种紧张兴奋的状态。另一方面，较年幼的青少年更容易依照即刻评估的结果来作出冲动鲁莽的决策和行为，而年长的青少年由于认知能力和自我控制能力的提高，则更多通过再评估的过程作出更理智的决策，这在一定程度上抑制了生理唤醒导致的攻击倾向。

5. 涵化理论

有别于上述强调媒介暴力内容对受众攻击性行为影响的理论，传播学者 Gerbner 提出的涵化理论（Cultivation Theory）主要从认知的角度分析媒介如何形塑观念以及建构社会现实（Social Reality）（Hughes，1980），其重点在于电视对观众在建构社会现实上的可能影响。面对暴力充斥电视节目的现象，涵化论者关心的不是这些节目会不会使观众变得更暴力，而是这些节目会不会使观众觉得社会上的暴力问题就像电视上演的一样。Gerbner 认为电视暴力节目会对社会大众发生潜移默化的影响，它为大众建构了一个幻象，使其认为这是一个“卑鄙世界”，而且需靠暴力来解决问题。

涵化理论假设电视是主流媒介，而电视内容是根据同一套市场规格呈现的，它被系统地扭曲了的、代表主流价值观的信息渗透于传媒，尤其是电视节目之中。当观众以仪式性、非理性、习惯性的态度收看主流媒介——电视所呈现出的陈腐、重复、同一市场规格、与现实不符的信息时，会产生长期的、隐性的、集体的、潜移默化的效果。

涵化研究通常使用社会调查的研究方法来评估不同收视量带来的不同影响。简而言之，就是试图证明与那些收看电视节目较少但是在一些重要的人口统计学特征上可以互相比较的受众相比，那些花更多时间收看电视节目的受众更可能以电视中最普遍、最常出现的信息所代表的方式来感知现实世界。Gerbner 等学者长期收集、分析电视暴力节目的内容，并对观众的观念、意见、态度等进行调查，发现长期观看电视的观众对社会现实的认知与电视所呈现的“媒介现实”（Media Reality）相符。观众通过接收电视信息建构出媒介现实，看电视的时间愈长，愈易认为媒介现实就是社会现实。由于媒介现实和社会现实之间常有落差，而电视所呈现的媒介现实倾向于强调暴力，因此暴力节目看得愈多的观众，通常也认为现实生活中暴力愈多，并愈觉得身处“卑鄙世界”。此外，Gerbner 等学者从许多以不同年龄的观众作为样本的研究中也发现，相较于轻度收视者，重度收视者越倾向于认为世界是充满暴力的，而且认为他们本身较有可能成为暴力受害者。（Signorielli & Morgan，1990）

该理论强调媒介扮演社会控制代理人的角色，而受众的错误观念则源自媒介。这些观念之所以被称为是错误的，是因为它们偏离了客观现实。电视和其他媒介展现了一种令人惊恐的社会关系，在实际生活中常见的角色和规范在其中几乎荡然无存，这使电视沉迷者心目中的社会现实深受影响（Morgan & Shanahan，1996）。

三、媒介暴力的治疗和抑制效果：净化理论

净化理论（Catharsis Theory）又称为宣泄理论、涤情理论、替代性参与等。与上述讨论媒介暴力内容的短期或长期效果的理论不同，净化理论认为媒介暴力不会导致现实中的攻击性行为，接触媒介的暴力内容反而会减少受众的攻击性行为。

这一概念最早是由古希腊大思想家亚里士多德提出来的，他认为文学作品或戏剧中的悲剧手法，可以使人们的情感，如悲伤、恐惧与忧虑等得以释放，以达到净化的目的。

后来，这一概念被弗洛伊德引用到其学说之中。早在20世纪初，弗洛伊德在治疗神经症的时候就发现，当病人向自己诉说了积压在内心深处的一些欲望之后，病人的病情会得到好转，他把这种现象称为宣泄。弗洛伊德认为，攻击是一种本能，是人与生俱来的驱动力。每人都有一个本能攻击性能量的储存器，应当不断以各种方式使攻击性能量发泄出来，还应该适当地表现一些攻击的行为和举动，否则攻击性能量滞存过多，后果将不堪设想。

学者Feshbach延续这一想法，主张个体心中的悲伤、害怕、怜悯、愤怒和攻击冲动，往往能通过观看电视上的类似情节得到澄清、净化，因此，原来潜藏在心中的攻击欲望，能透过观看电视暴力而被除去。他认为戏剧主人公的攻击性行为替代性地表达了人们内心的暴力倾向，因而通过观看电视暴力，可以降低人们采取实际侵犯行为的冲动（Feshbach，1955）。他还认为人在生活中的挫折感是焦虑与暴力的来源，当焦虑与暴力无法宣泄时，看到别人的暴力行为也会得到纾解或补偿，社会底层人士比高层人士更需要这种替代性参与的发泄，因为高层人士的社会和经济条件使自己的挫折感减少，所受的教育背景亦使其较能控制情绪。

Feshbach（1961）的实验研究结果支持净化理论。研究发现，原本愤怒

的个体看过暴力影片之后的心理测验结果显示，个体的攻击意愿降低。后来 Feshbach 和 Singer（1971）采用实地研究，随机地将纽约和加州 7 个小区学校的 400 名曾有受挫经验的青少年分为两组，分别观看暴力的或非暴力的电视节目，每人每周看 6 个小时的节目，连续 6 周，并在这一段时间内观察和测量他们的攻击性行为的差异。结果发现，收看非暴力电视内容的青少年比收看暴力电视内容的青少年展现出更多的攻击性行为。这证实了暴力内容的治疗抑制效果——个体的攻击倾向借由替代性参与得到减弱。

尽管 Feshbach（1955，1961）的研究结果非常支持净化理论，然而，这个理论一直无法得到相关研究的支持，特别是在儿童研究方面。从 Berkowitz 的攻击暗示理论以及 Bandura 的社会学习理论来看，观察他人的攻击性行为不仅不能减轻愤怒，而且会强化侵犯的倾向和行为。心理学家们还做了相关实验，实验结果也表现出彼此矛盾的情形。另外，Feshbach 的研究结果受到质疑的原因在于，它无法控制或考虑一些重要的因素。例如，在 1971 年的实验中，收看非暴力电视内容的多数青少年表示不喜欢所看的影片，因此产生更多反抗攻击性行为，这显示实验过程没有考虑到研究对象的心理作用及其对影片内容的兴趣，导致研究结果有所偏差。此外，试图复制类似实验的其他研究并无法得到相同的研究结果。

虽然多数研究并不支持净化理论，不过净化理论仍然是研究电视暴力与攻击性行为关系的重要理论之一。

四、小结

总的来说，媒介效果理论主要关注两个层面，即对行为和认知的影响。在行为层面的效果研究中，社会学习理论、兴奋转移理论、认知新联系理论、GAM 等都认为媒介暴力内容会引发、刺激攻击性行为的发生，而净化理论则提出相反的观点，认为媒介暴力内容有助于人们宣泄消极情绪，从而减少攻击性行为的发生。社会学习理论、兴奋转移理论、认知新联系理论和 GAM 的相似之处还在于，它们都认为先是环境提供了刺激，然后形成一个认知的过程，最后导致行为的发生。通过体验社会环境而形成的图式、脚本和联合网络等引导了认知过程，它们帮助个人阐释媒介内容所提供的刺激的含义。它们的不同之处在于，社会学习理论强调观察在学习与模仿过程中的作用；兴奋转移理论强调接触媒介暴力会提高生理的兴奋状态，从而产生强化行为的作用；认知新联系理论则强调认知与情绪和行为倾向之间的联系。

涵化理论区别于其他理论的根本在于，它所指的效果是媒介暴力内容对人的观念的涵化，强调的是媒介暴力对人的认知层面的影响，而其他几种理论（不论是针对短期效果还是长期效果）则强调媒介暴力对受众行为的影响，即是否会引发、刺激攻击性行为的发生。虽然社会学习理论发展到社会认知理论，摆脱了行为主义的窠臼，开始强调认知层面的影响，但其落脚点还是在行为上，基本上仍然以行为主义的基调和方法探究儿童、青少年观看电视的行为，只是强调暴力内容是如何影响认知，认知在影响过程中发挥了什么样的作用，从而作用于人们的行为的。其实质只是将“认知”当作行为主义中“刺激—反应”模式的一个“中介变量”而已。

如前所述，本研究的出发点在于探讨暴力网游对玩家认知、价值观念、态度层面的影响，因此以涵化理论为理论框架，不失为一种合理的选择。

第三节　中国内地的媒介暴力研究

一、中国学术研究语境中的“媒介暴力”

“媒介暴力”的概念到底如何界定，学界一直看法各异，归纳起来，主要有以下几种说法：

一种观点以中国社会科学院的陈宪奎为代表，认为“媒介暴力”由“真实暴力”与“幻想中的暴力”两种形式构成。“真实暴力”指大众传媒对社会生活中真实发生的暴力事件、暴力场面的报道；“幻想中的暴力”则主要指在一些娱乐性节目、电视剧中出现的暴力场景。（朱世达，2005）还有一种观点作出了这样的定义：媒介暴力“一般被认为是包括电影、电视、电子游戏、报刊等在内的媒体含有或刊登暴力内容，并对人们正常生活造成某种不良影响的暴力现象”。（赵允芳，2004）

以上两种观点都将媒介暴力看作大众传媒中所承载的暴力内容，没有提及传媒自身作为“施暴方”所实施的暴力行为。

另有一类观点则认为媒介暴力即“大众媒介传播对受众造成显性的或者是隐性的，身体上或者心理上伤害的行为”。（马小璐等，2007）这一观点是将媒介暴力定义为一种伤害行为，将传媒看作“施暴方”，倾向于强调其负面影响。

郝雨和王祎（2009）根据其构成形式及影响效果，对现代社会中的媒介暴力作了分类：一是大众传媒所传播的暴力内容，可简称为“媒介化的暴力”，细分为“真实暴力”和“幻想中的暴力”两种，“真实暴力，指媒体对城市骚乱、示威游行、政治暗杀事件、战争场面等等的报道；幻想中的暴力，是指在一些娱乐性节目中存在的暴力场景，如在电视剧里大量存在的暴力镜头，一些儿童节目中出现的暴力游戏”；二是大众传媒作为实施者所施加的暴力行为，可简称为“暴力化的媒介”，其主要特点有话语的集权主义、传媒的越权行为、无法摆脱的强制传播等；三是高科技条件下的现代传媒所搭建的虚拟世界中的游戏化暴力，简称为“虚拟化暴力”。

根据郝雨和王祎的分类，本书所探讨的媒介暴力的效果，针对的是第一种类型，即大众传媒所传播的暴力内容对受众所产生的认知和行为上的影响。同理，“网络暴力”在本书中也指的是网络媒体所承载的以文字、图片和影像形式表现的暴力内容。当前在学界中引起热议的“网络暴力”还有另一层意思，即“网民以道德讨伐的名义，以网络为载体，对网络事件的当事人发布进攻性、侮辱性的言论，并搜索、公布当事人的真实姓名、工作单位、生活细节等具体信息，对当事人的精神和生活造成巨大影响的行为”（程刚、张卫军，2010）。这个不在本书所讨论的范围之内。

二、中国内地的媒介暴力研究

西方媒介暴力研究经历了半个多世纪的发展，已经有非常成熟的理论框架，相关的实证研究成果也不计其数。相比之下，媒介暴力的研究在中国内地可谓刚刚起步，在理论上，还处于对西方媒介暴力相关的理论进行评介的阶段，并没有任何理论的创新。用“媒介暴力”、“电视暴力”、“网络暴力”等关键词在中国期刊网中搜寻，从 1980 年以来的 30 多年间，相关研究结果仅有 200 余篇。总的来说，当前内地的媒介暴力研究有以下一些特点：

（1）研究数量逐年上升，尤其是随着网络新媒体的出现，相关研究激增。

2000 年以前，关于媒介暴力的研究仅有 20 余篇，且多集中于电视暴力的探讨。2000 年以来，随着互联网的出现和迅猛发展，网络暴力开始引起学者们的关注，与网络暴力相关的研究在 10 年间增至 100 余篇。但是正如前文所述，由于“网络暴力”这个概念在中文语境中的含义多样，在这 100 多篇文章中，大部分讨论的网络暴力，是以人肉搜索为主要表现形式的侵犯他人隐私、对当事人造成严重伤害的行为，而真正研究以互联网为载体传播的暴力内容的论文非常少，只有 20 多篇，其中以讨论暴力网游的影响为主。

（2）质化的评介居多，量化的实证研究非常少。

与中国传播学界重质化轻量化的传统一致，内地媒介暴力的研究成果也呈现出质化研究多、量化研究急缺的特点。在质化研究中，20世纪90年代早期多集中于介绍国外对电视暴力内容的限制，尚未涉及学术研究成果的讨论（雨文，1993；张书雄，1994；廖天琪，1994）。20世纪90年代中期以来，对西方暴力研究的历史及理论的引介趋于成熟，在此基础上，相关的研究主题也逐渐多样，但是其逻辑非常单一，多遵循"摆现象（电视或网络暴力的出现）—分析成因—指出危害—讨论对策"这样一条思路，且论述多流于泛泛，有真知灼见和创新的文章并不多见。有的即使题为"媒介暴力与青少年行为的相关性"，也仅是罗列西方媒介暴力效果研究的结果，并未真正进行量化的实证研究。

具体而言，中国内地研究主要从以下几个方面探讨媒介暴力：

（1）媒介暴力或网络暴力的定义和类型：如郝雨和王祎（2009）的研究。

（2）媒介暴力的影响：对媒介暴力的影响的研究，以关注负面效应的为多，且多集中于围绕青少年和儿童这一易受影响的群体进行讨论。负面效应的主要表现为弱化道德底线、异化未成年人的人生观和价值观、影响未成年人的正常社会化、导致恐惧和焦虑、导致学习成绩下降和人格障碍（针对暴力网游）、诱发现实的暴力和攻击性行为（彭昊文，2010；徐乐等，2008；金多娇，2009；宋维虎，2007；杜好强，2009；沈新潮，2009；孙占利，2008）。除此之外，也有部分学者注意到媒介暴力的正面效应：电视暴力可以作为吸引受众的手段，也可以疏导压力、宣泄情绪；暴力网游则能让青少年摆脱自我、转移和消解现实社会中的学业竞争和就业压力（肖小霞、任许文，2007）。

（3）如何防范媒介暴力和对其进行社会控制：从以下几个角度同时进行。

①政府要加强立法，完善法规。影视内容的分级制是最常被提到的一个议题，学者都一致认为影视内容分级制是保护儿童不受屏幕不良内容侵害的最佳武器，在当下的中国不仅势在必行，而且愈快愈好。也有学者意识到单纯的内容分级可能造成"禁果效应"，更加刺激儿童的观看欲，因此提出应引入新的技术手段以弥补这一缺陷，强调利用电视分级制与V芯片技术结合的手段来控制电视暴力内容的传播（蔡骐、杨静，2006）。针对暴力网游的影响，呼吁国家建立严格的游戏评级制度也是研究者的对策之一。

②大众媒介的自律。强调媒介的监督、把关和社会责任感，以及媒体从业人员职业道德和专业修养的提升。

③提高受众的媒介素养，从根本上控制媒介暴力的影响（杨帆，2009；陈红莲，2008）。曾鸿（2008）着重探讨在卡通暴力影响之下的儿童媒介素养教育问题，强调家庭、学校和社会的共同参与和配合，并介绍了港台地区的

相关模式以资参考。

三、中国内地媒介暴力效果的量化实证研究

如上文所言，当前内地关于媒介暴力的量化实证研究非常有限，主要体现以下几个特点：

（1）绝大部分讨论媒介暴力的负面影响，尤其是对青少年和儿童的影响。

（2）大多数研究讨论的是媒介暴力与偏差行为、攻击性行为之间的关系，采用调查法和实验法等量化研究方法，多为心理学领域的学术研究。

和网络暴力的效果研究相比，电视暴力的量化实证研究更少。曾凡林等（2004）采用问卷对259名初中生进行观看暴力镜头的频次、对暴力的认同态度、观看暴力镜头的情绪反应、攻击性行为倾向等方面的调查，结果发现青少年观看暴力镜头频次越多、兴奋水平越高以及情绪宣泄越少，表现出攻击性行为倾向越多；男生的攻击性行为比女生多；青少年的攻击性行为随年级升高而减少；工读学校学生比普通学校学生表现出更多的攻击性行为。该研究的结论认为，过度观看电视暴力可能导致青少年攻击性行为增加，且攻击性行为与观看电视暴力引起的情绪反应有关。然而，由于其采用的是调查法，所以无法验证因果，且该研究没有考虑其他中介变量。

对网络暴力的量化研究，多集中于关注暴力网游的负面效果。例如，肖小霞和任许文（2007）基于60家网吧250位游戏玩家的实证调查发现，沉迷于暴力网游的青少年多为学历较低的中专技校学生，普遍存在性格孤僻、态度冷漠和非人性化的倾向。陈碧云（2010）以南京部分高校的大学生为被试，采用问卷调查的方法，探求暴力网游和大学生攻击性之间的关系。研究发现，暴力网游会显著提高男大学生的攻击性。张晓冰等（2009）以广州市中学生为研究对象，探讨青少年玩暴力网游的状况。研究发现，所有受访者对暴力网游的负面影响（三个指标：影响手眼协调能力、导致精神紧张无法放松、浪费时间影响学习）都持中立态度；有近六成对暴力网游的未来发展持明确支持和中立的态度；对网络世界中的矛盾和现实中的矛盾，选择“将游戏中的暴力方式复制到现实中解决”的人寥寥无几；超过20%的受访者对暴力行为持赞同态度，这一指标与SES变量无显著相关，而与“平均每次玩网游的时间”呈正相关。贺建平等（2009）以涵化理论和社会学习理论为基础理论，以13~16岁的中学生为研究对象，探讨暴力网游和青少年暴力行为的相关性。研究发现，玩暴力网游会改变青少年对暴力行为的看法，使其容易产生愤怒、报复、进攻等情绪，但无论在网络世界还是现实世界中，青少年对网

游的模仿并不是普遍现象，而且网龄越长，采取暴力手段解决问题的人数所占的比例越小。上述研究均采用社会调查法，无法证明因果，只能证明相关性。也有少量研究采用实验法，探讨暴力游戏的效果。例如，张国华（2008）以 163 名初中一、二年级学生为被试，探讨暴力网游偏好和青少年死亡认知的关系，发现暴力网游通过移情对死亡认知的两个维度“适用性”（Applicability）和“终结性”（Cessation）产生显著的间接预测。魏谨等（2009）采用实验法对暴力网游组和对照组青少年分别进行攻击的内隐联结测量，发现遭遇不利时，青少年的内隐攻击将被激活；暴力网游组与对照组相比，在内隐层面更倾向于将攻击与不愉快联结。

不论是采用社会调查法还是实验法，上述研究在媒介暴力是否存在引发青少年攻击性行为这一负面影响的核心问题上，都未能达成一致结论。

（3）虽然数量极少，但仍然有部分研究从受众的认知、态度等方面讨论媒介暴力的影响。例如，王玲宁和张国良（2005）针对上海中学生进行问卷调查，发现接触电视的时间和内容偏好对暴力赞成度无显著影响，但是在内容偏好中，越偏好港台电视连续剧的受众人际信任感越差。龙耘（2005）则以电视剧为例，采取两级抽样，对三十四个卫星频道在 2001 年 11 月和 12 月两个月间的黄金时段电视剧进行内容分析，并选取全国、北京、兰州和上海四个区域收视率最高的四部连续剧进行内容分析和文本分析，以量化形式反映电视暴力的指向和强度，并以质化形式分析解释各项指标所蕴含的意义。该研究还以涵化理论为理论框架，验证了收视时间与受众的暴力认知、恐惧感等涵化指标之间的关系。

总的来说，中国内地的媒介暴力研究还处于初步发展阶段，不论是理论还是方法都没有跳出西方媒介暴力效果研究的套路。当前研究的热点，还是集中于暴力网游对受众，尤其是儿童与青少年玩家的攻击性行为的影响，引用得较多的理论是 Anderson 的一般攻击模型（GAM），这些研究都集中在心理学领域。传播学领域的量化实证研究较少针对行为层面的影响，而是探讨媒介暴力在认知和态度层面的效果，下一章将对此进行详细分析。

第四节　暴力的定义

暴力是一个隐含着政治学、文化学、心理学、社会学、伦理学等方面的微妙象征性意义的复杂概念。在媒介暴力研究中，暴力的定义以及测量标准存在诸多争议。正如 Signorielli 等人所指出的：暴力被界定的次数，恐怕已经和它被研究的次数一样多了。面对这样一个具有多重寓意的概念，如何界定它并对其进行客观可靠的量化，是十分棘手的工作，但这又是研究媒介暴力效果的一个十分关键的因素。

数十年来的媒介暴力效果研究，对暴力的定义和测量标准，众说纷纭。有的按照施暴者和受害者的不同角度区分暴力，前者强调行为，后者强调结果；有的按照施暴类型区分为有意图的暴力和无意图的暴力；有的按照暴力行为类型分为肢体暴力和语言暴力；而按照参与人数的多少可分为个人暴力和集体暴力等。各研究的暴力测量标准差异巨大。大多数的研究采用明显的肢体暴力行为作为测量标准，而有的研究则采纳一切暴力镜头，不考虑节目的类型和情境。

在暴力的定义中，有几个术语如“攻击性”（Aggression）、冲突（Conflict）、“犯罪”（Crime）和“反社会行为”（Anti-social Behavior）通常被研究者作为暴力的同义词，有的则与暴力概念部分重叠。

通过对不同暴力概念和定义的分析可以发现，其根本不同主要体现在伤害的特征、是否有意图以及造成的伤害是身体上的还是心理上的。归纳起来，暴力（或攻击性）的定义主要包括以下这些：

1. 强调行为的目的性的定义

Dollard 等人（1939）把攻击性定义为“对其他有机体造成伤害的有目的的行为”。显然，有意图的伤害在这个定义中是最重要的。Bandura（1973）把暴力定义为“造成人身伤害和财物损坏的行为，这种伤害可能是心理的，也可能是生理的”。他还认为，如果一个人有意识地用枪或足以致命的东西去伤害别人，即使他伤害的不是他的目标，那么也应看作是暴力行为。可见，Bandura 的定义也强调有意图和伤害。Baron（1977）提出的定义为有意图伤害他人的行为，造成的伤害包括生理及心理层面。Mees（1990）的定义也同样强调意图和伤害。他把有意图详细地区分为三类：①轻率（施暴者考虑了可能的危险性但没有去做）；②不替别人着想（施暴者考虑到了行为会造成伤害，但还是实施了行为并把自己的个人利益凌驾于别人之上）；③蓄意（恶毒并有意地伤害）。Berkowitz（1993）将攻击性定义为“有意对别人造成生理或心理伤害的任何行为”，指出不仅肢体的侵略动作属于攻击性行为，口头侵犯也一样，他还把暴力看作攻击性的最极端形式。20 世纪 90 年代美国的国家电视暴力研究，对暴力所下的定义是：有意对他人造成伤害的公然行为，也包括以看不到的暴力手段对他人造成的身体伤害。这里同样强调行为的有意图，而且暴力行为不仅包括公然的，还包括看不见的。黄明明（1994）把暴力定义为“以任何明显而具体的言语或行为意图使人屈服，无论有无人员伤亡或物品损毁之情境皆属暴力”，该定义强调暴力的意图而不是结果。Gerbner 在美国暴力成因与防范委员会的研究中所使用的暴力定义是被研究者采纳得最多的，他将暴力定义为“有意伤害或者杀害的公然的武力行为”。该定义强调行为的有意图，不包括心理以及言语暴力，而是采用明显的肢体暴力行为作为测量标准，在实际操作中更加明确且缺少争议。

2. 比较宽泛的定义

Muncer，Gorman 和 Campbell（1986）将暴力区分为：①身体和言语的暴力；②陌生人之间的暴力和熟人之间的暴力；③有意的和无意的暴力。美国加州大学洛杉矶分校的传播政策研究中心对大众传媒进行的暴力监测中，暴力的范围包括运动暴力、滑稽暴力、口头暴力以及任何能导致身体伤害的暴力，无论它是有意还是无意的，是对自己还是他人的，这个定义显然更加宽泛。1988 年，新加坡亚洲大众传播研究与情报中心对亚洲 8 国的电视节目进行暴力监测，将暴力定义为“使用武力或言辞对某人或某些人造成心理或肉体上的伤害，包括对财产和肉体的损毁”，该定义也很宽泛，和 Gerbner 的定义相比，增加了言语暴力和心理伤害。

由于电子游戏与电影、电视存在诸多差异，因此在暴力电子游戏的效果研究中，学者对暴力的定义也异于传统暴力效果研究。后者多强调暴力或攻击性行为的意图性、展现方式和造成的伤害，而电子游戏中的暴力则加入了对非生命物体的破坏行为（Aggression toward Inanimate Objects）。Silvern 和 Williamson（1987）对攻击性行为的定义包括：①肢体暴力（Physical Aggression）：肢体的攻击、破坏、揶揄与威胁的表情姿态；②言语暴力（Verbal Aggression）：愤怒地命令、口头取笑、贬抑；③物体暴力（Object Aggression）：对物体进行肢体暴力。Irwin 和 Gross（1995）同样指出，攻击性行为不仅包括对其他有机体的攻击性行为（肢体暴力与言语暴力），更包括对非生命物体的破坏行为，其对攻击性行为的操作性定义包括踢人、打人、推人、捏人、拉扯衣服、扯头发、丢东西等肢体暴力，也包括威胁他人、意图伤害他人或以言语对实际攻击动作进行描述等言语暴力。（林育贤，2001）

综合以上对媒介暴力效果研究中的暴力的定义分析，本研究对暴力进行以下定义：运用肢体或工具（法术），以对生物（包括人、动物或其他生命体）或物品构成伤害或损害为目的的威胁或行为。

第三章　文献综述（二）：涵化理论

本章包括三个部分，首先对涵化理论的发展历程进行详细梳理，接着回顾中国内地和港台地区涵化理论研究的现状，最后结合本研究的主题分析涵化理论在暴力网游研究中的适用性。

第一节　涵化理论的发展历程

美国传播学者 Gerbner 提出的涵化理论，对电视可能产生的效果提出了相当完整的论述，其要点简述如下：电视是当代最具影响力的媒介，其内容千篇一律地充满了暴力及刻板印象，并不符合真实世界。观众日积月累地接受这种信息，久而久之便会受到影响，对世界产生扭曲的印象，其受影响的程度由电视接触量决定。

涵化论者一般将涵化理论的发展分为三个阶段（李慧馨，1994；Signorielli & Morgan，1990）：第一阶段是发展期（1968—1978），这一时期研究的重点在于讨论电视暴力内容形塑了什么样的社会现实及如何影响受众社会信念的建构，进而发展出举世闻名的“暴力素描”（Violence Profile）；第二阶段是挑战期（1978—1990），主要是针对不同的批评与挑战提出响应与修正，使得理论更为周密，主流化（Mainstreaming）与共鸣（Resonance）这两个概念便是在此时被提出的；第三阶段（1990—2000）则是理论发展期，此阶段的研究，已经脱离传统涵化理论的范畴，除了有关暴力的研究外，也加入了有关其他社会现实的研究，如政治取向、少数团体、性别角色等主题的涵化研究，而 Gerbner 更强调未来的研究应该向不同文化及跨国（International）的涵化分析发展。

自 2000 年以来，互联网等新媒介的蓬勃发展对涵化理论形成了一定的挑战，某些基本的理论假设在新的媒介环境下需要受到重新审视，2000—2010 年这十年的发展期在涵化理论的发展历程中具有独特的地位，因此可归为第四个发展阶段。

本节将以四个阶段的划分，分别介绍涵化理论在这四个历史阶段中的发展及取得的成果。

一、发展期（1968—1978）

（一）背景介绍

涵化理论的产生是当时两股互相矛盾的历史潮流潮碰撞的结果：一方面，占主流的学术话语认为媒介效果是非常有限的；另一方面，公众和美国国会越来越担心电视对暴力的影响。当时的美国国会担心电视有强大的影响力，怀疑社会出现的动荡、暴力和不稳定乃源自电视的推波助澜，于是拨专款进行研究。1968 年，美国暴力成因与防范委员会成立，主要目的是探究社会中的暴力问题，包括对电视暴力研究的回顾（Baker & Ball，1969）。委员会还资助了一项新的研究：对 1967 年至 1968 年的黄金时段电视节目进行内容分析，Gerbner 和他的同事获得了这笔经费。不过，他们不仅检验收看电视节目与某一社会现象之间的关联，而且将电视作为形塑当代文化的主要机制，想要对与电视产业有关的各个环节作整体检验，进而厘清其在文化上的意义。

他们的研究总称，就是“文化指标”（Culture Index），涵化分析是文化指标的一个部分。从一开始，Gerbner 就坚持认为传播的效果不在于短期的态度或行为的转变，而在于研究以下三者长期的互动关系：生产媒介信息的制度结构、信息系统本身以及蕴含在文化中的形象结构，因此该研究包括三个部分的内容：组织流程分析（Institution Process Analysis）、媒介信息分析（Media Message Analysis）以及涵化分析（Cultivation Analysis）（Gerbner，1969）。

组织流程分析的目的在于找出影响媒介表现的各个因素，以及这些因素对媒介内容系统地产生作用的过程。媒介信息分析旨在检验媒介所呈现的内容（尤其是电视黄金时段的内容），重点在于找出为较多数受众接收的信息里所隐含的形式（Pattern）。涵化分析则是以受众为对象，探讨媒介信息分析所发现的电视现实与受众认知的社会现实之间的关联。不过，Gerbner 等人发表的与文化指标有关的研究主要集中在涵化分析上，由这方面的研究所建构出的涵化理论，较文化指标更受到学界重视。

文化指标研究对象主要集中于黄金时段和周末白天的电视节目的内容。媒介信息分析自 1967 年开始每年都在继续，到了 20 世纪 90 年代，分析还扩大到 Fox 电视网、真人秀节目以及其他被选中的有线电视网和节目。

（二）基本理论假设

涵化理论是建立在若干前提之上的。充分把握与理解这些前提，是完整、准确地理解涵化理论的关键。

首先，在媒介信息方面，涵化论者认为电视节目内容是有一致性的。在商业机制下，由于经济效益的驱动和对收视率的追求，电视节目内容往往是能够满足大多数人的共同兴趣的。因此，尽管电视节目有不同的种类，但是各个种类的节目里所要传达的信息其实有相当的一致性。电视节目投资者和制作者更加乐于复制那些已被证明可以获得高收视率的有利可图的节目。基于这个想法，他们分析电视节目内容时，重点关注的是各个节目里共通的形式，而不是独特的表现。这一点，Gerbner 在制度分析中进行了分析论述。

其次，电视信息是具有整体倾向性的。电视所传达的信息是语言、图像、声音等象征符号的有机组合系统，而隐藏在这一象征符号系统背后的则是特定的意识形态系统。这就必然导致该符号系统具备双重特性："结构的完整性"与"整体倾向性"。通过"信息系统分析"，Gerbner 认为，美国的传播媒介反映了统治阶级尤其是统治资本的价值和利益。也恰恰是基于这一前提，涵化理论得以成为经验学派同法兰克福批判学派共同感兴趣的理论交集。

再次，鉴于电视内容的一致性，Gerbner 认为，受众虽然会在电视节目之间进行选择，但其实并没有太大的选择余地。换言之，涵化论者认为看电视本质上是种仪式性而非功能性的行为。他们不否认观众在看电视的时候，还是会在各个可供观看的节目里作选择，不过，他们认为在前述媒介信息有一致性的前提下，尽管各个节目的内容有些差异，各个节目的种类也有不同，但各节目所负载的信息形式相当一致，观众其实没有太大的选择空间。

最后，电视有别于其他大众媒介，以声音和图像传递信息，受众不需要具备太多的知识技能，就可以使用此一媒介。正如 Gerbner 所说的："电视机已经成为家庭的中心成员，成为在大多数时间解说最多故事的那个叙述者。"许多人从出生开始便与电视为伴，被包围在电视提供的信息之中。身在其中的人们很难对电视世界与现实世界作出清晰正确的区分。

基于上述前提，涵化理论的基本假设是：看电视的时间愈长，所形成的对社会现实的认知和态度会愈接近电视所呈现的景象，也就是"媒介现实"。由于媒介现实和社会现实之间有些落差，且电视所呈现的媒介现实里有强调暴力、色情的倾向，因此，电视看得愈多的人，愈有可能觉得身处"卑鄙世界"（Gerbner，1970）。

（三）研究方法

涵化分析检验重度收视者在多大程度上从隐含在符号世界中的模式来了解真实的世界。Gerbner 等人当初采取的研究方式相当简单。

首先，找出电视内容里最常出现和最稳定的模式，尤其是在大部分节目类型中都存在的稳定的形象、描述和价值。这通常还要与信息系统的分析配合，或对现有的内容进行分析。

然后，测量节目的收视情况和观众对社会现实的认知。虽然涵化是一个宏观社会层面的现象，不仅是个体对电视信息的反应的总和，但是如果不通过测量个体则很难测量出涵化的效果。典型的涵化研究使用社会调查法调查人们收看电视的情形以及所建构的社会现实的面貌。在自变量，也就是收看电视的情形上，将受访者依收看电视时间多寡分为高、中、低收视组，然后比较这三组受访者在因变量，也就是社会现实上的差距。对社会现实的测量采用选择题的方式，提供两个答案，一个接近真实情况，一个则接近电视现实。例如，问受访者社会上每 1 000 人里有多少人从事律师的工作，答案有两个选项，各是一个数字，一个依据客观事实而来（如律师公会提供），另一个则由分析电视节目内容而来（如计算各戏剧节目所出现的角色里执业律师的人数）。

最后，测量涵化差异。知道了电视对现实的描述以及受众对现实的认知之后，涵化的最后一步就是比较二者之间的关系。标准的涵化分析先利用交互表（Cross-tab）分析不同的收视量（轻度、中度和重度）与受众关于现实的认知（分为电视答案和非电视答案）之间的关系。重度收视组里选择媒介现状答案的受访者比例减去轻度收视组里选择媒介现状的比例，即为“涵化差异”（Cultivation Differential）。涵化论者认为此差异的肇因在于收看电视节目时间长短不同，由此推论出电视有涵化效果。例如，有 52% 的重度收视者认为他们在下一年很有可能成为犯罪的受害人，而只有 39% 的轻度收视者这么认为，在这个例子里，涵化差异即为 +13。

（四）研究结果

1. 内容分析的结果

暴力指数（Violence Index）或许是文化指标内容分析最广为人知的一个成果。暴力指数结合了不同的测量方法，能够对任一年黄金时间和周末白天的电视节目的暴力程度进行快速评估。这个相对较为简单的公式结合了 5 个专门的测量指标：暴力节目的百分比（即样本中出现暴力的节目占所有节目的比例），每个节目中暴力动作的比例，每小时暴力动作的比例，卷入暴力的角色的百分比，以及被卷入谋杀的角色的百分比。该公式简单表述为：暴力指数 = 暴力节目的百分比 + 2 × 每个节目中暴力动作的比例 + 2 × 每小时暴力动作的比例 + 卷入暴力的角色的百分比 + 被卷入谋杀的角色的百分比。每小时和每个节目的暴力比例测量解决了节目长度和节目类型不同的问题。由于在数学上这两个比例比其他三项要小，因此将其系数乘以 2 以增强其权重。

结果显示，每年的平均暴力指数为 160（在 115 到 185 之间浮动），为每年电视节目中的暴力数目提供了一个简单的估算方法。该数值本身并无意义，但是在考察长期的趋势以及进行比较上非常有用。该数值可以用来比较不同年份、不同电视网、不同时间段、不同节目类型等所包含的暴力的不同。

2. 涵化分析的结果

涵化研究公布的第一批结果显示，在有关执法部门、犯罪、信任和安全感等议题方面，重度收视者比轻度收视者更容易给出接近电视节目的答案。

例如，文化指针的信息系统分析数据显示，黄金时间的电视节目中的角色，每周有将近 2/3 会卷入暴力事件中。而 1970 年美国联邦调查局的数据显示每年每 1 000 人中仅有 3. 2 人卷入暴力事件，1973 年的数据则是每 1 000 人中有 4. 1 人。尽管这样的官方数字并非完全准确，但不可否认的是一个人在现实世界中遭遇暴力的概率要远远低于电视世界。根据涵化假设，收看电视会涵化受众关于现实的设想，这些设想反映了媒体最常见的描述，因此重度收视者会更倾向于高估个人遭遇暴力的概率。在这个例子中，当被问及每周卷入暴力事件中的人数更接近 1/10 还是 1/100 时，有 52% 的重度收视者选择了1/10，而选择这个选项的轻度收视者只有 39%。

涵化分析不仅比较关于现实世界和电视世界的某些事实的数字估算，同时还测量诸如信任等议题。例如，当被问及“是否大部分人都值得信任”时，有 65% 的重度收视者认为“你对别人多小心都不为过”，而只有 48% 的轻度收视者选择这个选项。从类似的研究结果中，研究者总结出了“卑鄙世界综合征”，认为观看电视涵化了受众一系列的看法，包括会夸大自己成为受害者的概率和感到沮丧、恐惧、不安全感、焦虑和不信任等等。

更重要的是，种族、教育、收入、性别等影响社会信念和态度的变量也和电视互相作用，互相联系。例如，高收入和受教育程度低的人看电视较少。因此，从一开始，涵化理论研究者就意识到对变量的控制是非常必要的，尤其是那些可能影响或决定收视程度和社会认知的背景因素（通常包括受教育水平、职业威望、收入），还有年龄、性别、种族及其他媒介的使用情况（如看报纸、看电视新闻等）。

因此，对重度收视者和轻度收视者的百分比进行比较，通常是在相对同质化的亚群体（Subgroup）里进行的。亚群体控制了这些因素，比较如大学生和非大学生、男性和女性、30 岁以上和 30 岁以下等群组之间的涵化差异。在大多数情况下，进行变量控制后并没有过多地影响涵化的结果，尽管不同亚群体间因变量的值会变大或变小，有的群组的关系会变强或变弱，但总的来说，涵化差异的方向和力度都保持着。

这些看起来非常直接的模式很快引发了大量的争论。测量、编码、抽样、控制、问卷的措辞和信度、分析的方法等等，每一个方面都受到了检验。

（五）小结

在涵化论者看来，“涵化不是关于选民对一个政党候选人的态度会怎样被新闻或广告战役所影响；不是关于一个新的广告如何说服消费者购买一款新的牙膏；不是关于儿童（或其他人）在观看了一个暴力节目后是否会变得更有攻击性、会做噩梦或得到宣泄；不是关于不同的观众对于肥皂剧中某个角色离开其情人的动机会有不同的理解，或是对某个复杂的谋杀案的最终结局有不同意见；不是关于青少年如何被低俗的脱口秀或充满性意味的情景剧所腐蚀；不是关于这一季（或这一星期）的新明星如何改变公众的发现或职业规划。涵化理论研究关心的是，电视（尤其是戏剧性的娱乐节目）为受众所提供的影像和意识形态里那些稳定的、重复出现的、非常普遍的以及无可逃避的模式所蕴含的含义。涵化研究从来没有否认媒介导致的攻击性行为的存在，也没有否认电视会令受众对暴力产生‘脱敏’或‘去抑制化’的倾向。的确，特定的心理机制可以解释受众如何内化关于权力的相关内容。但是，涵化的重点与其他实验性或侧重行为的研究不同，它将电视暴力放在一个更广泛的意识形态和文化情境中去考察，而不仅是一个什么对儿童好或强大的电视机构应享有宪法第一修正案所保护的‘权利’的问题”。（Morgan & Shanahan，1997）

涵化研究将电视看作一个信息的系统——该系统的要素不是一成不变或完全一样的，而是互为补充的、有机的和连贯的——并研究这些作为系统的信息如何对其受众起作用和产生影响。涵化理论研究的核心是长时间接触电视的累积效果。Gerbner 等人（1978）认为，电视暴力描述了社会关系，展现了社会权力，尤其是反映了社会的权力等级并复制了社会秩序。

在所有关于媒介效果的理论中，涵化理论可以说是让媒介重新回到宏观效果论的关键之一（McCombs & Gilbert，1986）。其最大贡献在于提出传播媒介并不是在改变受众，而是呈现维持与强化效果。涵化理论自提出后，即成为美国传播研究领域的主要理论，它融合了欧洲关于社会批判的思想和美国实证主义的理论，被视为实证主义的传播研究和欧洲文化批评取向的传播研究彼此接轨的可能性所在（Bryant，1986）。

二、挑战期（1978—1990）

虽然涵化理论将以往的传统传播效果的研究由短期、立即、行为层面的影响，拉到长期、认知层面的影响，为传播的研究建立了一个重要的里程碑，但是 Gerbner 的涵化理论也受到许多的批评。

到 1978 年为止，文化指标项目得到的批评大部分来自电视行业的研究者，批评主要集中于信息系统分析的不同方面。这些批评针对暴力的定义和测量（有批评家认为文化指标的概念太模糊、太宽泛），还有样本量、信度、效度、编码的过程和大量其他相关的问题。

到 20 世纪 70 年代末，涵化分析已经成为用以评估电视信息如何影响对与社会权力相关的议题的认知的方法。然而，并非每个人都这样看待涵化研究，许多不同意见导致了一波又一波的争论。许多争论虽然已经持续几十年了，但仍然没有完全得到解决。

以下将详细介绍针对涵化理论的各种批判以及涵化论者的回应。

（一）来自文化研究学者的批评

文化研究学者认为媒介内容的含义以及对媒介内容的理解会因受众的社会背景而异，社会背景包括社会阶层、性别或所属文化分支等，因此强调受众在对媒介内容的解读过程中的主动性。

文化研究学者 Newcomb（1978）批评涵化理论对于暴力的定义界定不够清楚。他引用当代文化研究和符号学的概念和理论，认为媒介信息是具有多义性的，不同的理解之间互相影响、妥协或排斥。因此暴力在美国的历史和文化中有不同的意义，并非所有的观众都以同一种方式来解释一个暴力动作。他强调应针对每个节目进行深度分析，而不应该像文化指标研究那样强调总体的模式。他尤其强调这些差异——情境的差异、节目的差异、观众的差异的作用。他认为这些差异意味着没有一个节目对所有的观众来说是只有一种解释的。亦即他质疑观众是否能够得到 Gerbner 的研究中所声称的通过观看电视暴力所得到的东西。

另一个学者 Livingstone（1990）对涵化理论也有类似的批评。他认为内容含义固定化或是含义存在于内容之中的说法是错误的，受众是具有主动性的，因此观众对于电视情节的不同理解在电视影响社会“观念现实”的过程中扮演了中介角色。

针对这些批评意见，涵化论者首先肯定了符号是复杂的，其意义也是多层次、不确定、多变的，但他们认为 Newcomb 和 Livingstone 的观点与涵化的基本精神并不冲突，强调受众与媒介文本的互动会导致多样性和多义性并非否认共性存在的可能性。像涵化研究所做的那样揭示这些共性，也并非否认差异的存在。的确，符号系统的结构显示出传播是一种多层次的行为，但这并不意味着媒介信息不能以某些共通的方式来进行解读。

在回应 Newcomb 的批评中，Gerbner 和 Gross（1979）强调了他们之所以考察不同类型节目的共性，是因为电视节目更像是公式化的、追求市场需求的流水线产品，而不是充满个体表达的独特的艺术品。他们指出，Newcomb 提出的“暴力对于观众意味着什么”这个问题不仅是不相关的，而且是转移视线的。两种理论的区别不在于“人文主义”还是“社会科学”的不同，甚至也不是定量和定性的不同，简单而言，不过是宏观和微观的区别罢了。

（二）涵化效果无法在他国得到复制

Wober（1978）在英国进行的研究被视为挑战涵化理论的实证研究，因为涵化效果并未能得到复制。

涵化论者对此的解释是，这一结果或许反映了英美两国重要的文化差异和媒体结构差异。英国的重度收视者比美国的轻度收视者看电视的时间还要少，而且英国的电视制度机制和控制力度保证了媒介信息的流动更加平衡和多样化，不完全受商业利益所驱使。如果是这样的话，这恰恰增强了涵化效果在美国的说服力，因为如果接触到的信息系统不是被暴力内容所主导的，确实不会被涵化出对治安的担忧和对他人的不信任感。

此外，Gerbner 等人还批评 Wober 在对受众进行恐惧感和暴力认知的测量时没有注意避免让他们联想到研究与电视的关系。Wober 的研究数据是在独立广播机构的支持下收集的，被调查者从一开始就知道问卷是用来测量他们“对电视的态度”的。而 Gerbner 等人在研究中则非常小心地避免提及“电视”这一说法，直到问卷最后或者访谈最后才涉及收视量的问题。因为任何与电视相关的提法都可能让被访者在回答关于社会现实的问题时受到他们脑海中的媒介信息的影响，或者让他们敏感地意识到研究的目的从而导致答案产生偏差。

（三）涵化效果在加拿大的检验以及共鸣效应的提出

加拿大学者 Doob 和 Macdonald（1979）关于街区犯罪率在涵化过程中的作用的研究对涵化效果提出了质疑，被认为是“最被广泛引用的挑战涵化假说的研究”。(Tamborini & Choi，1990）

Doob 和 Macdonald 认为，住在高犯罪率或城市地区的人会对犯罪更加恐惧，从而在室内花更多的时间，因此会看更多的电视节目。亦即重度收视者会因为他们住在更暴力、更危险的环境中而更加恐惧。研究者从多伦多的 4 个地区抽取样本：高犯罪率/市区，高犯罪率/郊区，低犯罪率/市区，低犯罪率/郊区。如果收视量与对暴力的观感之间的关系是由街区的犯罪率引起的，那么控制了这个“第三变量”之后，“同一街区的涵化效果会降低或消失”。

受访者被要求回答 34 道与他们对犯罪、暴力、安全感以及成为受害者的恐惧等相关的封闭性问题。因子分析抽取了 9 项以测量“对犯罪的恐惧”。研究结果显示，总体而言，对犯罪的恐惧和电视节目收视量之间显著相关（$r = 0.18$，$p < 0.01$），但是不同街区间的相关差异较大，在高犯罪率/市区这个地区中，自变量和因变量显著相关，比高犯罪率/郊区地区的关系要更加明显。此外，在高犯罪率/郊区地区，自变量和因变量的关系与总体样本的关系基本相同，但是由于样本量的大量减少从而未能达到显著相关。Doob 和 Macdonald 据此认为，涵化关系仅在高犯罪率/市区这个地区存在，而在其他 3 个地区消失。他们还强调，这 4 个地区的平均相关系数只有 0.09，因此“当街区的影响被去掉之后，媒介使用量和对暴力的恐惧之间的关系不再存在”。

针对这一挑战，涵化学者进行了以下回应：

首先，这些数据并不说明关系“虚假”，如果是的话，那么在所有 4 个地区的相关系数应该都为 0。这些结果显示的是一种理论上来说可称为“特定化”（Specification）的关系——即使关系在低犯罪率地区消失或者呈负相关，但其在高犯罪率地区仍存在，而且更为显著。Gerbner 等人（1980）把高犯罪率/市区这个地区自变量与因变量之间的强关系解释为“共鸣”。他们认为，人们不是在一个真空里接触电视信息的，而是在不同的个人因素、社会因素、家庭及其他因素共同作用的情境下受电视信息的影响的。如果个人生活的环境所提供的信息与电视信息相异，则电视的效果非常有限。同理，如果个人的生活环境与电视的信息没有冲突或者高度吻合的话，这种“双重作用”（Double Dose）的信息会导致涵化效果大大增强。

其次，Gerbner 等人批评了该研究在研究方法上的一些失误。例如，在调查的一开始，研究者们就给受访者一张报纸，上面罗列了所有的电视节目，并问他们在过去的一个星期里面看过哪些节目。如前所述，这会让被访者意识到研究的目的从而导致数据被影响，而且这一问题测量的是前一周看过的节目的总数，而不是收视时间的总量。又比如，对暴力恐惧的测量只包括了34道问题中的9项。在他们稍后的一篇文章里，Doob和Macdonald发现剩余25项中的14项在4个地区中仍存在着显著相关。为什么会这样？因为这些问题是用来衡量更偏向事实层面而不是个人恐惧层面的认知的。Doob和Macdonald试图解释这两个不同的发现，他们认为“电视或许在作为影响人们认知现实的信息来源上更有成效，而很难改变人们的恐惧感”。涵化论者认为，这一结论与涵化理论完全一致，电视通常教给我们的是“世界是怎么样的”这些社会层面的东西，但不一定影响我们关于自身的观感，关于自身的观感通常更易受到日常直接经验及其他一系列因素的影响。

此外，涵化论者还指出，该研究在加拿大的多伦多进行，因此它与美国的相关性并不是确定的。

Doob和Macdonald的研究不仅使人们了解到涵化的模式在不同的亚群体间是不一样的，也促进了“共鸣假说”的提出，以更好地修正涵化理论。

（四）虚假的因果关系以及“主流化”思想的提出

涵化理论在20世纪80年代经历了更多的批评、响应和再次的批评。其中最广为人知的是Hughes（1980）和Hirsch（1980，1981）对美国全国舆论研究中心（National Opinion Research Center，简称NORC）的数据的再次分析，这些研究引起了旷日持久的激烈的争论，其焦点主要围绕着“虚假关系”（Spuriousness）和对变量的控制。

早期的大部分涵化研究每次只对一个第三变量进行控制，研究结果以简单的交互表形式表现。Hughes和Hirsch发现如果同时控制多个变量，研究中发现的相关关系就不再与之前的相同。对NORC数据进行的再分析结果，包括文化指标研究，最终都得出一个结论：同时控制多个变量会导致收视量和一系列因变量之间的关系减弱甚至消失，这些关系在每次控制一个变量时是存在的。

涵化论者承认早期的涵化研究没有同时控制多个变量的确是个问题，但是“其初衷并非对数据进行错误的描述。只采用对单个亚群体进行比较的模式，是因为这个方法简单明了且能提供足够的信息。更重要的是，它清楚地展现了不同亚群体相对的效应量（即涵化差异）”。他们的回应指出，首先，并非所有的涵化关系在控制多个变量的条件下都消失；其次，涵化关系在亚群体内部仍可能存在。这一发现（即涵化关系可能存在于特定的亚群体内部，即使把样本作为一个整体进行多变量控制时涵化关系也会消失）在概念上和分析上都对涵化理论具有意义深远的启发，并最终导致了涵化理论的重要修正和完善，其中最核心的思想就是“主流化”思想。

所谓主流化，是指不同群体中的重度收视者共享此涵化特性，其他因素的差异对其不构成影响，也就是 Gerbner 等人认为的涵化效果能跨越有不同的文化与社会背景的亚群体，只要看电视较多者对现实都有共同的认知，形成社会思潮的主流。主流化意味着观众原本由于其他因素影响而造成的行为和观点上的差异，会因为重度收视而被抹去。

从概念上看，主流化思想有助于人们更好地了解涵化过程。涵化不是一个单向的过程，而更像是一个“万有引力”（Gravitational）的过程。其引力的角度取决于不同群体的观众以及他们的生活方式与万有引力的方向——电视世界里主流的方向——的交汇点。每个群体都可能被拽向一个不同的方向，但是所有的群体都受到同一“中心力流”（Central Current）的影响。不同的亚群体存在巨大的差异性，他们与特定的因变量之间的相关性也不同，因此很难精准地预测主流化会在何时何地发生。

主流化不仅在美国和其他国家进行的与政治倾向相关的研究中被发现，而且还涉及性别角色的刻板成见、个人的不信任、健康、科学及其他议题。这些发展都表明涵化远比它最初所展现出来的更为复杂，而所有这些批评都有助于对涵化理论进行修正与完善。

（五）其他批评与响应

除了上述针对涵化理论的经典挑战以及有代表性的响应之外，涵化研究面临的其他批评还包括（郭中实，1997）：

（1）电视内容同一性问题。有些学者发现，某些节目类型与涵化效果的关系比收看时间的长短与涵化效果的关系更为密切（Weaver & Wakshlag, 1986；Potter & Chang, 1990）。关于不同类型的电视娱乐节目内容产生不同涵化效果的发现后来被称为“延伸的涵化理论”。这些批评的共同点是认为涵化关系也许因内容而异。涵化论者对此的回应很简单：收看电视多的人看什么节目都多，因此，收看时间总量这一概念仍应作为重要的理论构成部分和实证量度指标。

（2）有人将矛头指向涵化理论的一项基本假设，即观众认为电视的剧情是真实的而忽视其虚构和功能性取舍的特质（Gerbner & Gross, 1976）。沿着这条研究思路，学者们引入了“认知真实”（Perceived Reality）这个条件变量（Hawkins & Pingree, 1980），即观众越相信电视准确地反映了社会现实，就越容易受电视内容的影响。

（3）批评并非挑战涵化理论本身，而是着眼于理论没有明确或充分阐述的由涵化效果引起的内在心理活动过程。不少研究致力于探索这个涵化理论的“缺失环节”（Condry，1989；Shrum & O'Guinn，1993；Tapper，1995）。Hawkins 和 Pingree 曾试图用社会认知理论对其予以解释。他们使用的模式包括两个过程：认知（Learning）与建构（Construction）。一般来说，在第一个过程中，观众从电视中得到偶然性信息（认知），然后在第二个过程中，在这些信息的基础上形成他们的世界观（建构），这个说法后来被 Potter（1988）以多种方式扩展成更复杂的模式。这个心理过程模式尽管在概念上有些死板，但它仍然值得作进一步的实证研究。

在 20 世纪 80 年代早期，涵化处于争论和挑战不休的阶段，受到了大量来自传播学术圈内外的批评，也为涵化的进一步发展奠定了基础。在许多大学里，涵化理论仍然是传播理论中的重要组成部分。主流化和共鸣效果的提出，能作为发现有涵化效果的实证研究的注脚，也能为没能发现涵化现象的研究结果作出解释。但是，涵化论者无法指出在何种情形下会出现共鸣效果，在何种情形下会出现趋向主流的效果，这些修正的主要功能是事后找台阶下。近年来社会心理学和认知心理学发展迅速，其所提出的一些概念对于阐明涵化效果由何而来的机制，具有不少启发。

三、理论发展期（1990—2000）

Morgan 和 Shanahan 在 1997 年的《传播学年鉴》（*Communication Yearbook*）上发表文章，梳理总结了涵化理论提出后 20 多年中的 5 600 多项涵化研究后，肯定了涵化效果的存在。他们认为尽管很多问题没有得到解决，但从总体来看,涵化理论已经得到了证明。正像 Dominick 在他的书中讲的那样：“公平地说，尽管不是所有的传播学者都对‘涵化理论’表示信服，但越来越多的证据显示‘培养’效果在一部分群体中确实存在。”（吕霓、王颖，2006）

尽管涵化分析在一开始集中于暴力的议题，但随着时间的推移和研究的深入，研究主题开始扩大到性别角色、年龄、政治倾向、家庭、环境态度、科学、健康、宗教、少数族群、职业以及其他领域。除了主题范围扩大之外，涵化研究也开始在世界各国实施，如阿根廷（Morgan & Shanahan，1992）、巴西、加拿大（Gosselin，De Guise，Pacquette et al.，1997）、中国内地、中国香港（Cheung & Chan，1996）、英国、匈牙利、以色列（Cohen & Weimann，

2000）、荷兰、俄罗斯、韩国、瑞典、中国台湾、特立尼达和多巴哥（Shanahan & Morgan，1999）及其他地区。

进入20世纪90年代以来，涵化理论主要在以下几个方面取得了新的发展：

（一）检验电视节目的统一性，以及造成统一性的原因

Gerbner等人认为，电视内容的统一性来自电视节目的中央化产制流程，以及吸引大量观众的获利动机。Shapiro（1991）将此称作“涵化理论的文化制度模式”（Cultural-institutional Model of Cultivation Theory）。

（二）新传播科技对涵化过程的影响

经典的涵化理论完全是针对电视传播效果所作的研究。在此基础上，学者们还对家用录像机、有线电视等新媒介技术环境下的涵化效果进行了研究，以检验新媒介对涵化理论的影响。对涵化理论在新媒介环境下的验证也已成为涵化研究的一个发展方向。有学者预言，新传播科技将会把传统的电视观众分众化，因而削弱过去电视所发挥的涵化效果（Perse，Ferguson & McLeod，1994）。Dobrow（1990）与Gerbner等人认为，因为录像带赋予观众更弹性的收视时间，反而会减少观众实际观看节目的多样性，因此增强了电视的涵化效果。应当指出的是，无论是家用录像机还是有线电视，其基本的信息传递仍是基于电视的，因此，涵化所赖以发生作用的媒介环境并没有发生根本的改变。

（三）把涵化效果分成初级信念与次级信念（Hawkins & Pingree，1990）

初级（或第一顺序）信念（First-order Belief）指的是个人对有关真实世界的各种事实，如暴力犯罪的发生率等的想法。次级（或第二顺序）信念（Second-order Belief）指的是个人对真实世界各种事实的期望与态度，如社会是安全的还是危险的。初级信念与次级信念虽然在程度上有递进关系，但它们并不具有天然的因果关系。学者发现电视对认知、情感和行为反应的影响并不是一致的，第一顺序的效果要强于第二顺序的效果（Potter，1991a、1991b）。初级信念更多的是受电视影响，而次级信念则受电视以及其他各种因素的综合制约。

（四）“延伸的涵化假设”（Extended Cultivation Hypothesis）的提出

有些学者对经典的涵化理论研究者所强调的电视内容统一性问题提出批评，发现某些节目类型与涵化效果的关系比收看时间的长短与涵化效果的关系更为密切。例如，McLeod 等人（1995）认为涵化理论不见得适用所有电视内容，但可能适用特定类型的电视节目。他们的研究超越了娱乐节目的范围，进入电视新闻领域，发展了涵化理论，并在此基础上创立了“新闻折射假说”：接触地方新闻内容可能强烈影响对罪行等行为的理解，因为这种消息具有高度可感觉的现实性，又接近家园。研究证明充满罪恶的地方新闻最强烈地意味着罪行危机，并增强了人们的虚拟体验。

（五）涵化效果的认知机制的研究

过去的 20 年，涵化研究的主流旨在为第一顺序的涵化效果寻求认知层面的解释，以更详尽地理解其发生的机制，而不是仅像 Gerbner 所说的“人们在电视上花了大量时间，从而将其内容内化了”。（Shanahan & Morgan，1999）早期涵化研究中的缺失环节——涵化效果形成的内在心理活动过程这一问题得到了充分的探索。

涵化是个不断重复的媒介接触过程，因此实验法很难测量其效果，尤其是针对较为稳定的态度和价值观。涵化研究通常是测量而不是控制受众的电视收视量，这也导致了无法推导因果关系的问题。因此，探究能够解释涵化效果的认知过程非常重要。虽然这样的模型无法确保因果，但是能够增强其说服力。在这些试图解释涵化效果的认知过程的模型中，最常被引用的除了 Hawkins 和 Pingree 的学习和建构模型（Hawkins & Pingree，1980），还有 Shrum 的直觉加工模型（Heuristic Processing Model）（Shrum，1995）。

该模型专门针对电视收视量和与社会现实相关的可能性或大小百分比的估计（例子包括估计暴力盛行的程度、离婚率、百万富翁的比例等——不论是个人层面还是社会层面的）之间的关系。该模型有两个观点。第一个观点认为，收看电视能够增加概念的可接近性。看电视使得观众更加容易接近与特定概念（如犯罪、律师、游泳池等）相关的信息，对于那些看电视相对更多的人，效果更强。第二个观点认为，通常用来检验涵化效果的对可能性或百分比进行的估计，是利用认知直觉作出的，尤其是可获得性（Availability）和模仿（Simulation）。总的来说，该模型认为，看电视使得经常在电视中出现的大量榜样（Exemplar）不断聚集在观众脑海中。随着看电视时间越来越长，这些榜样在记忆中的可接近性越来越高。由于作出估计的类型往往是大小或频率，在作这样的估计时通常运用直觉加工过程，因此增加的可接近性会导致高估特定信息出现的频率。这样，看电视增加了可接近性，反过来又增加了对特定现象的估计，这表明了可接近性的中介作用。通过一系列的研究，Shrum 及其同僚（O'Guinn & Shrum，1997）要求受访者对一系列话题作出概率的估计或大小的判断，这些话题在电视上出现的次数比他们在现实生活中出现的要多（如暴力犯罪事件、特定职业的普遍程度），并测量参与者给出答案的时间。他们发现，重度收视者不仅倾向于给出更高的估计，这与涵化效果一致，而且比轻度收视者回答得更快。

此外，该模型还认为，如果人们使用直觉加工过程是因为他们没有必要给出非常准确的答案，那么增强其给出准确答案的动机，则会减少其对直觉加工过程的使用，从而减少其对电视例子的依赖，最终降低电视的效果。相反，如果人们在作出估计时处理信息的能力被削弱的话（如面临时间压力或注意力被分散），则他们对直觉加工过程的依赖更大，最终提升电视榜样的涵化效果。

四、涵化理论的发展现状（2000—2010）

Bryant 和 Miron（2004）指出，在 1956 年到 2000 年间发表在主要学术期刊上的大众传播研究中，涵化理论是常被引用的 3 个理论之一。该领域的研究充满了活力，进一步延伸到 Gerbner 可能都没有设想到的领域。2000 年以来，涵化理论的视野和关注重点持续扩展，在各个维度持续延伸深入，发表的相关新研究超过 120 个（Morgan & Shanahan，2010）。总结起来，2000—2010 年这 10 年里，涵化研究主要体现出以下特点：

（一）对特定类型/节目的涵化分析越来越多

对涵化理论的一个非常普遍的批评就是 Gerbner 及其同僚把所有的收视混为一谈。早期的涵化研究非常明确探讨的是以集合形式出现的信息系统，然而，近来的涵化研究成果中非常突出的一个倾向就是检验观看特定类型节目的涵化效果。对于大多数研究者而言，这些研究是否能被称为涵化研究并非一个问题，大量的学者正在涵化的框架下研究特定节目类型（甚至是特定的单个节目）的涵化效果。

脱口秀是受到关注的节目类型之一，如《奥普拉脱口秀》等。还有其他新的节目类型也得到了检验，如美容节目、整容瘦身节目或交友婚恋节目等。

有的研究甚至以某一个特定的电视剧——如《实习医生格蕾》——为样本来检验涵化的效果（Quick，2009）。

总的来说，尽管这些针对特定类型节目的研究还没有很清晰地解释它们与更广泛意义上的涵化（强调不同节目之间的共性）有什么相似或不同之处，但可以肯定的是这样的研究仍旧会继续（Bilandzic & Rössler，2004）。

（二）以“对犯罪的恐惧”为主题的涵化研究仍旧很多

“对犯罪的恐惧”这一话题仍旧是涵化研究的主题，且近来的研究常常针对特定类型和节目的影响。Grabe 和 Drew（2007）检验不同类型的节目，包括新闻和电视剧，并检验特定类型收视量和总收视量的相对重要性。还有大量的研究针对当地新闻，因为当地新闻受到大量关注，总是充满了与暴力和犯罪相关的内容。全国新闻也得到了检验（Holbert，Shah & Kwak，2004）。此外还有警察真人秀（Reality Police Show）、虚构的犯罪剧（Fictional Crime Drama）等。除了这些特定类型的节目的涵化效果，有的研究也发现了电视总收视时间与对犯罪的恐惧之间的联系。共鸣的假设在某些近期的研究中得以证明。显然，近期关于对犯罪的恐惧感的研究都达成了共识，即电视收视量（有时是总收视量，有时是本地新闻收视量，有时是现实犯罪剧收视量等）应得到认真的对待。

在这些近期的研究中，对“恐惧”的操作化测量存在很大差异。有的测量人们关于暴力案件数量的认知，有的则测量个人感受到的风险，还有的测量个人对成为受害人的恐惧程度的估计。这些都是不同层面上的测量，且不一定互相联系，有的属于情感层面，有的属于认知层面。对社会上的暴力数量高估的人，如果其小区很安全的话，不一定会对独自在家感觉恐惧。

意识到这些概念上的区别并不是什么新的发现，但是许多近来的研究忽视了这些不同点或将其混为一谈，导致这些号称检验“恐惧”的涵化分析，实际上讨论的不是同一个东西。从涵化的角度来看，电视更倾向于告诉我们社会层面的东西，即世界是怎么样的，而不一定会影响我们关于个人的认知，个人的认知受其他因素以及日常经验的影响更大。

（三）对涵化效果的认知机制的研究进一步深化

Shanahan 和 Morgan 在 1999 年总结了当时关于涵化的认知机制的研究（Shanahan & Morgan，1999）。虽然 Gerbner 及其同僚并不是很关注这个问题，但对其他人来讲，这仍然值得关注。Shrum（2001）和其他研究者继续将研究扩展到今天看来已经非常重要的概念，即涵化的认知机制：对信息的直觉加工（Heuristic）接收和处理使得重度收视者更倾向于依赖这些信息来建构关于真实世界的认知。Busselle（2001）的实验室研究发现也肯定了直觉加工模型。Shrum（2004a、2007）比较了不同的数据搜集方法，发现在电话调查中直觉加工处理的作用强于邮件采访（因为受访者在电话调查中的时间压力更大）。Shrum 和 Bischak（2001）使用与犯罪相关的直接经验作为调节变量，发现那些有直接经验的观众的涵化效果更强，因为这些经验“在记忆中使得与犯罪相关的形象更加丰富，更容易接近”，这一认知解释与共鸣的提法是相一致的。

（四）涵化理论的延伸

涵化理论在更多的领域被用来作为解释的框架，这显示出该理论的实用性和灵活性。在对娱乐媒介在性别社会化中扮演的角色进行回顾时，Ward（2002）发现，在检验媒介对观众的性别态度的影响的调查研究中，涵化理论已经成为“被提及的主要模型”。此外，涵化还在其他理论框架的背景下得以受到检验，不仅包括传播学领域，还有其他更多的学科领域。Nabi 和 Sullivan（2001）使用理性行动理论（Theory of Reasoned Action），分析对暴力的恐惧以及卑鄙世界信念可能会导致观众采取何种具体的保护性行动。Roskos-Ewoldsen 等（2004）从精神模型的框架来检验涵化理论。Shanahan 等（2004）结合涵化理论和沉默的螺旋理论来检验对吸烟的普遍程度的认知。Diefenbach 和 West（2007）采用第三人效果理论来检验电视收视与对精神健康的态度二者之间的关系。Jeffres 等（2008）更进一步使用第三人效果理论来整合涵化理论和议程设置理论，他们发现，与涵化理论相关的议题比与议程设置相关的议题更能体现出第三人效果，表明“受众意识到媒介对他们的影响是不同的”。上述例子都表明涵化理论是极富灵活性和适用性的，这些不同理论之间的联系和整合也增加了我们对媒介效果的理解。

（五）小结

进入 21 世纪以来，对涵化理论的基本假设造成最大威胁的莫过于媒介环境发生的巨大变化。早期对涵化理论的批评，如没有考虑到受众的主动性，没有涉及新形式的媒介，以及没有考虑到电视频道和媒介信息的更大的多样性等等，也变得更加猛烈。涵化理论应该如何面对这些变化和批评？其中一个应对方法就是进行创新和调整，使之适应媒介环境的新变化，因此与特定类型媒介（如电子游戏、社会性媒体等）的接触被视为新的且很重要的自变量。

对于涵化理论及其他大众传播学的理论来说，关键的问题是：自变量可以是微观层面的，也可以是宏观层面的。涵化很清晰地将信息理解为系统，这无疑站在宏观的角度。其他一些理论则将信息还原为更小的组成部分，尤其是当它们可以在实验室中被轻易地控制时。这些概念都存活了很多年。在大众传播时代，在宏观层面上的概念可能解释力更强，而在一个中介化的个人传播时代，由于受众分众化，这样宏观层面的概念看上去可能就不是那么重要了。因此，涵化理论及其他相关理论在未来能否占据范式地位很大程度上取决于媒介制度和技术的发展（Morgan & Shanahan，2010）。

第二节 中国内地和港台地区的涵化效果研究

一、中国内地的涵化效果研究

据统计，在美国传播学界围绕众多理论模式发表的大量论文中，有关涵化研究的论文在数量上仅次于关于议程设置理论的论文而居第二位（郭中实，1997）。和涵化理论在美国受到的关注不同，大陆传播学界对涵化理论的重视程度远远不如其他传播学理论（如使用与满足、议程设置、沉默的螺旋等），相关的理论与实证论述也非常欠缺。使用“培养理论”、“教养理论”、“涵化理论”等为关键词在中国期刊网检索1990年至2010年这20年间的文章，搜索到的相关论文不到20篇。其中在1999年至2000年期间，仅有一篇与涵化理论相关的论文①（郭中实，1997），而且是由香港学者对涵化理论进行的较为详细的梳理。作者在介绍了涵化理论的中心概念和操作定义的基础上，介绍了涵化理论受到的主要批评和质疑以及涵化论者对其的回应，并对涵化理论在不同社会和文化背景下的诠释和发展提出了自己的见解。该篇论文可谓中国传播学界首批与涵化理论相关的研究之一，被之后的涵化研究广泛引用。陆晔（1995）对“客观现实”、“媒介现实”与“主观现实”三者的关系进行了讨论，而对“培养理论”的论述只是作为对三种现实关系的一种印证。张克旭等（1999）则从框架理论的角度对三种现实的关系进行探讨。严格说来，以上这些文章都不能算作对涵化理论的专门论述。

对涵化理论的研究从2000年以后才逐渐起步，然而这十几篇涉及涵化理论的论文多为对涵化理论的综述和评介。有的对涵化研究的方法论进行反思

---

① 虽然刘建明（1996）的《新闻内容的涵化》使用了“涵化”一词，但是其含义是指“新闻事实主体化的润饰，显露出报道者隐含于新闻中的观念痕迹”，与本书所探讨的涵化理论是两个概念。

（蔡骐、杨静，2005），有的探讨新媒体语境下涵化理论的模式转变（石长顺、周莉，2008），还有的分析了涵化理论在效果研究应用中的主要矛盾，并指出涵化研究“不仅需要针对各种批判和质疑作出被动修补，更需要一种较为根本的主动的视域转换和本体论提升”（徐翔，2010）。

部分论文沿袭了涵化理论对暴力议题的关注。孙召路（2004）将涵化理论视为网络暴力和少年暴力的桥梁和理论纽带，并得出结论“要预防和减少少年的暴力行为，就必须充分认识到网络自身的暴力涵化效应……”，可以说其并没有理解涵化理论的基本精神。涵化理论关注的不是媒介暴力对观众的行为层面的影响，而是它如何影响观众对现实的认知以及与之相关的态度和观念。杨静（2008）的论文虽然题为“从涵化理论的角度看电视暴力对儿童的影响”，但是论述流于泛泛，并未进行实证研究，而且文中类似于“除了导致攻击性行为之外，电视暴力的涵化作用还表现在……”这样的论述说明作者对涵化理论的关注核心以及基本精神尚未正确把握。王玲宁和张国良（2005）采用实证的研究方法，围绕上海市中学生的社会调查结果探讨网络暴力游戏对青少年的涵化影响。与传统的涵化研究将媒体接触时间作为自变量不同，该研究的自变量是网络内容的偏好，属于“延伸的涵化理论”的范畴，即探讨不同风格的媒介内容所产生的不同涵化效果，而不是关注收视时间（或上网时间）的长短与涵化效果的关系。这个设计在内地当前关于涵化理论的研究中是较为独特的，也是符合网络暴力游戏这种特定的媒介的。该研究以一系列人口统计学变量和 SES 变量为控制变量，探讨网络内容偏好（自变量）与暴力赞成程度（因变量 1）、人际信任感（因变量 2）之间的关系。但是该文在实际的操作中直接测量控制变量与因变量之间的关系，将控制变量视为自变量，导致该研究的结果与研究假设产生脱节。王晓华（2009）以深圳的社会治安议题为例探讨大众传播、人际传播和直接经验对公众的议程设置和涵化效果，该研究从两个层面上来衡量涵化效果：对社会真实治安状况的判断指标和安全感指标，这符合涵化研究中所发现的第一顺序和第二顺序的涵化效果。在自变量的设计上，它除了探讨大众媒介信息接触的涵化效果外，还同时考察直接经验和间接经验的影响，这一点也是非常重要的。研究结果表明，直接经验、间接经验和大众传播三个自变量对公众判断现实社会的治安状况都具有显著影响，证实了涵化效果的存在。在安全感层面，直接经验和间接经验都具有显著影响，而大众传播的信息则没有影响公众的感知。这个与以往的涵化研究结果是一致的。Hawkins 和 Pingree（1990）曾经指出“看电视与第一顺序涵化观念之间的关系明显要强于与第二顺序涵化观念之间的关联，并且较少受到第三变量的影响”。

除了暴力之外，还有论文探讨其他议题的涵化效果。王莹（2010）分析了电视意识形态对消费态度的涵化。与之相似，陈龙（2002）从媒介文化的传播形式、经济和技术背景分析了产生涵化功能的物质前提条件，探讨媒介文化的全球化与当代意识形态的涵化。姬德强（2010）则在分析娱乐文化的霸权本质和涵化机制的基础上，解读了娱乐文化逐渐占据人们注意力空间和文化认同空间的现实。这些论文虽然没有采用涵化分析常用的实证研究方法，并未针对特定的涵化效果假设进行实证论证，但是其关注意识形态的涵化议题，其精神也与涵化理论对电视在社会控制及社会权力等方面的作用的强调是一脉相承的，值得进一步研究。

有些论文虽然从题目上看试图针对特定电视节目类型和收视人群进行涵化分析，但不论是对涵化理论本身的掌握、对涵化理论在该研究中的适用性，还是研究方法的选择，都存在很多不尽如人意的地方。陈明（2010）探讨了《新闻联播》对当代大学生的涵化效果，但理论与实际操作脱节，导致最后的调查结果与涵化毫无关系，仅限于对大学生观看《新闻联播》的频率、内容关注度等进行描述。刘月文（2009）对电视剧《大明王朝1566》进行了涵化理论分析，但似乎并不理解涵化理论所探讨的核心是“电视如何影响重度收视者的观念现实”，研究方法欠规范，且论述和结论较为牵强。张玮和李坤（2009）则运用涵化理论的“共鸣”效应来分析韩国电视长剧在中国大受欢迎的原因，亦未能很好地把握涵化理论的核心思想。丁婕（2006）的论文也存在理论运用与论述脱节的问题，并未能针对电视法制节目的涵化效果给出令人信服的研究。

论及关于涵化理论的书籍，多为介绍传播学理论的著作或译著。郭庆光的《传播学教程》中有对涵化理论的专门论述。此外，华夏出版社出版的译著《传播理论：起源、方法与应用》和中国社会科学出版社出版的译著《大众传播学：影响研究范式》中都有对涵化理论的较全面论述。郭镇之（1997）在其本人研究加拿大和美国新闻传播的论文集《北美传播研究》中也对涵化理论有专门的介绍。

当前仅有两部专著是以涵化理论为基础的实证研究，下文将详细分析。

龙耘的《电视与暴力：中国媒介涵化效果的实证研究》可谓第一部系统针对中国内地的媒介暴力进行内容分析和效果研究的著作，也是建立在涵化理论基础之上的第一个媒介暴力实证研究，具有开创性的意义。该书对涵化理论进行了非常系统和细致的梳理及评述，在此基础上进行实证研究，检验涵化假设在中国的适用性。该研究的假设和研究设计与传统的涵化研究并无二致，主要探讨观念现实、媒介现实和客观现实三者之间的关系，考察媒介现实（以收视时间为自变量）对受众观念（以个人层面、社会层面和世界观层面等三个层面的治安观感为因变量）的作用，并考察地区差异、媒介接触度及年龄、文化程度等诸多变量对涵化效果的影响。为了考察媒介现实，该研究首先进行电视节目的内容分析，这是学界首次对中国省级以上卫视黄金时段播出的电视剧进行的全面扫描和抽样分析，勾勒出中国内地荧屏暴力的基本轮廓。[①] 该研究对暴力和电视暴力的概念界定及测量方法值得借鉴。在内容分析的基础上，它还以质化方法对电视暴力进行文本分析，解释各项指标所蕴含的意义，为了解中国电视暴力状况提供了非臆想性的可靠资料。

但是，在考察受众差异（以人口统计学变量、收视状态和地区差异为控制变量）对涵化效果的影响时，该研究将控制变量当作自变量，直接检验受众差异和因变量（即三个层面的恐惧感）之间的关系。这在一定程度上影响了研究的结论，即“收视时长并非影响涵化效果的决定性因素”，因此需要使用更规范的研究设计和数理统计方法来进行进一步的探讨。但需要指出的是，引入受众的个人差异和对其他方面的变量进行控制来探讨涵化效果，这一点值得肯定和借鉴。

王玲宁的《社会学视野下的媒介暴力效果研究》是继龙耘之后的第二个使用涵化理论对媒介暴力进行的实证研究成果。与龙耘的研究对象（18 岁至 65 岁的成年人）不同，王玲宁的研究选择青少年——一个身心发展正处于急剧变化而又不确定阶段的群体作为研究对象。其研究的媒介除了电视外，还包括电影（碟片）和网络。研究以媒介接触时间、接触媒介的动机以及媒介内容偏好为自变量，探讨它们与暴力认知、人际信任感、暴力赞成度等因变量之间的关系，控制变量包括年龄、性别、学习成绩、家庭关系和学校关系。该研究也没有正确地处理控制变量，而是分别检验控制变量与自变量和因变量之间的关系，无法真正对研究假设进行检验。不过在没有控制第三变量的情况下所直接考察的自变量和因变量的关系结果表明，以收视时间为标准而划分的收视程度对青少年认知的涵化假设未得到检验，而媒介内容偏好的涵化效果显著，媒介的仪式性使用动机和工具性使用动机的涵化效果均得到验证，不同媒介动机的涵化效果不同。以上这些结论具有指导意义，值得在本研究中借鉴。

总的来说，目前中国内地传播学界对涵化理论的实证研究还非常缺乏，

① 这一做法非常重要。在美国的许多涵化研究中省略了这一步，是因为 Gerbner 等人几十年来持续进行的内容分析已经说明暴力内容在美国电视荧幕上的普遍状况，但是在中国电视节目中是否如此，这是考察中国电视暴力涵化效果的一个非常重要的前提。

且现有的研究不论在对涵化理论内涵的把握还是研究方法的运用上，都存在诸多亟待改进的地方。本研究以内地中学生为目标对象，探讨暴力网游对他们的涵化效果，试图争取在理论和方法上都有所突破和创新，丰富中国内地涵化效果的实证研究。

二、港台地区的涵化研究

港台地区对涵化理论的探索要早于内地，其研究成果尤其是台湾传播学界对涵化理论的专门研究成果也更加丰富。

（一）台湾地区的涵化研究

在理论综述和评介方面，已经有书籍和期刊论文对这一理论进行文献探讨。例如，李金铨（1981）的《大众传播理论》和翁秀琪（1992）的《大众传播理论与实证》两本书里，都有专章触及此一理论；李慧馨（1994）发表于《广播与电视》期刊的专文《涵化理论回顾与前瞻：1967—1993》，则对涵化理论作了细致的梳理并且提出了理论发展的前瞻。

台湾相关的涵化研究主要分为四个方向（陈士哲，2006）：

第一个方向是讨论客观现实、媒介现实与符号现实，如《电视剧之性别刻板印象与儿童诠释之初探性研究》（王敏如，1999）。如果不局限在研究名称含有“涵化”字眼，而将检验电视效果，且文献探讨以涵化理论为基础的论文也视为涵化研究，则吴翠珍（1998）在一项学术研讨会里发表的《台湾地区民众电视使用与社会实体之建构》也充实了台湾有关涵化理论的实证内涵。不过，该篇论文没有检验受访者看电视时间与所认知的社会现实之间的关联，此外，在看电视时间长短和作为中介变量的相信电视程度的计算上，该篇论文似乎出现若干错误。

第二个方向集中于探讨媒介暴力内容所产生的涵化效果，如黄明明（1994）的硕士论文探讨电视新闻暴力内容对儿童产生的涵化效果，不过只针对“电视新闻”而非“电视收视”。在研究设计上，作者对电视新闻节目作内容分析，也进行问卷调查搜集关于受访者看电视新闻和对社会现实所持观感等的数据，然后比较内容分析和问卷调查的结果，研究结构相当完整。研究发现对电视新闻认知的真实程度是影响电视新闻涵化的重要变量，但是对电视新闻认知真实程度越高的儿童在暴力赞成度和人际信任度方面的涵化效果越弱。

第三个方向集中于电视涵化对认知与价值层面的效果研究，如王旭

（1999）的《收看电视与对治安观感之间的关联：培养理论的验证》对台湾中研院 1993 年和 1998 年社会变迁调查的数据进行次级分析，比较两次数据分析的结果。分析结果显示，受访者看电视的时间愈长，有对治安问题愈感到烦恼和担心的倾向。数据分析所发现的涵化效果，在控制住看报纸时间后仍然显著。不过，此一涵化效果呈现“屋顶效应”，且会受到受访者有无暴力犯罪的亲身经历和对电视相信程度的制约，亦即涵化效果不会出现在有暴力犯罪直接经验的受访者里，但会出现在对电视采取中度信任的受访者身上。此外，研究还发现有线电视有促使涵化效果显现的作用。汤允一和陈毓麒（2003）则检验台湾地区青少年电视使用、个人经验与世界观之间的关系，发现电视对青少年的世界观有涵化效果，但是对个人经验进行控制后，与共鸣效果相抵触。对此作者进行了电视收视时间的操作性定义之测量以及涵化分析之普遍适用性的讨论，很有借鉴意义。

最后一个研究方向探讨不同媒介产生的涵化效果，如《影响台湾大学生价值观之媒介因素探讨》（陈尚永，1998）。陈怡璇（2006）则探讨呈现时下年轻人两性观念的综艺性谈话节目如何形塑受众的世界观。研究发现，看越多描述婚前性行为是普遍现象的综艺性谈话节目，越会高估现实社会中年轻人做出婚前性行为的比例，也越会对婚前性行为持较宽容的态度，较能允许自己发生婚前性行为。罗文辉等人（2009）针对青少年的网络色情接触进行的研究，也验证了涵化效果的存在。

当前台湾地区对网游，尤其是暴力网游的涵化效果的研究并不多。陈士哲（2006）的硕士论文是仅有的一篇明确讨论在线游戏对青少年的涵化效果的研究报告，但是与传统的以量化方法为主的涵化研究不同，该文采用在线田野观察、深度访谈和焦点小组等质化研究方法，以游戏《天堂》为例，探讨玩家参与游戏的动机和各种心理需求满足，以及玩家在游戏中与抽离游戏后的互动过程与行为变化。玩家的家庭背景和父母管教方式等因素对涵化效果的影响也得到了讨论。此外，把涵化效果划分为个人和社会层面的做法，也在该研究中得到肯定。虽然没有采用标准化的量化方法来测量玩家的涵化变量，但该文的方法、过程和结果对本研究仍具有很多启发和指导意义。

（二）香港地区的涵化研究

香港的涵化研究与台湾相比，相对较少。其中比较有代表性的包括：

郭中实等人（2000）通过整合涵化理论与非个人影响理论，探讨不同信息源在影响个人对犯罪观念的形成及变化中所起的作用。研究选取香港和广州为样本选择地，是首次跨越两地的涵化实证研究。结果发现，尽管两地的实际犯罪率均有下降，但是媒体报道的篇幅与煽情程度大幅增加，而居民对犯罪的看法更加接近媒体的描述。研究还进一步验证了“第三地”效应。该研究也是将涵化理论和其他相关理论进行整合的一个有益的探索，体现了涵化理论的灵活性和延展性，值得借鉴。

此外，李月莲（2002）以香港中文大学迎新营事件中学生的不当言行为研究对象，分析了传媒塑造的粗鄙、不雅文化使得香港的年轻人脱敏，对暴力及色情感觉迟钝，从而呈现出 Gerbner 所形容的“卑鄙世界综合征”。

在暴力网游的涵化效果研究方面，香港地区也存在空白，目前尚未有学者对这一领域进行探讨。

第三节　涵化理论在暴力网游中的适应性

随着越来越多的人从传统媒介转向数字媒介，这些新媒介的使用和效果的研究成为非常重要的议题。网游是大受欢迎的新媒介之一，在这些虚拟世界里，来自全世界的玩家互相竞争、合作、交往，充分进行互动，但同时网游又是被研究得最少的。电子游戏的首批元分析（Anderson & Bushman，2001；Sherry，2001）到 2001 年才得以进行，而对网游的研究起步更晚，但也有越来越多的研究关注网游对玩家的影响，尤其是许多游戏中暴力内容的普遍及其对攻击性的潜在影响吸引了众多关注（Griffiths，1999、2000）。在成文的此时，很少有研究将涵化理论运用到暴力网游对玩家的认知和态度层面的影响上。

一、涵化理论运用于网游所面临的挑战

在阐释涵化理论时，Gerbner 等人（1994）解释了电视的影响如此巨大的原因：“它的电视剧、广告、新闻和其他节目给每个家庭提供的影像系统是相对稳定而一致的……电视已经成为社交和获取每日信息（尤其是以娱乐的形式）的主要来源。”在当前越来越分众化、选择性越来越强的数字媒介环境中，这些前提在多大程度上仍旧成立？网游可以说是对涵化理论的这些前提假设造成破坏最强的一种媒介了。例如，玩家玩游戏的决定完全不受网游制作者的时间表控制。网游玩家随时都可能在线，而且遍布全球。

初看之下，把网游和涵化理论联系起来并不是那么有说服力。作为基于电视的媒介效果理论，涵化理论有其独特的前提假设，而玩网游和收看电视

节目之间存在着诸多差异，这些差异导致涵化理论初始的前提假设受到一定的挑战。Mirelo 和 Bulck（2004）从以下几个方面阐述了将涵化理论运用于暴力游戏时所面临的挑战：

首先，网游中的暴力与电视暴力并不相同。Dominick 认为，电子游戏暴力的效果与电视暴力的效果之间有很大的不同，因为“电子游戏暴力是抽象的，通常充满爆炸的宇宙飞船或者变成碎片的外星人”（Dominick，1984）。在他看来，电子游戏提供的影像和内容更不真实，因此不会具有和电视同样的效果。而网游暴力也是这样。

其次，玩家在游戏中的地位与电视观众也不一样。电视观众只能被动接受电视节目，而无法影响甚至改变电视上正在播出的内容。虽然观众有选择不同频道或节目的自由，但是根据涵化理论的前提，尽管电视节目有不同的种类，但各个种类的节目里所要传达的信息有相当的一致性。与之相反，游戏的玩家在游戏中处于积极参与的状态，他们在游戏中的表现构成了游戏内容的一部分。网游不仅是玩家进行社会交往的场所，实际上这些纷繁多样的游戏内容是由玩家和制作商同时创造的。因此，大型网游既是媒介传播，又是人际传播的空间。游戏的内容由程序开发商决定，同时又受玩家在游戏中的行为所影响，所以尽管网游的情节发展不同，但没有开发商能够完全预测网游中人际互动的全部情形。因此从某种意义上来说，玩家本身就是网游的内容的一部分，而开发商的影响更多的是一个变量而不是像在电视节目中那样的常量。游戏开发商所创造的世界有受控制的，也有完全自由和开放的。电视观众看到的是屏幕中的人类、野兽、异形等被击倒或毁灭，而游戏玩家则满足于由他们自己进行射击或破坏行动。（Christoffelson，2000）

最后，把涵化理论运用于网络游戏中存在的另一个问题是游戏内容的“选择性”问题或“普遍性”（Generalizability）问题。涵化分析的独特及重要之处正在于强调电视的总体收视而不管不同类型或节目之间的区别。网游的“选择性”问题非常明显。玩家选择他们当时想玩的游戏来玩，因此，有的玩家可能喜欢没有暴力内容的游戏，从而接触不到暴力；而有的玩家可能只接触暴力游戏。涵化分析虽然并不否认选择性收视的潜在重要性（Shanahan & Morgan，1999），但更强调的是大量异质化的受众通过观看不同节目共享的价值观。大量证据表明，重度收视者的选择性更小，对任何内容他们都大量观看（Bulck，1995）。而许多游戏的研究者则惊讶地发现电子游戏（以及网游）的内容和体验是非常丰富的，要把这么大量的内容和情境杂糅在一起，统一变成一个被称为“游戏时间”（Game Play）的变量，无异于认为电视、广播或电影是毫无区别的。正如 Dill 等人所说：“这就像把《美人鱼》和《低俗小说》这样的电影混为一谈，并希望所谓的‘看电影’这个变量能够预测某些东西。”（Dill & Dill，1998）因此在检验媒介接触和内容的种类之间的关联时，研究者要非常小心。

尽管网游的独特性使得涵化理论的运用面临着挑战，但上述这些挑战并不是不可以超越的（Mirelo & Bulck，2004）。

首先，关于暴力内容的差异问题，随着技术的发展，现在网游的逼真程度已经可与电视暴力相比。Herz（1997）发现早在1997年，电子游戏的像素水平已经大大提高，因而看上去更加真实。

其次，与被动的电视观众相比，网游玩家的主动性和高参与度可能会改变网游的影响。有的研究者认为积极的参与可能意味着网游中的暴力比电视暴力的影响更大（Dill & Dill，1998；Griffiths，1999；Anderson & Dill，2000；Sherry，2001），只是在衡量这种影响时，用以测量的变量应该与传统的涵化分析有所区别。对于被动接受暴力内容的电视观众，以往的涵化分析通常衡量他们的恐惧感或是对成为受害者的可能性的估计。而网游玩家则是暴力行为的主动施加者（当然也是受害者），如果还是以恐惧感作为衡量暴力内容的影响的变量已经不合时宜，因此可以考虑测量其他与认知或态度相关的变量（如对暴力的赞成度或使用暴力的意图等）。

最后，关于游戏内容的选择性问题，网游与电视的选择性问题并非如表面看起来差异那么大。Heintz-Knowles 和同事发现，87%的电子游戏含有暴力元素，这一比例足以说明暴力在电子游戏中几乎是无处不在的。超过半数的学生表明他们喜欢的游戏大部分是暴力的（Buchman & Funk，1996）。中国的调查数据也显现出类似的趋势：在青少年喜爱的网游中，大部分含有暴力内容；动作类、西方魔幻类、射击类、东方武侠类网游受到网民的欢迎。[①] 既然暴力元素在网游中如此盛行，那么有理由认为大部分玩家会接触到游戏暴力，但是仍有学者指出，虽然有研究发现大部分流行的游戏中都含有暴力或色情的元素，但不同游戏的内容并非完全一致。普遍性仍旧是游戏研究要面对的一个问题。有鉴于此，本研究试图探究的是涵化理论在暴力网游而不是所有网游中的适应性。这一点在电视的涵化效果研究中已不鲜见。有些学者发现，某些节目类型与涵化效果的关系比收看时间的长短与涵化效果的关系更为密切（Potter & Chang，1990）。关于不同类型的电视节目内容产生不同涵化效果的发现后来被称为“延伸的涵化理论”。本书将涵化理论运用于暴力网游这

① 数据来自艾瑞咨询公司和腾讯公司发布的《2010年中国网络游戏人群分析》。

一特定类型的网游中，可以视为“延伸的涵化理论”在新型媒介中的检验。

二、暴力网游的涵化研究：当前的文献

到目前为止，研究网游或电子游戏（不论是针对暴力的还是所有的游戏）对玩家的影响的效果研究多集中在行为层面，涉及认知和态度层面的非常少，而运用涵化理论的研究则更是寥若晨星。

Anderson 和 Dill（2000）测量暴力电子游戏对犯罪可能性的估计及安全感的影响时，发现玩暴力电子游戏对犯罪可能性的估计没有显著影响，但和安全感存在显著关联，然而在控制了性别后变得不显著。这些发现很有意思，因为这与电视研究者的发现恰好相反。Shanahan 和 Morgan（1999）对过去 20 多年间的数百个研究的 5 633 个结果进行元分析，发现电视的涵化效果只存在于第一顺序，而第二顺序的涵化效果不显著。他们认为这些发现与涵化理论完全一致，涵化理论认为电视教给我们世界是怎么样的，但是不一定会影响我们的态度，态度受到更多因素影响，受到日常生活直接经验的影响更大。Anderson 和 Dill（2000）的研究结果为后来的研究者提供了许多启发，探索涵化理论对电视观众和网游玩家在不同层次上的涵化效果差别及其原因将是本研究要致力于解决的问题之一。

Mierlo 和 Bulck（2004）首次检验了将涵化理论运用于电子游戏的可能性。他们认为电子游戏已经变得非常逼真，开始与现实无异，因此运用涵化理论分析成为可能。针对比利时的学生进行的相关性研究显示游戏的涵化效果小于电视。作者认为适用于电视世界的用来测量涵化效果的指标不能照搬到电子游戏的涵化研究中，因此他们建议要在把握电子游戏的主流（尤其是游戏类型）的基础上来设计问卷。

Williams（2006）进行了第一个纵贯研究，采用控制性实验以探究暴力网游的涵化效果。在一个月的实验之后，暴力网游的玩家对于在现实生活中遭遇危险的估计受到了显著影响，但是这些危险只和在游戏中出现的情形相关，而对其他在游戏中没有出现的情况的估计则不受影响。

总的来说，虽然将涵化理论运用于暴力网游的效果研究还非常少，但这些研究的结果意味着从涵化理论的角度去研究暴力网游会非常有意思，原因有以下几点。首先，在不同的情境（Context）中研究一个电视效果理论，可能会对该理论有更多启发。其次，它从纵贯的视角（虽然通常采用的方法是横剖性研究）来研究接触娱乐媒介信息影响的媒介效果理论。长期接触暴力信息会导致的暴力、恐惧或攻击性等问题，在暴力网游中会不会比电视出现

得更多？再次，Morgan 和 Shananhan（1997）进行的涵化效果元分析发现，电视收视和对现实的认知之间的总效应量是 0.09，因此有必要进一步探讨类似的关系是否存在于玩网游及玩家对世界的看法之间。电视的第一顺序涵化效果强于第二顺序，而 Anderson 和 Dill（2000）对暴力电子游戏的研究结果则刚好相反。本研究针对暴力网游，结果会与 Anderson 和 Dill 的研究相似还是相反呢？不论如何，本研究都将有助于探讨涵化理论在电视和网游这两种不同的娱乐媒介中的适用情况的差异。

第四章　研究假设和研究问题

第一节　“延伸的涵化效果”

在探讨网游的暴力内容的涵化效果之前，有必要明确是针对全部的网游还是暴力网游进行分析。传统的涵化假设“将注意力集中在无法直接观察到的信息系统的深层结构上，亦即纵贯所有节目的主导性信息。在信息结构的另一个极端，或最表层的部分，是个别的电视节目，如《王朝》、《成长的烦恼》，甚至一条特定的新闻。处于中间的是各种各样的节目类型和体裁，如新闻、虚构的暴力节目、写实的警匪故事，等等”（郭中实，1997）。最初的涵化研究大部分集中于电视，原因在于其在社会中的重要作用、其显著的商业特性以及观众的仪式性而非选择性消费模式等。涵化论者认为电视节目类型（如新闻、广告、电视剧等）共享相似的特点和价值观并形成一致的信息系统，不同的类型不是互相矛盾冲突，而是互相巩固增强，电视剧因此被认为是所有电视类型的代表，对受众形成一致的世界观具有涵化的作用。（Gerbner et al.，1994）。Gerbner 等认为涵化理论应该涉及出现于最深层次的现象，因此强调对电视总收视量的测量，而不是关注某种类型的电视节目的涵化效果。这种观点遭到很多批评。由于制片人越来越倾向于用特定类型的电视内容来吸引细分化的受众，很多研究者认为有必要重新审视不同电视节目的涵化效果一致这样的说法。Potter 和 Chang（1990）认为和整体收视量相比，不同节目类型的收视量更有助于预测涵化效果。例如，在探讨电视与恐惧的关系时，很多学者认为二者的关系可能会因为电视节目的内容不同而存在不同的效果。因此，研究者将与犯罪相关的电视节目区分为新闻和暴力剧等，发现不同类型节目的涵化结果并不一致。研究发现，电视总收视量与恐惧无关，不支持涵化效果；收看全国新闻和阅读新闻期刊的时间也与恐惧无关，因为二者的暴力程度都很低，不像现实暴力剧和节目那样集中呈现暴力内容；而本地新闻和虚拟暴力剧则有涵化效果。此外，现实犯罪节目由于逼真和可引发关注犯罪故事的情感反应，很可能会提升观众对个人安全感的担忧，因此也成为涵化研究的对象之一。

除了探讨不同电视节目类型（如新闻、现实剧等）的涵化效果，还有不少学者进一步研究不同媒介渠道（广播、电影、报纸）的涵化效果。有的集中于某一特定媒介，有的则进行比较研究。例如，Liska 和 Baccaglini（1990）发现，报纸上关于当地自杀的新闻报道与增加恐惧相关，但是非当地的自杀报道则与其无显著相关。他们总结说："其他城市的犯罪让人们通过比较而感到安全。"（Liska & Baccaglini，1990）Grabe 和 Drew（2007）的研究也发现媒介类型和不同的媒介渠道对与犯罪相关的认知、恐惧和潜在的行为具有不同的涵化效果。由于研究方法的不一致以及这些领域的研究数目相对较少，这些研究对涵化理论的影响不是那么显著，但是，它们也代表了传统涵化研究的一种转向。

本书试图探讨网游的暴力内容对玩家的涵化效果。考虑到当前游戏类型的多样以及不同类型的游戏内容所存在的巨大差异，本书的研究焦点是暴力网游而不是全部的网络游戏。

第二节　与暴力相关的涵化变量

暴力可以说是涵化研究经久不衰的主题，从涵化理论提出来到现在的 40 多年间，已经有成千上万的研究集中讨论媒介暴力（主要是电视暴力）如何引起受众在认知、情感和态度等方面的变化。其中，研究者们关注的变量主要包括以下内容：

（1）对警察数目的估计：涵化研究的一个早期例子中，在回答就职于执法和犯罪侦查机构的男性所占比例是 5%（电视世界答案）还是 1%（真实世界答案）时，59% 的重度收视者选择前者，而选择这一数字的轻度收视者比例是 50%。之后的研究也表明，重度收视者倾向于夸大对警察、律师等从业者的数量的估计。

（2）对暴力的恐惧感（Bryant，Carveth& Brown，1981；Wakshlag，Vial & Tamborini，1983；Vitelli & Endler，1993）：大量的涵化研究结果显示，电视屏幕上充斥着大量暴力的内容（尤其是谋杀），而且通常使观众认为犯罪事件是随时可能发生且无法避免的，从而导致重度收视者更易于觉得真实世界是不安全的，是令人恐惧的。如 Romer 等人（2003）发现收看充满犯罪信息的本地电视新闻与对犯罪的恐惧和担忧相关。Cohen 和 Weimann（2000）发现重度收视者和对暴力的恐惧显著相关，但是只发生在恐惧是以直接的问题测量的时候，如“你有多害怕被谋杀”，而不是传统的估计可能性的问题，如“独自走夜路你觉得有多安全”。

（3）对暴力普遍程度的估计/对真实世界危险性的认知：研究表明，当要求对犯罪率、社会上暴力的普遍程度等作出估计时，重度收视者比轻度收视者更倾向于给出程度更高的估计。例如，Goidel，Freeman 和 Procopio（2006）检验观看电视和公众对青少年犯罪率的估计之间的关系，尤其关注那些收看电视新闻和警察节目的观众，考察他们的涵化效果是否更强，结果验证了假设。看更多与犯罪相关的电视节目的观众，更倾向于对青少年犯罪持有错误的认知。Busselle（2001）、Gerbner 等（1977）、Shrum（2001）、Diefenbach 和 West（2007）等人的研究也都表明电视收视量和犯罪率的估计存在正相关。

（4）对自己成为受害人的估计：除了检验收视者对犯罪率等社会层面问题的估计外，很多涵化研究还要求收视者估计自己成为受害者的可能性，如卷入暴力事件的比例，遭受抢劫、枪击或入室偷盗等犯罪事件的可能性等，重度收视者给出的估计通常要大于轻度收视者。

（5）卑鄙世界综合征：Gerbner 和他的同事们在反复进行实证研究后发现，各种各样的暴力内容在美国电视节目中无处不在。他们推论：看这种充斥暴力的电视越多，越容易涵化出世界是危险和卑鄙的这一印象。媒介不仅歪曲人们对犯罪的认知，而且为人们提供不现实的恐惧和不信任感，可以说正是电视中的“恐惧的世界”导致人们产生互不信任的感觉。重度收视者更易认为大多数人都只关心自己，在和别人打交道的时候再怎么小心也不为过。

（6）种族刻板成见：根据涵化理论，电视是颇具影响力的媒介，内容充满暴力与刻板印象（并非真的社会真实），观众受其潜移默化，会对世界（社会）产生扭曲印象。由于在电视节目中，卷入暴力事件的罪犯大部分是非白种人的少数族群，因此看电视越多的观众，越倾向于对少数族群持有刻板成见，越容易认为在现实世界中，暴力事件的罪犯大多是非白种人。

第三节　不同变量的涵化效果强度

由于媒介暴力的涵化研究所分析的涵化变量不同，导致其涵化效果的大小也不一致。经过多年来的研究，涵化论者们区分了以下几种不同的涵化效果，并对其影响的差异给出了解释：

（一）第一顺序和第二顺序的涵化

学者们在研究的过程中发现电视对认知、情感和行为反应的影响并不是一致的。例如，Tyler（1980）发现，新闻媒介中的暴力数目影响受访者对其所在街区犯罪率的估计，但是不会造成他们对犯罪的恐惧。相似地，Doob 和 Macdonald（1979）发现受访者所处街区的特点会调节电视收视量与成为被害人恐惧之间的涵化效果，但是不会影响收视量与对暴力普遍程度的估计之间的关系。

第一顺序和第二顺序的涵化效果的区分来自 Hawkins 和 Pingree（1980）的理论探讨，之后也有其他学者对其进一步进行检验（Gross & Aday，2003；Shrum & Bischak，2001）。前者测量电视收视量和受访者对社会中某些事件出现的频次或可能性的量化估计之间的关系（例如，警察的比例或犯罪行为的频次等），这些问题的答案可以直接得自电视内容。后者则测量电视收视量与价值判断或对世界的普遍态度之间的关系，如对他人的信任感、生活满意度、物质主义等，需要从媒介内容中推断而出。实证研究发现，这两种测量都支持涵化假设，但其强度不同，前者的效果比后者更强（Cohen & Weimann，2000；Hawkins & Pingree，1980；Potter & Chang，1990）。

有意思的是，有的研究发现第一顺序与第二顺序的涵化效果二者之间存在显著相关，有的则不然。例如，Hawkins 等人（1987）发现第一顺序的涵化效果对收视量与第二顺序的信念之间的关系没有调节作用，因此第一和第二顺序的涵化效果之间没有相关关系。与之相反，Potter（1991b）发现在某些话题上，二者存在不对称的相关，前者影响后者。Ferraro（1995）将 20 个“对犯罪的风险估计”当作自变量或控制变量进行的分析发现，属于认知层面的风险估计可以预测属于情感层面的对犯罪的恐惧。总的来说，这些结果表明，二者之间的关系很可能存在，但要更加认真地探究其存在的条件。

（二）社会层面和个人层面的涵化效果

一些涵化研究者提出另一种概念的差异。他们指出，电视信息可能对受众的社会层面的信念有影响，但对他们的个人层面的观念并无影响。许多学者引用 Doob 和 Macdonald 的结论，以证明涵化效果并不存在，但他们忽略了一个事实，即对恐惧暴力的衡量只包括了 34 道问题中的 9 项。在稍后的一篇文章里，Doob 和 Macdonald（1979）发现剩余 25 项中的 14 项，在 4 个地区中仍存在着显著相关，将实际犯罪率控制为常数时，电视收视量与观众个人层面上的罪案受害观念之间的关联就消失了，但是电视收视量与观众在社会层面上的犯罪情况的观念的关联依然存在。为什么会这样？Doob 和 Macdonald 试图解释这两个不同的发现，认为“电视或许在作为影响人们认知现实的信息来源上更有成效，而很难改变人们的恐惧感”（Doob & Macdonald，1979）。

Tyler 和 Cook（1984）进一步在各种有关危险性评估的领域检验传媒“非个人化影响”（Impersonal Impact）的假说。该假说由两个部分构成。首先，关于犯罪受害人的一般判断可以区分为两种类型：社会层面的风险判断和个人层面的风险判断。社会层面的风险判断指的是关于任何人成为犯罪受害人的风险的评估，或是对社会犯罪率的估计（例如估计每年卷入暴力犯罪的人的百分比），个人层面的风险判断则为针对本人成为犯罪受害人的风险估计（例如，本人被抢劫的概率或者是否害怕在家附近独自走夜路）。Tyler 进一步说明，这两种判断是互相独立的，影响其中一种判断的经历不必然影响另一种。其次，直接和间接经验对两种判断有不同的影响。Tyler 和 Cook（1984）认为，来自媒介信息的间接经验影响社会层面的判断，而个人层面的判断则主要受直接经验影响，媒介信息的影响很小甚至没有。该假说不仅得到 Tyler 的研究的支持，也与一些涵化研究的结果一致。涵化理论认为电视教导我们世界是怎么样的等社会层面的东西，但不一定影响我们关于自身的观感，关于自身的观感通常更易受到日常直接经验及其他一系列因素的影响。虽然学界对于恐惧是否算是个人层面的现象和个人—社会层面的区别是否有根据仍然众说纷纭，但这两个概念本身的不同，以及它们在实证研究中显示的差异值得研究者作进一步的探讨（郭中实，1997）。

第四节　研究假设与研究问题

本研究旨在探讨暴力网游对青少年玩家的涵化影响。在提出具体的研究假设之前，首先要解决的是第一组研究问题：

RQ_{1-1}：青少年接触网游的基本情况是什么样的？

RQ_{1-2}：青少年接触暴力网游的基本情况是什么样的？

从本节前面的分析可以总结出来，媒介暴力的涵化研究集中探讨的涵化变量可以划分为以下几个维度：第一顺序/个人层面，第一顺序/社会层面，第二顺序/个人层面，第二顺序/社会层面，具体见表 4.1：

表 4.1　涵化变量的不同维度

	个人层面	社会层面
第一顺序	对个人成为受害人的估计	对警察数目的估计、对社会暴力普遍程度的估计、种族刻板成见
第二顺序	对暴力的恐惧	卑鄙世界综合征

依照这一框架，本研究首先从这四个维度探讨暴力网游对青少年玩家的涵化影响：

（1）第一顺序/个人层面：电视暴力的涵化研究发现，重度收视者越倾向于高估自己成为受害人的可能性。与之相似，接触暴力网游越多的玩家，由于在游戏中受到长期的浸染，常规的游戏动作就是与对手 PK，打打杀杀，从而更易认为自己在现实生活中也会面临同样的境况。因此本研究的第一个研究假设是：

H_1：青少年玩家的暴力网游接触量越大，越倾向于高估自己成为受害人的可能性。

（2）第一顺序/社会层面：如前所述，电视的重度收视者更易高估暴力的普遍程度或是犯罪率。同样，网游玩家玩游戏的时间越多，就越容易用游戏中的眼光来看世界。如果游戏是暴力的，则玩家也会认为现实世界是充满暴力的。因此，本研究的第二个研究假设是：

H_2：青少年玩家的暴力网游接触量越大，越倾向于高估暴力普遍的程度。

（3）第二顺序/个人层面：涵化分析对这个维度的效果研究通常集中在受众的恐惧感是否会受收视时间的影响。电视与网游很大的一个差异在于，电视观众的收视是被动的，因此大量地接触暴力的电视内容，可能会导致观众产生恐惧；而网游玩家玩暴力网游属于主动性的接触，他们在玩游戏的过程中是暴力动作的施加者和承受者，从这层意义上来看，大量地接触暴力游戏似乎并不会增加网游玩家的恐惧感。这一判断仍旧需要实证研究来证明，因此本研究的第二个研究问题是：

RQ_2：暴力网游接触量与青少年玩家的恐惧感之间是否存在正相关的关系？

（4）第二顺序/社会层面：涵化理论认为电视看得愈多的人，愈相信人情淡薄、人心险恶。在暴力网游中，玩家除了接触大量暴力之外，在与其他玩家的互动中，还可能遭遇装备被骗、账号被盗等欺诈事件，结果网游的玩家之间充满了不信任感。Shrum 的“直觉加工—回忆模式”（Heuristic-recall Model）认为，特定动作或模式的反复出现会影响玩家对线下生活的认知。如果玩家在游戏中总是见到骗子，则会导致对他人的信任感降低，因为玩家可能开始怀疑现实生活中的人也会骗人。因此，本研究的第三个研究假设是：

H_3：青少年玩家的暴力网游接触量越大，越倾向于认为世界是卑鄙的。

在对这四个维度的涵化指标进行测量的基础上，本研究还对以下问题感兴趣：暴力网游不同维度的涵化效果有什么差异？是个人层面的涵化效果更强还是社会层面的涵化效果更强？第一顺序和第二顺序的涵化效果又是哪个更强？其差别是否与电视的涵化效果的差别一致？是什么原因造成的？因此，本研究提出第三组研究问题：

RQ_{3-1}：暴力网游在第一顺序/个人层面、第一顺序/社会层面、第二顺序/个人层面、第二顺序/社会层面这四个维度的涵化效果，哪个更强？原因何在？

RQ_{3-2}：暴力网游在第一顺序/个人层面、第一顺序/社会层面、第二顺序/个人层面、第二顺序/社会层面这四个维度的涵化效果差异与电视相比，是否一致？原因何在？

除了按照个人层面/社会层面以及第一顺序/第二顺序对涵化效果进行划分之外，本研究还关注暴力网游对青少年以下几个方面中的涵化影响：

1. 暴力网游与暴力赞成度

对暴力赞成度的考察有助于了解个人的行为，虽然涵化理论不关注媒介暴力如何影响个人的行为，但是考察个人的暴力态度也有助于深化理解暴力网游的影响。

暴力态度的形成受许多因素的影响，如在现实生活中以及在媒介中所接触到的暴力的数量，同时父母与同侪的态度也是影响因素之一（Vernberg, Jacobs & Hershberger, 1999）。在将负面的认知和情感转化为行为的过程中，对暴力的态度起着非常重要的作用。研究发现，儿童和青少年对暴力的赞成程度越高，则产生攻击性行为的可能性越大。

对于大多数人来说，媒介中的暴力往往比现实生活中的暴力更加普遍。如果观众认为暴力是习以为常的，他们会渐渐变得对现实生活中的暴力脱敏且麻木不仁（Bushman & Huesmann, 2001）。由于媒介中的暴力往往被描述成正义和情有可原的，所以如果长期接触这样的暴力内容，会使受众改变“暴力行为是错误的”的观念，从而产生亲暴力的态度。Sherry（2001）对25个相关研究的元分析显示，大量接触游戏中的暴力会导致亲社会行为的减少。

如前所述，网游和电视相比，更具有参与感和交互性，玩家不是被动地接受暴力影像，而是积极主动地挑选自己喜欢的角色进行扮演，并实施一系列富有攻击性的动作和行为。这样的游戏合法化了暴力的使用，同时掩盖了其可能产生的现实效果。由于不是真实的，所谓的“受害者”并非真正地受到侵害，因此在游戏中暴力是可以接受的。由于暴力游戏通常会将暴力正常化甚至美化，所以近来的研究都集中于研究反复接触游戏暴力后产生的麻醉效果。所谓“麻醉效果”指的是接触媒介化的暴力会导致儿童对暴力脱敏，最终对暴力的容忍度越来越大，从而导致对暴力的接受度和赞成度提高，将暴力作为用来解决问题的手段的可能性也更大。Rushbrook（1986）检验玩电子游戏和对战争的态度之间的关系，结果显示玩游戏的时间越长，则对战争的态度越正面。Krahe 和 Moller（2004）针对 231 名德国青少年进行的调查表明，暴力游戏与对暴力行为的接受程度之间存在显著正相关。在美国小学生中进行的其他研究也肯定了游戏暴力对儿童的脱敏效果。旨在检验游戏暴力对玩家态度层面的影响效果的实验室研究也发现了类似的结果。Deselms 和 Altman（2003）的实验结果表明，大量接触暴力游戏导致男大学生对暴力行为的敏感度降低。Ran Wei 在 2005 年对 312 名中国的青少年进行调查，同样发现玩暴力游戏的时间与亲暴力态度之间存在显著正相关。这是关于暴力游戏对中国青少年的影响的第一个实证研究。

在以上这些研究结果的基础上，本研究提出第四个研究假设：

H_4：青少年玩家的暴力网游接触量越大，越倾向于对暴力持赞成的态度。

2. 移情

移情在探讨观众如何解读电影或电视内容的研究中很常见，而且在暴力游戏研究领域中也扮演着重要的角色。在讨论暴力游戏（包括电子游戏和网游）对青少年的影响时，作为道德判断过程中非常关键的一个因素，移情是常被研究的一个变量。

移情，也称共情，又译作“通情”、“共感”、“同感”、“同理心”、“神入”、“感情移入”等（郑日昌、李占宏，2006），是在人际交流过程中自然产生的一种情感，可以界定为一种替代性的情绪反应能力，是既能分享他人情感，对他人的处境感同身受，又能客观理解、分析他人情感的能力，是个体内真实或想象中的他人的情绪状态引起的并与之相一致的情绪体验。Smith（1989）把移情解释为“站在他人的角度理解他人的感受体验，设想自己也处在别人的位置经历别人的体验”。

经常接触现实生活和媒介中的暴力内容，可能改变人们的认知、情感和行为过程，导致移情水平的降低，从而使之对刺激的认知、情绪和行为反应减弱或消除。青少年在现实生活中面临着来自学习等各方面的压力，容易遭受到挫折，而在网游中可以宣泄压力，这是他们比较喜欢网游的一个重要原因。但是目前较为流行的网游，如《反恐精英》、《星际争霸》、《魔兽争霸2》等，都存在着攻击性内容。暴力游戏为玩家提供一次次暴力伤害甚至是伤害致死行为的示范。玩家在胜利时不仅获得战胜真实存在的其他玩家后自我实现的满足感，同时还有丰厚的“不义之财”和高级的装备或游戏物品等，这会在很大程度上增强玩家施暴获胜的成就感。只要使用暴力也只有使用暴力，才能成为战无不胜的人物，才能得到自己想要的一切，这在玩家心理上是对其道德弱化的放纵，极易导致青少年形成扭曲的道德观，对其他玩家遭受的苦痛（不论是现实中的还是游戏世界中的）麻木不仁甚至幸灾乐祸。青少年若长期沉迷于暴力网游，对游戏中的暴力现象熟视无睹，久而久之，必将降低他们的正常移情反应。

Funk 等人（1998）发现，喜好暴力游戏并经常被卷入暴力游戏的儿童的移情水平最低。在该研究中，玩暴力游戏和非暴力游戏的被试，在游戏结束后马上测量的移情水平没有显著差异，但是长期接触暴力游戏则会导致被试的移情水平降低。针对青少年的研究也表明，低移情水平往往与攻击性和社会适应不良显著相关（Cohen & Strayer，1996）。Sakamoto（1994）对307名四到六年级的日本学生进行调查，发现玩电子游戏的频率及对暴力电子游戏的喜好与移情分数呈负相关。Barnett 等（1997）针对229名15~19岁的年轻人进行的调查表明，对暴力游戏的偏好与低移情水平之间存在显著相关。针对四年级和五年级学生进行的调查发现，长期接触暴力游戏会导致移情水平降低。

与电视和电影相比，网游具有交互性、创造性、积极主动性等特点，可以预见玩暴力网游与移情反应之间具有更为显著的负相关。

因此，本研究的第五个研究假设是：

H_5：青少年玩家的暴力网游接触量越大，移情水平越低。

3. 暴力意向

研究暴力意向是对暴力网游第三顺序的涵化效果的进一步检验。虽然涵化研究并非常常衡量行为倾向和行为，但是涵化效果的研究往往源于这样的考虑：因为长期收视而形成的对真实世界的扭曲看法可能影响到受众的行为。涵化研究在不同程度上已证明电视收视量和信念与世界观之间有关系，但迄今为止从涵化的视角出发去检验长期收视导致的态度是否会转化为相应的行为意图或行为的研究还非常稀缺。这并不是说电视收看与行为之间的关系没有被检验过。Gerbner 等人（1978）对 NORC 数据进行的二手分析表明，夜间犯罪节目的重度收视者更倾向于购买一只狗或持有枪支以自卫，但是他们的分析没有对变量进行控制，如控制犯罪的直接或间接经验，这会影响最终的结果。此外，这些分析也没有考虑与信念或态度相关的变量的调节作用。

近来，研究者开始从社会心理学的视角来丰富涵化理论的研究。例如，Shrum（1995）借用“直觉加工”的提法或信息可接近性来解释电视收看在涵化的语境中对信念的影响。与之相似，Nabi 和 Sullivan（2001）首次尝试将广为引用的理性行为理论和涵化相结合。他们认为转向与态度和行为转变相关的社会心理学理论，比如理性行为理论，有助于涵化研究的深入，会让人们更清楚地理解电视可能影响个人行为的过程，也可能为涵化测量的发展提供概念性的指导，而这正是当前所缺乏的。

理性行为理论认为，个人和他所处的社会的普遍观念是一个人的态度和价值观念的重要决定因素，个人态度和价值观念又决定了一个人最终是否会产生采取某种特定行为的动机，而动机决定了某种行为是否被一个人所采纳。其他变量，如人口统计学变量、个人特质、相关态度等，也会对行为造成影响。理性行为理论研究的元分析支持该模型的假说，即态度和主观规范可以预测行为意图，从而预测行为。

从各自的理论假设来看，理性行为理论和涵化理论有相似之处。涵化理论认为对社会现实的估计与更广泛的世界观之间有联系，理性行为理论同样认为与行为相关的信念会预测与该行为相关的态度。但是理性行为理论进一步探讨态度对行为意图以及行为的影响，而涵化理论在很大程度上忽略了收看电视对这二者的影响。把这两个理论视角结合在一起，有助于深化涵化理论关于电视如何影响社会以及这些效果产生的过程的解释。

尽管两个理论之间有相似点，但是由于它们源自不同的学术传承，要将二者结合并不是那么容易，最明显的就是变量的概念化操作。Nabi 和 Sullivan（2001）比较了二者在概念化操作上可能存在的差异，并试图对其兼容性给出解释。在涵化的语境中借用理性行为理论，必须考虑理性行为理论应用的局限性是否与涵化理论兼容。理性行为理论适用的条件是态度和行为意图稳定，而涵化理论的态度的形成经历了一段较长的时间，因此可以期望它是稳定的。实际上，稳定正是涵化理论的一个特点，因此，这些限制不会影响使用理性行为理论来深化理解涵化理论。

Nabi 和 Sullivan（2001）通过整合涵化理论和理性行为理论，探讨重度收视是否不仅影响关于暴力的信念和态度，而且影响采取保护性措施的意向和实际行动。结果表明，电视收视量直接影响对暴力普遍度的估计以及采取保护性措施的意向，而间接影响对卑鄙世界的态度和实际的保护性行为。该研究表明，采用理性行为理论来深化涵化理论的理解是有价值的，为涵化研究引入第三顺序效果——行为意图，有助于填补涵化态度与潜在的行为后果之间的鸿沟，使我们更清晰地理解这些效果发生的过程。（Nabi & Sullivan，2001）

在 Nabi 和 Sullivan 的研究基础上，本研究试图进一步探讨玩暴力网游如何影响玩家采取特定行动的意向。由于本研究针对的是暴力网游，而不是电视，因此在对意向的测量上有别于 Nabi 和 Sullivan 的研究，关注的不是采取保护性行动的意向，而是玩家是否倾向于选择暴力行为作为解决矛盾冲突的手段。因此，本研究的第六个研究假设是：

H_6：青少年玩家的暴力网游接触量越大，越倾向于采取暴力行为作为解决矛盾冲突的手段。

除了暴力网游的接触量外，对暴力的态度以及移情水平也会影响玩家采取暴力行为作为解决矛盾冲突手段的意向。因此，本研究提出以下研究假设：

H_7：玩家对暴力的赞成度越高，则越倾向于采取暴力行为作为解决矛盾冲突的手段。

H_8：玩家的移情水平越低，则越倾向于采取暴力行为作为解决矛盾冲突的手段。

综合研究假设 4 到研究假设 8，可以建构如图 4.1 所示的假设模型。

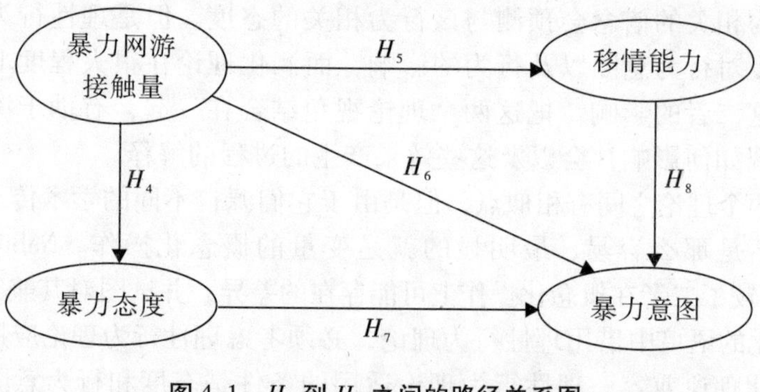

图 4.1　H_4 到 H_8 之间的路径关系图

第五节　调节变量的影响

（一）人口统计学变量

尽管 40 多年来，涵化假设从概念到方法都受到众多质疑和攻击，但其核心概念——媒介的重度用户更易持有类似于大众媒介中所传递的观点——仍旧不断为大众传播研究提供推动力，而受众特性研究为最初的涵化概念的完善提供了很大的帮助。针对相关批评，Gerbner 等人提出了主流化和共鸣的概念。这些批评指出，在控制了人口统计学变量的情况下，电视收视与对犯罪的恐惧之间不再存在统计学意义上的显著相关。自那时起，对人口统计学变量的影响加以控制成为涵化研究的标准做法。许多学者还探讨了种族、性别、居住地及犯罪受害人直接经验等变量对涵化效果的特定影响（Gross & Aday，2003；Morgan & Shanahan，1997）。

具体到游戏，年龄、性别、学校类别等变量都被证明具有调节作用。例如，大量研究表明，男孩玩游戏的时间要多于女孩，而且比女孩更偏爱暴力和运动类的游戏，女孩则更喜欢娱乐类和幻想类的游戏（Funk，Baldacci，Pasold et al.，2004）。学校类别也会对学生接触游戏的时间、种类以及相关的认知和态度起调节作用。相关调查①发现，“大专生”网民中网瘾青少年比例最高，达19.0%，其次为“职高/中专/职专/技校学生”（18.6%）。“大专生”和“职高/中专/职专/技校学生”大多数是住校或一个人住，缺少父母的监管，学习压力不如普通初、高中生大，因此可能容易沉迷网络，尤其是网游。

有鉴于此，本研究将在对性别、年龄、学校类别、家庭关系、学校关系等相关的人口统计学变量加以控制的同时，考察暴力网游对玩家的涵化影响。

（二）玩家的暴力经验

诸多针对涵化分析方法及概念上的批评都促使学者考虑潜在的调节变量对涵化效果的影响。除了人口统计学变量之外，最显著的就是个人的经验，包括直接经验和间接经验。涵化理论的修正结果之一——共鸣假说认为：“人们在电视中看到的情景同其日常生活的所见所闻（甚至是对现实的信念）不谋而合时，两者的叠加会加倍强化电视信息的作用，并显著提升涵化效果。”（Gerbner，Gross & Morgan，1980）也就是说，电视中的信息与个人经验重合会引发“共鸣”的效果，这大大丰富了涵化的形式。

而涵化研究最新的成果，即 Shrum 提出的直觉加工理论，尤其是关于概念的可接近性的阐述，也从另一个侧面解释了个人经验对涵化效果起调节作用的原理。Shrum 的研究显示对暴力普遍程度的高估很有可能是电视节目直觉加工的结果，电视中的概念在重度收视者那里的可接近性更高（Shrum，2001）。因为重度收视者频繁接触电视上的影像和主题，所以这些主题在他们

① 摘编自中国青少年网络协会发布的《中国青少年网瘾报告（2009）》。

的记忆中的可接近性更高，从而更能影响他们对诸如暴力普遍程度等作出的判断。对于那些有直接经验的受众，电视收视对他们的估计的影响会更大，这与接近性的相关研究及其对信息处理的影响是一致的。直接经历过的犯罪会留下更深印象，更多地被记起，从而提高了信息的可接近性。对于有直接经验的收视者，高度可接近的关于犯罪的事例，不论来自直接经验还是电视，都会成为对相关现象作出估计的基础。而那些直接经验少的人，则不会把电视的信息与之前的经验联系起来。

除了个人的直接经验外，与暴力相关的间接经验（如亲人、朋友曾遭遇暴力事件）也会影响相关的认知。更重要的是，之前的涵化研究考察个人经验的调节作用时，往往只考虑到受访者（或其亲戚朋友）作为暴力事件的受害人的角色，而忽略了他们作为暴力行为施加者的角色。而暴力网游的玩家与电视观众的差异在于他们在游戏过程中兼具两种身份，即施暴者和受害者，而在现实生活中也有可能如此，因此本研究还将把暴力网游的玩家作为施暴者的个人经验纳入考察的范围。

综上所述，考虑到可接近性在当前涵化理论中的核心地位，本研究将以下因素纳入考虑来检验个人的暴力经验如何影响涵化过程：作为施暴者的直接经验和间接经验，以及作为受害者的直接经验和间接经验。

（三）对网游的认知真实

对信息的真实性的认知也是影响涵化的另一个相关因素。Gerbner 等涵化论者始终不认为在验证电视收视与社会实况之间的关联时，有将电视信赖感纳入考虑的必要（Morgan & Shanahan，1996）。他们坚持观众是被动地在看电视，长此以往，涵化效果自然产生，观众是否相信电视或相信到什么程度，对涵化效果都没有太大的影响。不过，并不是所有的实证研究都发现电视收视与对治安的观感之间没关联，学者提出受访者相信电视与否可能是影响涵化效果的关键之一，认为在较相信电视的受访者身上电视的涵化效果才较可能出现（Tyler & Cook，1984）。Potter（1986，1988）发现，观众对犯罪剧的真实性认知程度越高，对犯罪也更加恐惧。Oliver 和 Armstrong（1995）发现观众对基于现实的电视剧的信任度要高于犯罪剧，从而建议将来的涵化研究检验两种不同类型的收视的涵化效果。

网游的玩家在多大程度上认为网游是真实的，这种认知如何影响他们被涵化的效果，这是本研究要探讨的另一个问题。因此，本研究以玩家对网游的认知真实为调节变量，检验其在涵化作用之中的可能作用。

第五章　研究方法

本章详细介绍本研究的研究方法。第一节介绍数据收集过程，本研究主要采用问卷调查的方法，抽样地点、抽样过程和样本组成等情况将在此节得到详细说明，作问卷调查前采用焦点小组访谈的方法以确定问卷；第二节介绍变量的测量；第三节介绍数据的处理方法。

第一节　数据收集过程

本研究采用量化和质化结合的研究方法。为了检验暴力网游的接触量与玩家的认知、态度和意图之间的关系，研究使用量化的问卷调查法针对12～18岁的在校中学生进行调查，在进行正式的问卷调查前，采用焦点小组访谈的方法以帮助确定最终的正式问卷。

一、焦点小组

在正式的问卷调查之前，先进行了几次焦点小组的访谈。24名中学生志愿者（来自高中和初中的各有12名）分为4个小组，于2009年11月3日至6日进行了焦点小组的讨论。每组的讨论时长约为一个小时。讨论的话题主要集中于以下几个方面：中学生使用网络的基本情况（包括时间、地点、频次和种类等），玩网游的基本类型和时长，对网游和暴力网游的基本看法，对社会治安情况的认知，对暴力的态度以及意图等。

在研究者的主持下，受访者积极参与，畅所欲言，焦点小组的数据用于帮助确立本研究最终要测量的变量以及研究设计方案，而且也有助于确立正式版本的调查问卷，包括建构“对网游的认知真实”这一变量的测量量表，同时有助于对其他现有量表进行调整和修正。

二、问卷调查

这一部分主要针对青少年网游玩家的人口社会背景资料、网游的接触行为及其与暴力相关的认知、态度、情感和意图进行调查。

1. 调查对象

本研究的目标对象是网游的青少年玩家。如何界定青少年？其方式有许多种，可以将其视为生理发展的一个阶段或是年龄发展的一个区间，还可以是一种社会学现象。英语中的青少年（Adolescent）一词来自拉丁语“Adolescere”，意为进入成熟期。从这个意义上讲，“青少年”不是一个时期，而是一个获得有效地参与社会所需要的态度、信仰的过程。从国内外学者的诸多研究来看，无论是以生理发展、智力发展、个性发展还是以活动特点为依据划分年龄阶段，在年龄的分期上都存在着内在的一致性，如 0 ~ 3 岁、3 ~ 7 岁、7 ~ 12 岁、12 ~ 15 岁、15 ~ 18 岁、18 ~ 25 岁、25 ~ 35 岁、35 ~ 55 岁或者 60 岁及以上。

本研究结合中国的实际，以年龄段为依据，并结合青少年的身心发展状态，把青少年阶段界定为 12 至 18 岁之间，即正处于初中和高中阶段的学生。

2. 抽样地点

虽然有越来越多的乡村和城镇青少年能接触到互联网，但是城乡之间媒介接触的差异仍然非常巨大。在某些边远地区的青少年甚至连电视这样的大众媒介都接触不到，更提不上用互联网或玩网游了。因此，本研究只针对中国城市里的青少年进行抽样。

在选择抽样地点时还要纳入考虑的因素，包括该城市在多大程度上反映了中国当前的社会背景，该城市的网游市场在全国的地位，该城市青少年的互联网及网游接触行为在全国是否具有代表性等。广东省的网游用户数持续数年位居全国第一（2011 年用户占全国的 12%），网游市场收入也居首位（2011 年超过 250 亿元，占据全国半壁江山）①，综合以上因素，本研究选取广东省的省会城市广州为抽样地点。

3. 初步研究

在开展正式的问卷调查之前，笔者对暨南大学附属中学的 112 名学生进行了初步研究，在调查过程中，鼓励学生针对问卷中存在的任何问题进行提问，包括问题的措辞、备选答案的意义等。在参考了初步研究的结果以及学生提出的意见和建议的基础之上，最终确定正式的调查问卷。

4. 抽样过程

本研究的总体（Population）是全广州市的中学生，而问卷调查的分析单

---

① http://it.sohu.com/20120229/n336235640.shtml。

位是被抽样抽到的每一个学生。考虑到毕业班的学生学习紧张，压力很大，可能会影响其网游的接触行为，从而影响其在整个总体中的代表性，所以本研究不将初三和高三的学生纳入抽样范围。此外，出于可以理解的原因，针对毕业班的学生进行问卷调查通常会面临较大的阻力，因此本研究仅针对初一、初二和高一、高二的中学生进行抽样。

问卷调查采用分层整群抽样的方法。首先，采用随机抽样的方法，从广州市的六大老城区（包括荔湾区、越秀区、海珠区、天河区、白云区和黄埔区）中抽取两个区，分别为海珠区和天河区，为了使样本具有尽可能广泛的代表性，按照普通中学、重点中学和职业中学（包括中专、中职、技校）的分类，从这两个区的所有中学里，随机抽取 1 所重点中学、4 所普通中学和 3 所职业中学，组成整群的样本。在这 8 所学校中，5 所位于天河区，3 所位于海珠区。针对这 8 所中学，再进行年级的随机抽样。如果某个年级已经在两所学校被抽中，则在下一所学校的抽样中，先排除这个年级，在剩下的年级中抽取，随后的抽样以此类推。该抽样方法的基本理念就是尽可能符合广州市主城区中三种类别的学校学生分布的实际情况。抽样以班级为单位，最终抽出 8 个班级，涵盖 4 个年级和 3 类学校（具体分布见表 5.1）。

表 5.1 抽样样本的学校和班级分布

	初一	初二	高一	高二
普通中学	●●	●		●
重点中学		●		
职业中学			●●	●

本研究采用统一问卷的形式，以班级为单位发放问卷并当场回收。调查于 2009 年 12 月 10 日至 20 日进行，共回收问卷 534 份，其中有效问卷 518 份，有效率达 97%。

5. 最终样本的组成

在最终的样本里，学生的性别比例为男生 52.1%，女生 47.9%，年级的比例分别为初一 24.7%，初二 25.1%，高一 24.3%，高二 25.9%（见表 5.2）。

表 5.2　样本的基本描述（$N=518$）

		人数	百分比（%）
性别	男	270	52.1
	女	248	47.9
年龄	12	39	7.5
	13	92	17.8
	14	94	18.1
	15	55	10.6
	16	99	19.1
	17	107	20.7
	18	32	6.2
年级	初一	128	24.7
	初二	130	25.1
	高一	126	24.3
	高二	134	25.9
学校类别	普通中学	266	51.4
	重点中学	60	11.6
	职业中学	192	37.0

第二节　变量的测量

本节将详细介绍本研究的研究假设和研究问题中涉及的自变量、因变量以及控制变量的测量。需要注意的是，使用因变量或自变量的说法只是为了方便，并不意味着因果关系。在我们的测量中，各变量的影响没有先后顺序，如暴力赞成度高的玩家很可能会选择特定的游戏类型，从而增加正相关的关系。

一、自变量：暴力网游接触量

涵化分析的议题之一就是如何选择最正确的衡量收视变量的方法。Gerbner 等人（1986）认为，用总收视时间更加合适，因为电视世界展示的信息系统是长期稳定的，长期接触这些信息会让受众倾向于认为电视世界反映的正是现实世界。因此，Gerbner 及其同僚认为电视的累积接触才是重要的（Morgan & Shanahan，1997）。

然而，越来越多的学者指出，不论从概念还是现实基础来看，以总收视时间作为衡量的标准都是不令人满意的。Potter（1993）认为，在涵化理论刚提出的 20 世纪 70 年代，信息系统确实还是相对稳定的，但是在之后的 20 年间，出现了 200 多个有线电视频道，这意味着电视内容更加多元化和分散化了。此外，越来越多的实证结果表明，在检验涵化效果时测量总收视时间并不比测量特定节目的收看时间有效（Allen & Hatchett，1986；Carveth & Alexander，1985；Hawkins & Pingree，1980）。

有鉴于此，本研究检验暴力网游而不是网游的接触量对玩家的涵化效果。与传统的涵化研究测量收视时间不同，本研究不仅仅以玩暴力网游的时间为测量标准。不同的网游，其内容的暴力程度也不同，如果仅以"暴力网游"一词概括所有含有暴力元素的网游，很可能造成最终的结果出现偏差。因此，本研究从两个方面测量"暴力网游接触量"这一自变量，即玩暴力网游的时间以及暴力网游的暴力程度。

在问卷里，受访者被要求列出所玩过的花费时间最多的 5 个网游的名称（至少提供一个），然后针对每个游戏，列出在"周一至周四"、"周五"、"周六"和"周日"平均每天花费的时间。将这些时间汇总，即得到每个游戏每周花费的总时间。

本研究对玩家给出的每个游戏进行暴力程度评级，暴力等级分为三等：0（没有暴力成分，例如《QQ 炫舞》等唱歌或舞蹈比赛游戏），1（含有一些暴力成分，例如《国王联盟：奥德赛》等冒险主题的游戏），2（充满暴力元素，例如《魔兽世界》等战争或反恐游戏）。[①] 把每个游戏花费的总时间乘以该游戏的暴力等级，则得出玩家在玩该游戏时的暴力接触量。最后，把玩家玩过的所有游戏的暴力接触量相加，得到的就是该玩家的暴力网游接触总量。

① 该暴力等级是笔者在咨询了众多网游玩家以及相关从业者、专家的意见后确定下来的。

二、因变量

（一）第一顺序/个人层面的涵化：个人成为受害人的估计

在之前的研究结果的基础上（Shrum，Wyer & O'Guinn，1998），采用以下3道问题来检验受访者对个人成为受害人的可能性的估计：①你认为在一年内，你本人遭受到攻击的可能性是多少？②你认为在一年内，你的家被盗窃的可能性是多少？③你认为在一年内，你被抢劫的可能性是多少？受访者被要求从1～100之间选择一个数作为可能性的估计值（1为最低，100为最高）。

（二）第一顺序/社会层面的涵化：社会暴力普遍的程度

该变量以Nabi和Sullivan（2001）的研究为基础，采用以下6道问题来测量受访者对暴力普遍程度的估计：①在任意一个星期里，100个人中有多少人会卷入暴力事件中？②所有的犯罪中，暴力犯罪——例如杀人、强奸、抢劫和致人重伤所占的百分比是多少？③如果一个小孩在一个月中，每天白天都要在公园独自玩耍一个小时，你认为他或她成为暴力犯罪受害人的可能性是多少（从1～100）？④人们在一生中被枪击的可能性是多少（从1～100）？⑤每年有百分之多少的谋杀案没有被破解（从1～100）？⑥青少年罪犯中，暴力犯罪例如杀人、强奸、抢劫和致人重伤所占的百分比是多少（从1～100）？

（三）第二顺序/个人层面的涵化：对犯罪的恐惧感

以前的研究以各种方式对犯罪的恐惧感进行过操作化定义，包括对犯罪的担忧、成为被害人的风险估计、在夜间走夜路的不安等（Ferraro，1995；Warr，2000）。本研究在Eschholz，Chiricos和Gertz（2003）的量表的基础上，用6个问题询问受访者是否害怕成为以下犯罪的受害人：①被抢劫，②被入屋盗窃，③在家时有人破门而入，④被强奸或性侵犯，⑤被人用刀或枪攻击，⑥被谋杀。问题采用五点计分法，从“1—非常不同意”到“5—非常同意”，分数越高说明恐惧感越强。

与那些询问是否敢独自走夜路的测量不同，该测量针对具体的犯罪，这是很多研究者所推荐的（Ferraro，1995；Ferraro & LaGrange，1987；Warr，1990）。

（四）第二顺序/社会层面的涵化：卑鄙世界综合征

1980年，Gerbner及其同僚提出了他们称之为“卑鄙世界综合征”的概念。有3个变量综合起来构成卑鄙世界指数。考虑到这3道经典的卑鄙世界问题信度较低，仅为0.61，因此本研究借鉴Nabi和Riddle（2008）的测量方法，在前人研究的基础上采用7道问题作为卑鄙世界综合征的测量方法。这7道题包括：①大部分人只顾自己；②总的来说，和别人相处怎么小心都不为过；③如果有机会，大部分人都会占你的便宜；④通常而言，世界是很危险的；⑤大部分人本质上是诚实的；⑥人们大部分时间都尽力帮助别人；⑦总的来说，大部分人是可信任的。问题采用五点计分法，从“1—非常不同意”到“5—非常同意”，后3道题反向编码，分数越高说明越认同世界是丑恶的。

（五）对暴力的态度

对暴力的态度定义为以对暴力行为来解决冲突的接受程度。

本研究以Funk等人（1999）的暴力态度量表为基础，结合中国的具体环境，最后确定10个问题进行统计分析，包括：①为了达到目的，有时使用暴力是必要的；②我总是尽量远离那些可能发生暴力冲突的地方；③一个人在团体中，只要打架打赢别人，就不会被别人看不起；④携带武器能使我感觉更安全；⑤如果有人先动手打我，回击并没什么不对；⑥如果有人诋毁我或我的家人，打他一顿并没什么不对；⑦如果生活在治安不好的小区，携带武器以防身并没什么不对；⑧为了保护自己，做什么都是可以接受的；⑨父母应该告诉他们的孩子，在有必要的情况下可以使用暴力；⑩如果有人要和你打架，你应该走开。

该量表不仅能够评估个人对暴力态度的一般倾向，而且测量暴力态度的两个关键要素为暴力的文化（Culture of Violence）和应激性暴力（Reactive Violence）。前者指的是对暴力相对稳定、不易随着时间变化的态度，后者指的是个体面临实时威胁时的反应。

问题采用五点计分法，从“1—非常不同意”到“5—非常同意”，其中第②题和第⑩题反向编码，分数越高，说明越能够接受暴力行为。

（六）移情水平

使用Davis（1980）的“人际反应指标”（Interpersonal Reactivity Index，IRI）量表进行测量。此量表由四个分支量表构成，包含幻想（Fantasy，对电影、小说、戏剧或其他虚构情境中的人物有认同的倾向）、观点转移（Perspective-taking，自发性地采纳他人的观点并且从他们的角度来看事情的倾向）、同理关心（Empathic Concern，个人本身的热情和对他人的关心等感觉）与个人挫折（Personal Distress，当看到其他人的负面经验时所产生的焦虑与不舒服感），目的是测量移情能力的相关概念。量表采用五点计分法，从“1—非常不同意”到“5—非常同意”，分数越高说明移情水平越高。

本量表共有28道问题，包括：①我经常幻想可能发生在我身上的事情；②我经常对比我不幸的人有温柔及关心的态度；③我有时觉得用他人的角度看问题很困难；④我有时不会对有困难的人感到很难过；⑤我看小说时，会投入角色的情绪中；⑥在紧急的情况中，我会觉得焦虑及不自在；⑦我看电影或戏剧时通常很客观，而且不太会完全陷入其中；⑧我在作决定前，会尝试考虑每个人的不同观点；⑨当我看到有人被占便宜，我会想要保护他们；⑩当我在很情绪化的场合时，我有时会觉得无助；⑪我有时会尝试以朋友的角度想问题来多了解他们；⑫对一本好书或是电影很投入的情况，很少发生在我身上；⑬当我看到有人受伤时，我通常会保持镇定；⑭他人的不幸通常不会让我心神不定；⑮如果我确定我是对的，我不会浪费太多时间去听别人的争论；⑯在看过一场电影或是演出后，我曾经觉得我好像是其中的一个角色；⑰在很紧绷的情绪中我会害怕；⑱当我看到他人受到不公平待遇时，我有时并不会觉得他们可怜；⑲我通常在处理紧急事故时都很有效率；⑳对所见的事情，我通常会受感动；㉑我相信每个问题都有两面看法，也会尝试去正视这两面看法；㉒我是心肠软的人；㉓当我看一部好电影时，我会很容易把自己想象成主角；㉔我在紧急事故中常会失控；㉕当我对某人生气时，我经常会尝试用他的想法来想问题；㉖当我看到一则有趣的故事或小说时，我会想象如果事情真的发生在我身上，我的感觉会是如何；㉗当我看到危难中急需帮助的人时，我会崩溃；㉘在批评他人前，我会尝试想象如果我和他们一样，我的感受是如何。

问题采用五点计分法，从“1—非常不同意”到“5—非常同意”，其中第③、④、⑦、⑫、⑬、⑭、⑮、⑱和⑲题反向编码，分数越高说明移情水平越高。

（七）暴力意图

本研究的假设之一是接触暴力网游越多的玩家越倾向于采取暴力行为作为解决矛盾冲突的手段。问卷设置了以下问题来测量采取暴力行为的意图：①如果有人打我，我会还击；②如果有人令我讨厌或看不顺眼，我会揍他一顿；③如果朋友需要，我会帮他们教训对手。问题采用五点计分法，从“1—非常不同意”到“5—非常同意”，分数越高说明受访者采用暴力行为的意图越强。

三、控制变量

在涵化研究中，对人口统计学变量进行控制是常规的做法。本研究对以下变量进行控制，以考察暴力网游的涵化效果：性别、年龄、年级、学校类别、家庭收入、家庭关系、学校关系等。

其中，与家庭关系相关的有 4 道题：①家里人很关心我所做的一切；②我很关心我的家庭；③在家里，我感觉很安全、愉快；④爸爸和妈妈的关系很好。问题采用五点计分法，从“1—非常不同意”到“5—非常同意”，分数越高说明受访者与家庭的关系越融洽。

与学校关系相关的有 5 道题：①我在我们班里感觉很愉快；②在班里，我是个受欢迎的人；③在班里，我是个很重要的人；④老师认为我是个好学生；⑤我讨厌学校。问题采用五点计分法，从“1—非常不同意”到“5—非常同意”，第⑤题反向编码，分数越高说明受访者与学校的关系越融洽。

四、调节变量

（一）个人的暴力经验

为了测量作为受害人的直接经验，被访者要回答他们是否曾经有以下经验：①在学校被恐吓，②被盗窃，③被抢劫，④被以肢体暴力相威胁，⑤遭遇肢体暴力。答案选项为：A. 是，B. 否。

为了测量作为受害人的间接经验，被访者要分别回答他们的家人或好朋友是否曾经有以下 5 种暴力经验：①在学校被恐吓，②被盗窃，③被抢劫，④被以肢体暴力相威胁，⑤遭遇肢体暴力。答案选项为：A. 是，B. 否，C. 不清楚。

为了测量作为加害人的直接经验，被访者要回答他们是否曾经有以下经验：①在学校恃强凌弱，②盗窃，③抢劫，④以肢体暴力威胁他人，⑤对他人施加肢体暴力。答案选项为：A. 是，B. 否。

为了测量作为加害人的间接经验，被访者要回答他们的家人或好朋友是否曾经有以下经验：①在学校恃强凌弱，②盗窃，③抢劫，④以肢体暴力威胁他人，⑤对他人施加肢体暴力。答案选项为：A. 是，B. 否，C. 不清楚。

（二）对网游的认知真实

在传统涵化分析中，电视的认知真实得到了非常充分的讨论，其中 Potter

（1986）的三维度测量是被引用得最多的。他认为“认知真实”是观众对电视内容写实程度的认知，本质上是心理层面的，以此作为涵化分析的中介变量会比其他变量更有解释力。Potter 将认知真实分为三个维度：①魔窗（Magic Window），即观众相信电视内容是正确的，能反映真实世界的情境，此概念源自儿童与电视的关系的研究，心智仍处在发展阶段的儿童，相信电视是呈现真实世界图像的“魔窗”，但随着年龄的增长，其认知能力发展至较高层次后会对电视内容的真实性逐渐产生怀疑与批评；②教导，指观众认为电视具有指导的作用，能帮助观众丰富他们的直接经验，并且可以学习规则性的本质（如从新闻节目中获取事实）或社会本质（如得到其他人有何种问题存在以及如何解决问题的信息），相信电视节目具有教导功能的人认为，即使电视节目的本质是虚构的，但它呈现了对人类有用的道德课程，因此能够帮助人们替代性地处理问题及学习如何应付问题；③认同，指观众对于电视节目中的主角和他们的真实日常生活的类似程度的认同度，认同度越高，越容易受到电视角色榜样（Role Model）的影响。

相比之下，关于对游戏的认知真实的探讨还非常缺乏，只有少数几个学者进行了探索性的研究（Bolter & Grusin，1999；Frasca，2004；Frasca，2003；Malliet，2006）。Malliet（2006）在结合前人研究成果的基础上，针对电子游戏提出了五个维度的认知真实：

（1）对现实世界的如实反映（Factuality）：对于网游是否能反映现实世界，许多人持怀疑态度。有人甚至认为关于游戏的真实性这样的问题是荒谬的，因为游戏就不可能是真实的。尽管如此，游戏在某些地方还是可以准确反映现实生活的特定层面的，如某些游戏中的地图和城市与现实生活中的地理位置就非常吻合。

（2）真实性（Authenticity）：建立在 Hall（2003）的典型性（某些事件或行为与日常生活中的普通人或事相关，而不是异端）和可行性（某些事件或行为可能在真实生活中发生）之上。

（3）将游戏作为虚拟经验（Games as a Virtual Experience）：玩家可以积极地操纵虚拟的角色，这是一种新的社会想象。在作出选择的时候，游戏的玩家比电影观众的自由度要更高，在这个意义上，游戏更像现实生活。这种自由与现实生活中所享有的选择自由很相似。在游戏中可以做现实中无法做的事，而且无须承担后果。

（4）角色投入程度（Character Involvement）：如果玩家对游戏中所扮演的角色能够感同身受，或者对其情感反应与对现实生活中的某人一样的话，那么他对游戏的真实性的感知会更高。（Hall，2003）

（5）视觉效果（Perceptual Pervasiveness）：随着计算机技术的发展，网游从图像上看，已经比10年或20年前更加逼真。

由于目前并无现成量表用以测量对网游的认知真实，因此本研究在Malliet（2006）的研究成果的基础上构建量表，用以下问题测量网游玩家对网游的认知真实：①在大部分网游中发生的事情也会在现实生活中出现；②人们在网游中相处的方式与在现实生活中相似；③网游中的角色在现实生活中也很典型；④网游中发生在玩家身上的事情，在现实生活中也可能发生；⑤我在网游中碰到的人和现实中的很相似；⑥网游是具有真实性的，因为玩家可以从中寻求解决某些情绪问题的办法；⑦网游有助于人们了解在现实社会中某些行为会造成的后果；⑧像《魔兽世界》这样的大型多角色扮演游戏可以让玩家发现自己个性中的某些特点；⑨网游和现实生活很相像，因为人们都面临同一个主要问题，即如何控制某种境况；⑩网游与现实生活相似的地方在于玩家可以自由地作出选择；⑪玩网游的时候，我觉得自己是整个场面的焦点；⑫玩网游的时候，我远离了现实而完全沉浸在游戏世界中；⑬玩网游的时候，我对我选择的游戏角色感同身受；⑭玩网游的时候，我觉得我在游戏中的伙伴和对手是真实的；⑮高清晰度的画质使得网游更像现实世界；⑯网游要想更逼真，一个重要的因素就是具备高超的绘图能力；⑰当被问及网游的真实性时，第一个反应就是画面。

问题采用五点计分法，从“1—非常不同意”到“5—非常同意”，分数越高说明受访者对网游的认知真实程度越高。

第三节 数据处理方法

本研究采用多种双变量和多变量的数据统计方法来检验研究假设和回答研究问题。例如，采用频次检验（Frequency Test）来描述玩家暴力网游接触量的分布，采用相关分析（Correlation Analysis）来讨论各个变量之间的关系，采用t检验和ANOVA分析来检验不同SES变量对各个自变量和因变量的影响，采用因子分析（Factor Analysis）对“暴力态度”、“移情”进行效度检验，同时也对“对网游的认知真实”这个之前文献中没有具体测量量表的变量进行因子分析，得出了四个维度的量表。本研究对所有的量表和因子都进行信度分析（Reliability Analysis），以保证其有较高的信度。

针对本研究的8个研究假设以及3组研究问题，笔者主要采用多元分层回归分析以及结构方程模型的分析方法，下面将对这两个方法进行详细介绍。

一、多元分层回归分析

本研究没有采用常用的一般线性回归方法，而是采用多元分层回归分析（Hierarchical Regression Analysis）方法。该方法的最大优势在于能够在控制一定变量作用的基础上，考察自变量对于因变量进行解释的增量。具体到本研究而言，就是在控制各种人口统计学特征变量和“个人的暴力经验”及“对网游的认知真实”这两个调节变量对因变量影响的基础上，考察暴力网游的接触量对于各个因变量的影响。

本研究的主要目的是检验接触暴力网游（自变量）对青少年的暴力认知、态度、情感和行为意图（因变量）的涵化影响，同时对人口统计学特征变量、个人的暴力经验和对网游的认知真实进行控制。针对本书的 8 个研究假设，分别使用 8 次分层回归的方法来进行检验。首先，人口统计学变量（包括年龄、性别、年级、学校类别、家庭关系和学校关系）进入 $Block_1$。其中，年龄为连续型变量；性别为分类变量，1 代表男，0 代表女；年级为分类变量，1 代表初一，2 代表初二，3 代表高一，4 代表高二；学校类别为分类变量，1 为普通中学，2 为重点中学，3 为职业中学；家庭关系和学校关系也为连续型变量。

其次，调节变量（分别为“个人的暴力经验”及“对网游的认知真实”）进入 $Block_2$，其中暴力经验包括个人作为受害人的直接/间接经验、个人作为加害人的直接/间接经验，该变量是分类变量，1 代表有作为受害人/加害人的直接/间接经验，0 代表没有相关的经验。对网游的认知真实为连续型变量。

最后，暴力网游接触量进入 $Block_3$，在检验了控制变量、自变量和因变量的关系之后，有显著相关的变量关系被纳入最初的路径模型当中。这样，主要变量之间的关系虽然是基于理论的概念化，但是也源于实证的研究结果。

二、结构方程模型

本研究中的暴力态度、移情水平和暴力意图均为潜变量，不可避免地存在测量误差。本研究首先采用的是分层回归分析的方法，其假设前提是各个测量均没有误差。而结构方程模型分析与回归分析不同，允许自变量和因变量含有误差。同时，由于回归分析只能检验单一线性关系，而结构方程模型除了有回归分析的各种估计与检测功能之外，还可同时让所有的预测变量进入分析，更能够整合成完整的结构模型，进行系统性的说明。因此，针对本

研究的研究假设 $H_4 \sim H_8$，还需要采用结构方程模型对其予以进一步的验证。

（一）简介

结构方程模型（Structural Equation Modeling，简称 SEM）分析是一种不同于传统统计方法的新型的综合性统计方法，是由 Jareskog 及 Sorbom 根据 Beck 及 Bargmann（1966）的共变量结构分析（Covariance Structural Analysis）加以扩充发展而成的，所以也称为协方差结构分析。它是一种实证分析模型方法，通过寻找变量间内在的结构关系验证某种结构关系或模型的假设是否合理、模型是否正确，如果模型存在问题，可以指出该如何加以修改。结构方程模型可同时分析一组具有相互关系的方程式尤其是具有因果关系的方程式，有助于研究者开展探索性分析和验证性分析。简单地说，结构方程模型分析是一种结合了“因子分析”与“路径分析”（Path Analysis）的方法，其一方面减少了这两种方法的限制，另一方面又能同时达到两种分析的目的。

（二）结构方程模型的优点

结构方程模型集合多种传统统计分析方法的优点，已成为广泛适用的分析方法，在心理学、社会学、教育学及管理学等领域内均有应用。相对于传统的统计建模分析方法而言，结构方程模型主要有以下几个优点：

（1）允许回归方程的自变量含有测量误差，通过计算观测变量的误差来精确估计观测变量与潜在变量之间的关系。在传统统计方法尤其是计量模型中，自变量通常都是默认可以直接得到的观测量，不存在观测误差，而结构方程模型能将这种误差有机地纳入模型，提高模型对实际问题的解释性。

（2）可以同时处理多个因变量。在传统统计计量模型中，一般而言，方程的因变量只有一个，但是在社会科学研究领域，一个自变量往往影响到多个因变量，而在结构方程模型中，允许存在这样多个因变量并存的现象，并对所有变量的信息都加以考虑，以提高模型的有效性。

（3）同时估计因子结构和因子分析。假设要了解潜变量之间的相关系数，每个潜变量都用于多个指标或题目测量，一个通常的做法是先用因子分析计算每个潜变量与题目的关系，进而得到因子得分，并将因子得分作为潜变量的观测值，进一步计算因子得分的相关系数，作为潜变量之间的相关系数，这是两个独立的步骤。然而，前后两次所考虑的对象和范围的不同，导致两个步骤之间存在不可避免的误差。结构方程模型的突出优势体现在既能估计出因子之间内在的包含关系（归属关系），构造各个变量之间的结构，又能同时根据观测变量的观测值得到各因子之间的相互影响关系。这避免了因为考察范围不同而出现误差的情况。

（4）估计整个模型的拟合程度。在传统的路径分析中，只能估计每一路径（变量间关系）的强弱，而在结构方程模型分析中，可以计算不同模型对同一样本数据的整体拟合程度，根据研究的实际情况，结合相关拟合指数，选择最合适的模型。

（三）结构方程模型的构成

结构方程模型可分为测量方程（Measurement Equation）和结构方程（Structural Equation）两部分。测量方程描述潜变量与指标之间的关系，结构方程描述潜变量之间的关系。

外源潜变量测量方程形式如下：

$X = \Lambda x\xi + \sigma$

内生潜变量测量方程形式如下：

$Y = \Lambda y\eta + \varepsilon$

其中 X 为外源（Exogenous）指标组成的向量，Y 为内生（Endogenous）指标组成的向量，ξ 为外源潜变量，η 为内生潜变量，Λx 为外源指标与外源潜变量之间的关系，是外源指标在外源潜变量上的因子，负荷矩阵，Λy 为内生指标与内生潜变量之间的关系，是内生指标在内生潜变量上的因子，负荷矩阵，σ 为外源指标 X 的误差项，ε 为内生指标 Y 的误差项。结构方程规定了所研究的系统中假设的潜在自变量与潜在因变量之间的因果关系，其基本形式如下：

$\eta = \beta\eta + \Gamma\xi + \zeta$

其中 η 为内生潜变量，ξ 为外源潜变量，β 为内生潜变量之间的关系，Γ 为外源潜变量对内生潜变量的影响，ζ 为结构方程的残差项，反映了 η 在方程中未能被解释的部分。

（四）结构方程模型分析的步骤

结构方程模型分析可分为四个步骤：

（1）模型建构（Model Specification）。

在进行模型估计之前，研究人员先要根据理论或研究成果来设定假设的初始理论模型。模型构建包括以下内容：第一，确立观测变量（即指标，通常是题目）与潜变量（即因子，通常是概念）的关系；第二，确立各变量间的相互关系（制定因子间的相关效应和直接效应）；第三，在复杂模型中限制因子负荷和因子相关系数等参数的数值或关系。在建构模型时，应当先检查每一个测量模型的拟合效果。如果因子与指标的拟合性较差，即指标无法有效地说明因子，不宜强行继续检查因子间的关系。

（2）模型拟合（Model Fitting）。

模型拟合过程就是求解模型参数的估计值。在结构方程模型分析中，求解目标是求出使模型隐含的协方差矩阵（即再生矩阵）与样本协方差矩阵“差距”最小的参数估计值。

（3）模型评价（Model Assessment）。

在取得了参数估计值以后，需要对模型与数据之间是否拟合进行评价，并与替代模型的拟合指标进行比较。模型评价的主要内容是：①检验结构方程的解是否恰当，包括迭代估计是否收敛、各参数估计值是否在合理范围之内；②检验参数与默认模型的关系是否合理，数据分析中可能出现一些预期以外的结果，但各参数绝不应出现一些相互矛盾、与先验假设有严重冲突的现象；③检验多个不同类型的整体拟合指数，如 NNFI、CFI、REMSEA、CHI-Square 等，以衡量模型的拟合程度。

（4）模型修正（Model Modification）。

如果模型不能很好地拟合数据，就需要对模型进行修正和再次设定。在这种情况下，研究人员需要决定如何修改模型的参数。通过参数的再设定可以提高模型的拟合程度。模型修正的内容主要包括：①依据理论或有关假设，提出一个或数个合理的先验模型；②检查潜变量（因子）与指标（题目）间的关系，增减或重组题目，建立测量模型，若用同一样本数据去修正重组测量模型，继而检查新模型的拟合指数，则这个过程相当于探索性因子分析的功能；③若模型含有多个因子，则可以循序渐进地进行，每次只检查含有两个因子的模型，确定测量模型部分合理后，再将所有因子合并成默认的先验模型，作一个总体检查；④检查每一个模型的标准误、t 值、标准化残差、修正指数、参数期望改变值、CHI-Square 等各种拟合指数，以此为根据修改模型；⑤最后的模型依据某一样本修改而成，最好用另一个独立样本交互确定（Cross-validate）。

本研究统计分析主要运用 SPSS 14.0 统计软件和 AMOS 17.0 软件。利用 SPSS 14.0 对模型中各要素进行探索性因子分析和 Cronbach's α 信度检验，利用 AMOS 17.0 进行验证性因子分析和结构方程模型分析。AMOS17.0 既可以实现协方差检验，又可以实现一般的线性模型分析和通常的因子分析。其路径图可以更清楚地显示结构方程模型分析的原理，保证研究者免受测量误差的影响，更好地分析要素间的潜在关系。

第六章　理解游戏世界

第一节　网游简介

一、网游及其分类[①]

根据文化部发布的《网络游戏管理暂行办法》，网络游戏是指由软件程序和信息数据构成，通过互联网、移动通信网等信息网络提供的游戏产品和服务，其表现形式主要包括以客户端、网页浏览器及其他终端形式运行的各种网络游戏。

中国网游产品在不同维度上的分类也有所不同。CNNIC 按照中国网游市场的特点，参考网游产品的使用方式以及产品形式，采取复合分类方法，将网游划分为两大类、三小类：大类为大型多人在线游戏与多人在线游戏；小类为大型多人在线角色扮演游戏、休闲类网络游戏、浏览器游戏，如图 6.1 所示。

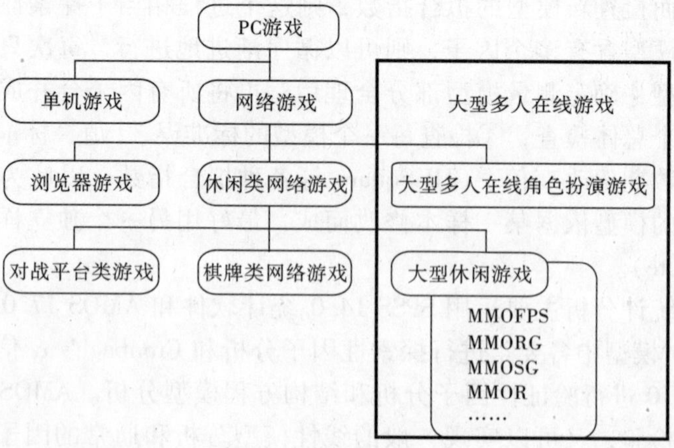

图 6.1　网络游戏分类

① 见《2009 年中国网络游戏市场研究报告》。

其中，大型多人在线游戏（MMOG：Massive Multiplayer Online Game）指以互联网络为传输基础，使多个用户能够同时进入某个游戏场景进行操作的网游产品，该游戏类型按照游戏操作方式又可以分为大型多人在线角色扮演游戏和大型休闲游戏。

多人在线游戏（MOG：Multiplayer Online Game）与大型多人在线游戏使用方式类似，但该类型游戏容量相对较小，内容表现形式也更为丰富。

大型多人在线角色扮演游戏（MMORPG：Massive Multiplayer Online Role Playing Game）指以互联网络为传输基础，能够使多个用户同时进入某个游戏场景操作具有某种社会特性的游戏角色，并且能与其他游戏用户控制的角色实现实时互动的游戏产品，目前流行的此类产品有《魔兽世界》、《天龙八部》等。

休闲类网络游戏的使用方式与MMORPG类似，主要区别在于该类型产品以回合制为主，单局游戏时间较短，用户在游戏产品使用过程中更加注重对于场景或者角色的操作技巧。CNNIC将休闲类网络游戏分为对战平台类游戏、棋牌类网络游戏以及大型休闲游戏。

对战平台类游戏（或理解为对战平台）自身往往没有特定的游戏内容，其主要功能是利用虚拟专用网络技术（VPN）将具有局域网对战特性的单机游戏通过互联网途径实现多人同时操作。目前中国常见的对战平台有盛大网络的“浩方对战平台”、腾讯公司的“QQ对战平台”等。

棋牌类网络游戏与对战平台类游戏类似，该种游戏也以平台为基础，区别在于棋牌类网络游戏往往从平台自身下载内容，无须单机游戏支持，内容也以棋牌等小型互动类游戏为主。

大型休闲游戏这一类型与其他两种休闲类网络游戏的区别主要有两点：独立运营、无须支持平台和容量较大（该类产品容量小则数十兆，多则在百兆甚至千兆以上）。目前中国网游市场中常见的大型休闲游戏主要包含以下4种类型，随着产品的创新发展，未来大型休闲游戏类型会进一步丰富：

大型多人在线第一人称射击游戏（MMOFPS：Massive Multiplayer Online First-person Shoot），用户可以以第一视角控制游戏角色并与其他游戏用户进行对抗，如《穿越火线》、《特种部队》。

大型多人在线音乐游戏（MMORG：Massive Multiplayer Online Rhythm Game）的操作需要以音乐背景为基础，用户按照节奏对游戏角色或者场景进行操作，目前国内市场常见的该类网游有《劲舞团》、《热舞派对》、《QQ炫舞》等。

大型多人在线体育游戏（MMOSG：Massive Multiplayer Online Sports

Game）的游戏内容以模拟现实体育竞技为主，常见的产品有《超级跑跑》、《街头篮球》等。

大型多人在线赛车游戏（MMOR：Massive Multiplayer Online Racing），用户可以在游戏场景中驾驶赛车并与其他用户进行实时竞技，常见的赛车类网游有《跑跑卡丁车》、《疯狂赛车》等。

二、网游的魅力

网游之所以有如此大的吸引力，尤其是能赢得青少年玩家的青睐，在于它们满足了玩家在以下几个方面的需求：

1. 满足新奇感

青少年正处于好奇心强、对一切新鲜事物都敏感且易接受的阶段，对于他们而言，网游设计精美，花样繁多，引人入胜，情节精彩、新颖和刺激，并且变化无穷，这些无疑都是一种巨大的诱惑力。此外，在整个游戏世界中，虽是同样的游戏环境，却能给人不同的感受，即使每天都在同一时间打开游戏，所遇到的人、事、物都无可预期，这种不确定性正是网游对青少年的吸引力之所在。

2. 获取成就感

青少年时期是人成长过程中一个重要的过渡时期。青少年的成人意识增强，他们想要对这个世界、对自己的命运进行控制，但由于自己的能力的限制和社会的制约，无法实现这一想法。网游的虚拟性为他们逃避现实、宣泄情绪提供了完美的情景。在网游中没有年龄的区分，没有现实社会中身份地位的差别，这个社会中有一套有别于现实的更为简单明确的行为准则。在这个相对平等的世界中，玩家都是主角，也都是编剧，除了玩家谁也无法改变角色的命运。游戏玩家之间对另一个人认同的标准就是他玩游戏的水平，也即等级的高低。他们不会考虑高手的人格怎么样，玩家的等级越高越容易得到他人的认可。因此，即使是一个在现实生活中被父母和老师天天批评的孩子，只要游戏玩得好，照样会有很多的追随者，青少年玩家可以从中获取成就感，实现自己的理想。

3. 满足表现个性的欲望

网游的设计极具个性，游戏的种类繁多，有角色扮演类、技巧类、格斗类、战略类等等。青少年可以根据自己的喜好选择不同种类的游戏。另外，游戏中的人物角色的外貌、能力和性格都不尽相同，甚至所持的武器、所养的宠物都千奇百怪，这也给青少年提供了展示个性、标新立异的舞台。

4. 满足社交的需求

网游通常在正常社交圈很难见到的亲密氛围中进行。网游将陌生人联系在一起，战场上是“敌人”，下线后可能是朋友。出于以上种种原因，网游对青少年有巨大的吸引力。

第二节 走近暴力网游

如第一章选题背景部分所述，网游已经成为青少年的主要娱乐方式，而他们喜欢的网游多数都含有暴力成分。本节将具体分析网游中暴力元素的根源，在此基础之上，总结以往相关研究中暴力网游对玩家的攻击性认知、情感和行为的影响机制。

一、网游中暴力的根源

学者在分析美国的电视内容充斥着暴力元素时指出：“暴力可以让人产生兴奋感。情感的张力，恐惧感的提升，常常能给许多观众一种替代性的满足。我们享受我们的仪式，正义获得胜利，邪恶得到惩罚，好人得到女孩。”此外，电视中的暴力能吸引大量的观众，从而赢得更多的广告商。在国际市场上，暴力也同样有很好的销路，主要的垄断组织获得大量利益。幽默并不能总是成功地跨越文化边界，而将暴力翻译成另一种语言的成本则很低。正如Gerbner指出的那样，并不是受众更喜欢暴力类型的节目，而是暴力能够在国际市场上赢得更多的经济利益。这种倾向在过去这些年里的动作片市场上显得尤为明显，电视与电影越来越模糊的经济边界意味着电视更能反映这种变化。

与之相似，网游中的暴力只是现实暴力的一种比喻。网游是一种竞争的游戏，竞争的结果是获胜或赢得某种物品，它满足了游戏玩家要胜过他人、成为冠军并因此受到尊重的欲望，满足了玩家取得权力、一统天下的欲望。这些欲望有着深刻的社会心理根源，也是网游暴力的根源。

二、暴力网游的影响机制

大量的媒介暴力效果研究使用各种研究设计方法，包括实验法、观察法和长期纵贯设计等来寻找结论支持媒介暴力导致攻击性行为、认知和情感增加的假设。暴力网游是否也会产生类似的效果？由于相关的概念性变量是一致的，所以与电视暴力一样，学者可以从以下几种机制来探讨暴力网游的效果。

1. 攻击性网络的启动和加工

接触暴力网游可能会导致更多的攻击性，其中一种解释就是会促进攻击性网络的建构、启动和加工。Berkowitz 的认知新联系模型认为，当人们反复接触攻击性行为时，他们在自己的头脑中建立起更加详细和互相联结的攻击性网络。接触到攻击性行为会引发相关的情感以及和攻击性相关的技巧、记忆和信念出现，同时还能影响人们对在特定的情境下哪种行为正确的认知。

2. 减弱抑制性行为，合法化攻击性行为

对于为何电视暴力和电影暴力会增加攻击性行为，其中一个理论解释认为接触大量的媒介暴力会减弱受众对攻击性行为的抑制能力（Berkowitz & Geen，1966），这是通过改变一个人关于什么样的行为正常或可接受的认知来进行的。网游中的暴力通常被描述为"正当"、"合法化"的。媒介暴力的研究文献明确显示，有正当动机的暴力往往比没有正当动机的暴力更容易唤起攻击性行为（Berkowitz & Geen，1966）。因此从理论上讲，大量接触暴力网游同样也会使玩家更加倾向于认为暴力行为是可以接受的，因为其中的概念性变量是一样的。

3. 对榜样的学习和强化

Bandura 的社会学习理论认为，儿童通过观察和强化来学习在特定的环境中什么样的行为是正确的，是可以获得奖励的。同理，一个暴力网游的玩家将学会在一个冲突的环境中打另一个人甚至对其开枪是可以接受的或者是正当的反应，而且这种观念还可能得到强化。

4. 移情水平的降低

另一个解释媒介暴力效果的理论认为，媒介暴力会降低受众对受害者的移情水平（Buchman & Funk，1996）。如果玩暴力网游会导致玩家认为受害者遭受攻击是应得的，而且这些游戏倾向于将其他人描述为"攻击的对象"，那么玩家的移情水平很可能会降低，而其对暴力的容忍度和赞成度则会升高，最终影响其暴力意图与行为。

5. 世界观的改变

正如 Buchman 和 Funk（1996）发现的那样，玩暴力网游也会影响玩家关于这个世界的认知，使其认为世界是个危险的地方。Gerbner 等（1980）认为，接触媒介暴力会导致恐惧增加，从而形成歪曲的世界观，认为暴力比真实的状况更加盛行。Bryant，Carveth 和 Brown（1981）采用实验法研究发现，在实验室中短期接触媒介暴力会增加焦虑感以及对个人安全的担忧。从理论上讲，暴力网游也会产生类似的效果。

第三节　网游中的暴力——以《魔兽世界》为例

传统的涵化研究在检验基本假设之前，通常会对信息系统（即媒介信息）进行内容分析，以说明受众观看到的电视节目充斥着暴力内容。在美国，这一工作持续了数十年，每年发布的暴力指数都说明美国的电视屏幕上的暴力未有明显减少。

在本研究中，由于检验的是暴力网游对玩家的效果（即“延伸的涵化”），所以无须对游戏进行内容分析以证明其暴力元素的普遍程度，但如果对有代表性的网游中暴力的特点、呈现方式以及潜在的影响进行分析，将有助于我们更好地理解网游暴力的涵化效果。

一、选择《魔兽世界》的理由

《魔兽世界》（*World of Warcraft*，简称 *WOW* 或魔兽）是著名的游戏公司暴雪娱乐所制作的一款大型多人在线角色扮演游戏。《魔兽世界》在制作之初就被赋予了专属于自己的历史：“Warcraft 的宇宙是由无数的世界组成的；这些世界又都是由叫作扭曲虚空（Twisting Nether）的死亡领域相连接的，在扭曲虚空的世界里到处都是恶魔的身影（包括可怕的燃烧军团 Burning Legion）；守护者 Guardians（一种特殊生命体）为了远离扭曲虚空，在艾泽拉斯大陆上建立了提瑞斯法文明，在这之后过了大约 1 000 年，守护者把手中的文明传给了他们的后代——游戏玩家从守护者手中接过捍卫国土的接力棒。”（别致，2010）它具有独立的世界观、深厚的人文色彩、感人的任务系统、丰富的职业设定和花样繁多的玩法，吸引了广大青少年，成为全世界玩家心目中网游的坐标和经典。

2004 年 9 月，《魔兽世界》在美国面市；2005 年 4 月 26 日，《魔兽世界》正式在中国启动公开测试。时至今日，全世界的《魔兽世界》玩家总数超过了 1 150 万，这个数字和古巴或者美国纽约的人口相当。在全世界的玩家中，以亚洲的玩家数最多，近一半玩家都来自亚洲，22% 来自北美，17% 来自欧洲，13% 来自其他地区。全球的《魔兽世界》服务器大约有 2 万台，每天光是维护这些服务器的费用就达 13.6 万美元，相当于一辆全新的奥迪 R8 跑车的价格。《魔兽世界》中每天大约有 1 660 万个任务被完成，350 万个拍卖

（游戏模拟拍卖，将游戏物品拍卖换成金币）发生，玩家每天花费在游戏中的平均时间仅比工作和看电视的时间少。根据 Mmogchart. com（大型多人在线游戏数据统计网站）2010 年 2 月的统计，在全球 MMORPG 市场中，《魔兽世界》占据了 62. 3% 的市场份额，其他同类游戏难以望其项背。

《魔兽世界》在中国网游市场也占据了大半份额，如果说《传奇》开创了网游在中国的第一个传奇，那么《魔兽世界》则有可能是中国网游史上的巅峰，只有被模仿，从未被超越。虽然近年来国产网游层出不穷，且在游戏制作和技术上都有长足的发展，但始终无法超越《魔兽世界》的影响力。在不少喊着堪比魔兽、超越魔兽的新网游的宣传口号中，仍然有无数的狂热者被吸引到艾泽拉斯大陆中。不同的调查数据表明，在网瘾青少年中最受欢迎的网游类型是“角色扮演”，而最受欢迎的角色扮演类游戏则是《魔兽世界》。

使用谷歌搜索关键词“魔兽世界”，只要 0. 05 秒就能找到约 6 610 万条结果，还有详细的百科介绍。《魔兽世界》现在已经成为一种文化现象，或者说更像是一个大型的社区，玩家和玩家之间可以产生很深刻的联系，从线上延伸到线下或者发散到论坛、IM、SNS 等其他平台。《魔兽世界》在全球范围内得到了广泛的欢迎，影响了千万人的生活。网游有很多，却只有它除了在业界长久地拥有这么多话题外，还引起社会各方面的广泛关注。

2009 年 6 月 7 日，《魔兽世界》更换在中国大陆的代理商，500 万中国内地的《魔兽世界》玩家被迫终止了在虚拟世界中的搏杀。在这段漫长的停止服务的时间中，众多的游戏玩家在网络上不断发泄自己的不满，甚至集体维权，随之而来的是“贾君鹏你妈妈喊你回家吃饭”和“哥吃的不是面，是寂寞”等恶搞内容的爆红，各大网站、报纸、电视台也纷纷就此现象作出了方方面面的分析和评论，从而把以《魔兽世界》为代表的网游推到了风口浪尖之上。

此外，《魔兽世界》中的暴力元素也一直为专家所诟病。因为许多暴力事件中的主角都是《魔兽世界》的重度玩家，使得它被贴上了“网络鸦片”的标签，但同时也有很多玩家为其叫屈：“WOW 暴力吗？不见得，当然事情都有两面性。你真的要说 PK 和去打怪、打 BOSS 也是暴力的话，那国家看来要把电影、电视，N 多的中国、韩国还有叫不出名的单机和网游全关了，同时像散打、拳击之类的不是更暴力，该关了吗？还有很多……对了，中超也很暴力啊。”

在近几年非常流行的暴力网游《反恐精英》中，游戏场景从玩家的角度来呈现，暴力场面血腥、逼真，玩家可以听到对手被击中的惨叫声和看到鲜血喷射出来的画面。而相比之下，《魔兽世界》的画面并没有那么暴力，为何却成为千夫所指？或许我们可以借此分析一下《魔兽世界》里面暴力的表现方式和叙事策略，以探究其对青少年的影响机制，尤其是潜移默化的涵化效果。

综上所述，无论从受众的广泛性、业界的影响力、游戏内容的暴力程度，还是话题的争议性来看，《魔兽世界》都是一个很好的研究样本，有助人们理解暴力网游对玩家的涵化影响。

二、从整体规划看《魔兽世界》中暴力的特点

（一）暴力：唯一的通行证

首先我们从《魔兽世界》的主要独创要素出发来展现《魔兽世界》的整体规划。

《魔兽世界》中有两个对立阵营，一个为联盟，一个为部落，假如联盟和部落在游戏里相遇，他们是无法进行语言沟通的，所发出来的文字信息在对方的屏幕上只能显示出乱码，双方只有两个选择，要么做个“打招呼”的动作然后擦身而过，要么进行一场厮杀拼个你死我亡。在这样的游戏设定下，暴雪为了让部分休闲玩家避免在野外遭遇不必要的杀戮，将服务器分为 PVE 服务器和 PVP 服务器。在 PVP 服务器中，双方在任何时候、任何地点（除了某些特定的主城，如沙塔斯城）相遇都可以进行打斗，而在 PVE 服务器中需要开启 PVP 选项之后才能进行 PK。

那么，联盟和部落相遇是和谐友好的多，还是厮杀的多？一个玩家在从 1 级练到满级的过程中，大大小小的 PVP 战斗绝对占据了高比例的游戏时间，不管是被比自己高几个等级的玩家欺负，还是欺负比自己低几个等级的玩家。这里不得不提一下南海镇这个地方，这个 20 级左右的练级地点，在一段时间里经常尸横遍野。

在《魔兽世界》中，所有的故事都发生在一片叫艾泽拉斯的大陆上，数以千万计的游戏玩家同时在线玩游戏，或者一起结伴冒险，或者在战斗中相互角斗。如果想在游戏中获胜，就必须从一个 1 级玩家升级成一个拥有足够装备、掌握众多技能的 85 级玩家，然后才能进入战场征战。只有这样才有资格从弱者变成强者，到更广阔的地方，打更多的怪物，得到更多的装备。《魔兽世界》的装备分为绿、蓝、紫、橙几种，越往后的颜色装备质量越好，能力也就越强，所以为了成功攻打怪物，需提升装备，如此循环反复，没有最终结局，因此玩家对游戏的追求永无止境。而要升到 85 级，玩家必须日复一

日地杀死各种各样的怪物。

为了获得顶级装备，玩家们要进入一个叫“副本”的游戏程序，在那里杀死怪兽。根据游戏的副本大小不同，玩家人数和攻打的时间要求也有所不同。最大的副本容纳人数是40人，所需要的时间在5小时左右。因为参加副本的活动过程主要是靠玩家与玩家之间的配合，而这个配合是相当严谨的，如果某个玩家在某个时段退出的话，可能会导致整个40人团队的击杀过程失败，所以在这个娱乐过程中，玩家相对来说是被动的，是被游戏本身的设定所限制的。副本里的怪兽被杀死后，从它身上掉落的武器只有三四件，这对于40人的团队来说根本就不够分，所以为了得到顶级的装备，玩家们不得不一遍又一遍地玩这个游戏，那就远不是5个小时的问题了。练级变成了一种折磨，从45级到60、70、85级，级数越来越高，如果没有“带刷破碎”、“带刷血色”这类《魔兽世界》最佳贡献发明，这个升级过程会让许多人感到崩溃。

说到这里，要提一下中国服务器的名人：三季稻，部落的人都叫他“三哥”。这个人在国服的“艾萨拉”服务器中有一个满级部落法师账号。在很长的一段时间内，他不断游走在联盟的低级小号区，用自己满级的法师账号屠杀着一个又一个练级的联盟小号（等级偏低的号），导致联盟的玩家根本无法安心做任务练级，每天重复着“倒地”（死亡）、“跑尸体”（复活）这两件事。很多想在“艾萨拉”扎根的联盟玩家无法忍受这样恶劣的练级环境，都被逼走了。结果，三季稻依靠一个人的力量把“艾萨拉”这个“联盟优势服”（联盟玩家比部落多）活生生逼成了平衡服（联盟玩家与部落玩家均等）。

（二）暴力：归属感与“合法化”、“正义化”

尽管练级的过程不断重复，但《魔兽世界》不会让玩家停留在无趣的砍杀中，它赋予玩家更多的创造力和归属感，如鼓励玩家组成关系紧密的群体、社区或国家。

“曾经的魔兽世界，每一个地方都是一个故事，我们战斗在充满历史沉淀感的人类古都激流堡；我们跋涉过神秘而美丽的巨魔古都辛萨罗；我们骑着马，在艾萨拉满地的枫叶中穿行；我们乘着船，看着眼前渐渐浮现出来的港口城市塞拉摩。每一个地方，都活在老玩家的印象之中。”[①] 驱使玩家进行PVP模式的，正是暴雪游戏设定的奇妙之处：角色代入感和归属感。在练级

① 《喷的就是暴雪！细数当下魔兽世界的七大弊端》，http://bbs.tianya.cn/post-play-193863-1.shtml。

的过程中，玩家通过不断做任务，通过不断的成长，开始了解联盟与部落的恩怨，开始感受到自己阵营那种强烈的荣誉心，开始将自己当作这个阵营的一分子。当遇到对立阵营的人时会怎么办呢？当然只能举起屠刀，这应该是大部分人的选择。

另外，《魔兽世界》的副本设置秘诀就是“难度的平衡”和“职业的搭配”，玩家终会通过游戏副本，但绝对不会很轻松地就过了（虽然这么说有点不符合现在的“碾压时代”，但对于不是靠“速刷”，而是一步一步自己走过来的玩家而言的确如此）。职业搭配使得每个玩家在攻略副本的过程中都有自己的不同的责任，不能轻易被取代。这符合心理学里对团体凝聚力的部分解释：当团体成员处在具有荣耀感和荣誉感，并有外部压力的情况下，最容易形成高度的凝聚力。这种对暴力网游中的角色的认同，比观众对电视、电影中的角色的认同感更强烈，其影响也更深远。当前很多3D暴力网游让玩家从自己的视角来玩游戏，这增加了玩家对暴力网游角色的认同感。

除了强烈的团体归属感和荣誉感外，被正义化和合法化的暴力行为也是驱使玩家乐此不疲地投入战斗的另一动力。“《魔兽世界》中有威严壮阔的城堡，有风景宜人的河滩，有寒冷之地，有炽热之地，有雪山，有沼泽，有干燥的沙丘，有光明的殿堂，也有黑暗的西瘟之地。玩家通过完成各种任务的方式，来拯救一块块看似已经被遗弃的土地，消灭那里邪恶的‘天灾军团’，给《魔兽世界》的黑暗地域带去光明和希望。不管在哪里，游戏玩家的信念和游戏所弘扬的主题都是战胜邪恶、排除万难的西方骑士精神。”（别致，2010）不论玩家是否带着正义的初衷去开始游戏，需要指出的是，在实际的游戏过程中，圣骑士的所有美德统统简化成了“扛打”，游戏者修炼美德的唯一方式便是花越来越多的时间端坐在计算机面前提升等级。“符合侠义精神的玩家，其角色升级速度太慢，‘侠之大者’反而变成了其他玩家的刀下冤魂，最厉害的角色倒是那些随意杀戮的PK者，‘打’造英雄演变成了游戏的真谛。”

对于“正义化”暴力的幻象，有些游戏玩家也认识得非常透彻[①]：

“一切摩擦和冲突的产生，在游戏世界里都是被默许的。你被人打劫，你认为对方邪恶，却为啥不反省下自己干吗独身一人跑去零点零？……利益产生纠纷，双方扯皮，这种情况根本无所谓谁对谁错，哪边代表你的利益，那就是正义。所以，作为新人，我看到居然有军团人士声称某军团热爱和平，代表正义，我立即笑趴。”

---

① 《*EVE*不需要正义，暴力是最好的游戏规则，声明自己正义》，http：//tieba. baidu. com/p/753890048。

“军团也不必为了谁是正义争来争去的，没意义。我相信玩家更关心你的军团能否给你的成员带来归属感和平等对待的友谊。”

“力量就是正义。”

“我在哪，哪就是正义的。正义不过是利益换种说法罢了。”

“玩个游戏，无所谓‘正义’啦。”

可见，“侠义”、“正义化、合法化的暴力”这些在传统暴力影视剧中所强调的元素，在网游中已经被淡化了。“武”的成分被大大强化，成为决定游戏进程的首要元素。

（三）暴力：无须承担后果的恣意狂欢

暴力网游实际上为玩家提供了一个可以肆意狂欢的虚拟广场，其基本特征即为“平等”、“自由”。在这样一个虚拟广场上，玩家不依赖身体等物质现实获得体验，他们通过虚拟形式最大限度地放纵和自由着，体验现实狂欢能获得的一切快感，同时体验着现实生活中不能体验的经历，尤其是关于暴力的体验。

如果说影视中的暴力对观众而言是一种替代性的学习，那么在暴力网游中，玩家就是直接的亲身体验者，是暴力行为的施加者和承受者。在现实当中生和死是不可轮回的，但是在游戏当中它可以轮回。现实当中不能肆无忌惮地去攻击别人，但是在游戏当中可以。在暴力的影视剧中，人们通常会为正义的最终取胜而欢呼，但是在网游中，即便选择了代表邪恶的一方，也可以在被消灭后再次轮回。在暴力网游创造的虚拟世界里，现实社会中无处不在的道德约束和法律威慑都荡然无存，人性中长期被压抑的生物性本能在征伐杀戮中毫无掩饰地被释放出来。玩家可以随意杀人、放火、掠夺，而这一切都不必承担后果和责任，涉世未深的青少年的人生观、价值观、道德观很容易因此被扭曲。另外，暴力网游中设置的一些对抗情景要求玩家必须出招快、狠、准，才能置“敌”于死地，这也使青少年受到了潜移默化的影响，形成了固定的思维和行为方式。在虚拟的网络世界里，由于沉迷暴力游戏不能自拔的往往都是一些意志薄弱、自制力差的未成年人，因此他们一旦在现实生活中体验到类似网络暴力的情感和环境，而又被“暴力行为无须承担后果”的假象所误导时，往往容易丧失理智，导致悲剧发生。

三、从角色技能看暴力的展现

“当你进入 10 至 19 级战场中，你就会发现 4.01 版本的小号战场，是魔兽历史中最为暴力的。因为你随时会碰到拥有‘秘法弹幕’的法师、拥有‘痛苦动荡’的痛苦术士、拥有‘爆裂射击’的生存猎人、拥有‘暗影闪现’的敏锐盗贼。这4个纯dps职业都手握以前60级才能获取的杀人技能，在战场中进行疯狂的屠杀。”①

从上面这段话我们可以看出，《魔兽世界》中角色的技能部分（包括法术）也充分体现了暴力的普遍性。举两个物理攻击职业的技能名称为例：战士的一个技能名称叫“断筋”，作用是降低目标的移动速度，还有一个技能叫“斩杀”，效果是对目标造成伤害；而在盗贼方面（由于盗贼这个职业名称不符合国家要求，后期国服中改为“潜行者”），一个技能叫“肾击”，效果是对目标造成晕眩效果，一个技能叫“剔骨”，为终结技，效果为造成伤害。由这几个技能名称可以看出，《魔兽世界》里的暴力因素还是普遍存在的，潜藏在游戏里的暴力因素无形中会影响玩家的控制意识，引导着玩家使用这些技能来进行攻击和防御。

以下是《魔兽世界》4.01版修改天赋后，每个职业在10级能获得的特殊技能：

法师——秘法天赋：秘法弹幕，火焰天赋：炎爆术，冰霜天赋：召唤水元素。

盗贼——刺杀天赋：截肢，战斗天赋：剑刃乱舞，敏锐天赋：暗影闪现。

猎人——野兽天赋：胁迫，射击天赋：瞄准射击，生存天赋：爆裂射击。

术士——痛苦天赋：痛苦动荡，恶魔天赋：召唤恶魔守卫，毁灭天赋：焚烧。

萨满祭司——元素天赋：雷霆风暴，增强天赋：熔岩暴击，恢复天赋：大地之盾。

牧师——戒律天赋：忏悟，神圣天赋：圣言术—谴，暗影天赋：精神鞭笞。

战士——武器天赋：致死打击，狂怒天赋：嗜血，防护天赋：盾牌猛击。

德鲁伊——平衡天赋：星涌术，野性天赋：割碎，恢复天赋：迅愈。

圣骑士——神圣天赋：神圣震击，防护天赋：复仇之盾，惩戒天赋：圣殿骑士的裁决。

单从字面上看，就可以发现玩家在10级获得的天赋特殊技能充斥着“截肢”、“爆裂射击”、“致死打击”等字眼，所以小号战场非常暴力。

---

①《小号战场非常给力，各种强力技能大显身手》，http：//wow.duowan.com/1011/152901440295.html。

四、从视觉角度看《魔兽世界》中的暴力场景

暴力网游通常追求一种“暴力的美”，这种暴力美通过人的肢体表现、冷热武器、爆炸场面，甚至坍塌、翻滚，给人以视觉冲击，表现出力量、能力的强大，让人心灵产生震撼，热血沸腾。暴力网游通过频繁使用“对软弱不必仁慈，对死亡不必怜悯，对屠杀不必有眼泪”这种暴力美学的叙事模式，通过栩栩如生的震撼画面，把人带进了一个好斗而又危险的世界，满足青少年最朴素的期待视野和最原始的审美欲望，因此也更容易引起共鸣，达到“娱乐青少年”的目的。

暴力的呈现可以划分为两种形态：一种是暴力在经过形式化改造以后，其攻击性被软化，使人更容易接受，比如在《暗黑破坏神》中，玩家扮演的是英勇的魔法士或战士，而敌人则是邪恶的僵尸或巨人，这样一来，暴力被正义化，玩家不但有了战斗的理由，而且在消灭敌人的时候能获得更多的满足感；另一种是较为直接地展现暴力过程及其血腥效果，极力渲染暴力的感官刺激性，《反恐精英》堪称这一类型的代表。为了吸引更多的网游爱好者，设计者竭力将一些暴力游戏设计得场面更血腥、环境更逼真，力图综合地运用声光电技术，最大限度地创造视听觉上的效果，满足玩家感官上的需求。玩家往往情绪紧张，有身临其境的感觉，以至于许多人完全陷入游戏的角色，真正达到了“人机合一”的程度。

与许多暴力网游一样，《魔兽世界》在视觉画面上的暴力元素非常普遍。例如，个别任务设置要求玩家砍头提首或取心提交，或要求将人头插在长矛上并在指定地点示众后才算完成任务；有些情节包含曝尸、叉尸等残忍、恐怖场景；在表现玩家使用兵器攻击“人型生物”时，渲染鲜血喷溅效果等。即便如此，在众多暴力网游中，《魔兽世界》在视觉上绝对不是最暴力血腥的，然而出于多种原因却屡遭“和谐”，让诸多魔兽玩家为之叫屈。

从九城时代到网易时代，《魔兽世界》经历了多次整改。2007 年 6 月 26 日，在苦苦等待了半年之后，玩家们发现升级了的《魔兽世界》里所有的“骨头”都没了——露骨的亡灵种族长出了血肉，所有的骷髅，包括怪物和背景里的尸体，都变成不露骨头的僵尸；所有露骨头的僵尸，包括被遗忘者职业的玩家，都变成不露骨头的僵尸；所有玩家的尸体，无论死于 PVP 还是 PVE，都变成带墓碑的坟墓——全球独树一帜，欧服、美服、韩服、台服中都没出现过。2009 年 7 月 30 日，在经历了更换代理、停服 2 个月的磨难后，《魔兽世界》再次遭受“和谐”打击。数百万玩家在为重新开服欢呼雀跃、

"泪流满面"的同时，也惊讶地发现游戏里的一些模型再遭修改，特别是很多"头颅"图标，都被换成了"盒子"，"盒谐"后的《魔兽世界》被玩家称为《盒子世界》（前后对比图参见图6.2和图6.3）。玩家们发现的其他修改还有："亡灵普遍长胖了，应该增重了几十斤；亡灵系中的憎恶性怪，就是那个大胖子，以前肚子是开着的、肠子挂着的，现在全缝好了；所有生物被灌注绿色血液；做任务时遇到的尸体碎块全变绿色豆腐块；卡拉赞骨龙的龙息吐出来的全是面粉袋；食尸鬼被击败后尸体断两截的效果被修改，有点像把面团拉长的感觉；太阳井布鲁塔卢斯之战中燃烧后怪物惨叫的音效被取消；艾瑞达双子掉的放血剃刀改名成重伤刺刃；急救时呻吟的音效被取消；亡灵大多数任务被和谐或取消……"①

然而这样的整改似乎收效甚微，不仅没有达到初衷，反而激发了愤怒的玩家的灵感和智慧，多种"反盒谐"补丁和插件应运而生，这些玩家自制的补丁和插件可以让游戏中的盒子变回原样。论坛中时有玩家发如"求一《魔兽世界》界面骨龙还原补丁和亡灵还原等血腥补丁"的帖子，而跟帖回应者云集。

"反盒谐"插件的出现，一方面固然反映了玩家通过恶搞来反抗，另一方面也表明玩家的确从游戏中的血腥和暴力中获得一定的感官刺激和快感，这是无可否认的，也是不宜用简单粗暴的思维予以压制和消灭的。

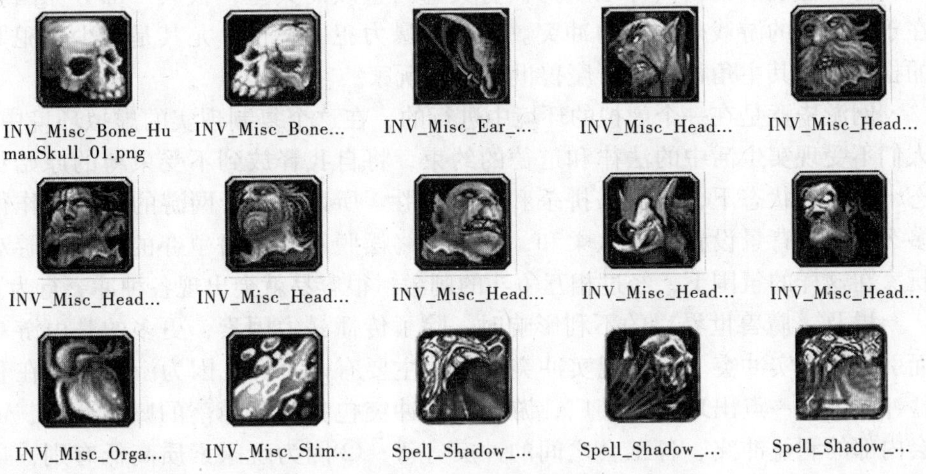

图6.2　"盒谐"前的《魔兽世界》图标

① 《血腥暴力限制级　游戏中所不能承受之痛》，http://mouse.zol.com.cn/476/4763877_all.html。

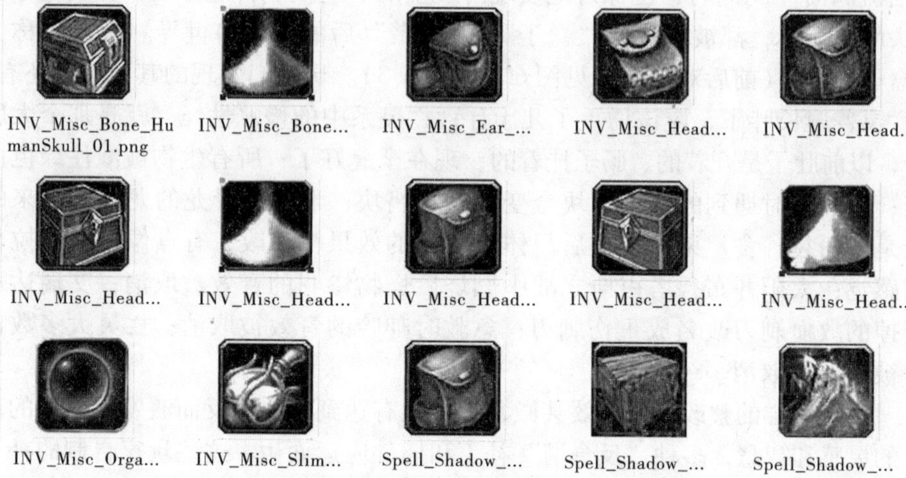

图 6.3 “盒谐”后的《魔兽世界》图标

五、游戏世界之外的暴力

如前所述，《魔兽世界》从画面、视觉效果来看，并不是最血腥、最暴力的网游，但屡屡首当其冲地成为被有关部门整改的典型，很大一部分原因就在于其引起的游戏外的暴力冲突。在许多暴力犯罪案件，尤其是青少年犯罪的报道中，其主角往往是《魔兽世界》的玩家。

网游毕竟是在一个虚拟的环境中进行的，在这个复制现实的虚拟环境中，人们不受现实生活中的法律和道德的约束，将自我释放到不受束缚的原始状态，在这种状态下，人们靠拼杀和争抢取胜。所以，不管网游的画面制作得多么精美，背景设置得多么柔和，网游始终摆脱不了比拼争夺的氛围，游戏玩家在这样的氛围下，经过相互争斗的刺激，很容易就会出现各种冲突行为。

提及《魔兽世界》的不利影响时，除了传播暴力因素，更多的是由游戏而引起的现实冲突。引起现实冲突的原因主要有两个：①因为游戏里存在利益冲突，这一点出现范围甚广，游戏里的冲突包括物品掉落的归属冲突、工会内部的利益冲突、各工会之间的冲突等等；②因为玩家素质高低有别，具体例子如恶意刷屏导致互相谩骂、骗点卡和金币等等，这一类举不胜举。游戏毕竟是游戏，虚拟人物虽然在游戏中显得很真实，但是玩家来自全国各地，摸不到、看不着，大部分玩家在出现矛盾之后，往往选择息事宁人。然而，现在由于“人肉搜索”的兴起、网络信息的健全，对于虚拟人物，兴许也能找出现实的当事人，所以将游戏冲突带入现实的事件也时常发生。

在“第二届网络游戏评论文化沙龙”上，中国青少年绿色网络建设传播联盟常务副秘书长明宗峰提到了对游戏暴力的理解：“在抵制游戏暴力之前，有必要对暴力进行界定。简单的流血不等于暴力，而因为游戏中一些不健康的规则导致玩家把游戏中的虚拟纷争引向现实，给社会造成不良影响，这才是真正的暴力。”他调查发现，有些玩家因为在游戏中的能力不足以击败对方，经常被对方在游戏中“虐杀”、“恶意 PK”而恼羞成怒，公然在论坛上发帖称“愿意出钱买对方玩家的家庭住址”，这意味着游戏中的仇恨被转移到现实中予以报复。“这是非常危险的。因此，企业在游戏设计中应尽量避免‘虐杀’和‘恶意 PK’的出现。”然而矛盾的是，PK 系统正是当前许多号称免费的网游赖以生存和牟利的来源。

第七章　研究发现

本章分为六节，第一节对本研究中采用的量表进行信度和效度的检验。第二节针对第一组研究问题，对青少年接触网络、网络游戏以及暴力网络游戏的基本情况进行描述。第三节是变量（包括自变量、因变量和调节变量）的基本描述，同时考察人口统计学特征变量的影响。第四节分别检验自变量与调节变量以及因变量与调节变量之间的相关关系。第五节针对本研究的八个研究假设以及研究问题进行多元分层回归的检验。第六节运用结构方程模型，检验暴力网络游戏第三顺序（Third-order）的涵化效果。

第一节　量表的信度和效度

良好的科学工具应具有足够的信度和效度，判断测量质量的好坏最常使用的方法就是估计测量的信度（Reliability）和效度（Validity）。

一、信度

信度是指测量数据与结论的可靠性程度，即测量工具稳定地测量到所要测量事项的程度。也就是说，信度是就测量的稳定性与一致性而言的，表示一个量表各题项之间在内容上的一致程度。量表的信度愈高，表示该量表愈稳定。

在社会科学研究领域，检验量表信度的方法主要有 4 种：再测法（Retest Method）、复本相关法（Equivalent-Form Method）、折半法（Split-Half Method）、内部一致性系数（Cronbach α）法。一般的研究无法对同一被试组织多次测试，重测信度通常无法得到；同时由于大多数研究基本是采用一套量表进行测量，复本信度也无法得到，因此在既无复本也不可能重复测量的情况下，常采用内部一致性系数法来估计量表的信度。Cronbach α 系数愈大，代表量表的内部一致性愈佳，表明测量的可信程度越高。在本研究中，对所采用的各量表的信度的检验，主要通过分析各量表题项间的 Cronbach α 系数来实现。

至于 Cronbach α 值多大才算理想，目前并没有一致的看法，一般认为若测量对象是一个比较“大”的概念，则对量表信度要求应高些。学者 Cuieford 认为，Cronbach α 系数大于 0.7 者为高信度，小于 0.35 者为低信度；Malhotra 建议，Cronbach α 系数在 0.6 以上代表量表达到可信的程度；Wortzel（1979）认为，Cronbach α 系数介于 0.7 与 0.98 之间属于高信度。台湾学者吴统雄所建议的关于 Cronbach α 系数的参考范围见表 7.1：

表 7.1　信度值 Cronbach α 系数的参考范围

Cronbach α	可信程度	备注
$\alpha \leqslant 0.3$	不可信	
$0.3 < \alpha \leqslant 0.4$	用于初步研究，勉强可信	
$0.4 < \alpha \leqslant 0.5$	可信	
$0.5 < \alpha \leqslant 0.7$	很可信	最常见
$0.7 < \alpha \leqslant 0.9$	很可信	次常见
$0.9 < \alpha$	十分可信	

由表 7.1 可见，吴统雄所建议的信度要求更为宽泛些。本书综合几位学者的观点认为，一份信度系数较好的量表，Cronbach α 系数最好在 0.6 以上；若 Cronbach α 系数在 0.6 以下，则应考虑重新修订量表或增删题项；若 Cronbach α 系数在 0.9 以上，则表示信度甚佳。

二、效度

效度是指测量根据能正确地测得研究所要测量的因子的特征程度。效度越高，表明测量的结果越接近所要测量的因子的真正特征。对效度的分类包括以下三种（吴明隆，2003）：①内容效度（Content Validity）指测量或量表内容或题项的适当性与代表性；②效标效度（Criteria Validity）指测量与外在效标间关联的程度，如果测量与外在效标间的相关程度愈高，则表示此测量的效标关联效度愈高；③结构效度（Construct Validity）指测量能够测出理论的特质或概念的程度。

在检验内容效度时，一般是采用“单项与总和的相关分析”，即计算每个题项的得分与总分的相关系数，如果题项得分与总分的相关系数显著程度高，则表明该量表的内容效度高；如果相关关系不显著，则表明该题项的鉴别能力低，最好从量表中删除该题项。

效标效度亦称效标关联效度。效标是指一个与量表有密切关联的独立标准。在检验量表的效标效度时，将量表所测特性看作因变量，将效标作为自变量，用来考察所测特性与效标之间是否有显著的相关性，或是对效标取不同的值时，所测特性是否表现出显著差异。由于在实际研究中，选择理想的效标比较困难，所以研究者在检验量表的效度时，优先考虑内容效度和结构效度。在内容效度和结构效度得到保证的前提下，量表的效度就基本满足研究要求了。

结构效度主要用于评价量表测量的结果是否与理论假设或理论框架相关。用于考察量表结构效度的常用方法有因子分析法（Factor Analysis）和项目分析法（Item Analysis）。因子分析法将量表中的题项集合成不同的群，使每个群的变量（题项）共享一个公共因子（即该群中的变量与这个公共因子高度相关），这些公共因子就代表了量表的基本结构。项目分析法主要用于检验量表中各题项对所测特性的鉴别能力，通常的做法是检验高分组（前25%）和低分组（最后25%）在该题项上的得分是否有显著差异。

在本研究中，主要对测量各变量所用的量表进行内容效度和结构效度的检验。对于单维量表，主要使用“单项与总和的相关分析”检验其内容效度，使用项目分析检验其结构效度；本研究中使用的多维量表，主要来源于较为成熟的相关文献，从理论上讲，量表能够反映其所测量的内容或主题，因此对于多维量表效度的检验，主要使用因子分析法来检验其结构效度。

在进行因子分析前，要对数据是否适合采用因子分析法进行检验，一般采用KMO（Kaiser-Meyer-Olkin）检验。KMO是取样适当性度量，取值在0和1之间，KMO值愈接近1，表示变量之间共同因子愈多，愈适合进行因子分析；KMO值愈接近0，则愈不适合作因子分析。关于KMO值多大时适合作因子分析，Kaiser给出了如下度量标准，见表7.2：

表7.2 KMO的取值与是否适合因子分析之关系

KMO取值	是否适合因子分析
KMO >0.9	非常适合
0.8 < KMO≤0.9	适合
0.7 < KMO≤0.8	一般
0.6 < KMO≤0.7	不太适合
KMO <0.5	不适合

Kaiser 提供的标准表明：KMO 值低于 0.7 时，较不适合进行因子分析；处于 0.7 与 0.8 之间时，勉强可作因子分析；达到 0.8 之后，比较适合作因子分析。

三、本研究量表的信度和效度

（一）“卑鄙世界综合征”（研究假设 3 的因变量）

对该变量的测量改编自 Nabi 和 Riddle（2008）的“卑鄙世界综合征”量表，该量表为单维度量表，涉及 7 个题项：①大部分人只顾自己（M_1）；②总的来说，和别人相处怎么小心都不为过（M_2）；③如果有机会，大部分人都会占你的便宜（M_3）；④通常而言，世界是很危险的（M_4）；⑤大部分人本质上是诚实的（M_5）；⑥人们大部分时间都尽力帮助别人（M_6）；⑦总的来说，大部分人是可信任的（M_7）。

7 个题项与总分之间的 Spearman 相关系数如表 7.3 所示：

表 7.3 “卑鄙世界综合征”量表各题项与总分的相关系数

	M_1	M_2	M_3	M_4	M_5	M_6	M_7
卑鄙世界综合征	0.557**	0.595**	0.719**	0.779**	0.877**	0.812**	0.708**

*表示 $p<0.05$；**表示 $p<0.01$，***表示 $p<0.001$，下同。

由表 7.3 可以看出，7 个题项均与总分达到了显著的相关性，而且相关系数相当大，可见该量表具有较好的内容效度。

由于该量表为单维度量表，作者同时计算了 KMO 值为 0.563，低于 0.7，表明各数据测量的是同一个概念，而且彼此之间的共线性程度不高，这正是构建单维量表所要求的。因此使用项目分析对“卑鄙世界综合征”量表进行结构效度的检验。

将“卑鄙世界综合征”量表的总分进行由小到大排序，定义前 25%（104 个个案）为低分组，最后 25%（104 个个案）为高分组，对这两组在 7 个题项上的得分进行卡方检验，发现低分组和高分组在 7 个题项上的得分均有显著差异，如表 7.4 所示。由此可以看出，该量表的 7 个题项均有足够的鉴别力。

表 7.4 “卑鄙世界综合征”量表的项目分析结果

	M_1	M_2	M_3	M_4	M_5	M_6	M_7
卡方检验 p 值	***	***	***	***	***	***	***

最后，对该量表的信度进行检验，发现 Cronbach α 系数达 0.89（见表 7.5），说明该量表具有较好的信度。

表 7.5 “卑鄙世界综合征”量表的信度分析

Cronbach α	题项数
0.89	7

（二）暴力态度（研究假设 4 的因变量）

暴力态度量表由 10 个问题组成，使用 SPSS 14.0 中的探索性因子分析功能进行分析，发现 KMO 指标为 0.848，Bartlett 球形检验达到显著水平，适合进行探索性因子分析（见表 7.6）。

表 7.6 “暴力态度”量表的 KMO 和 Bartlett 检验

Kaiser-Meyer-Olkin Measure of Sampling Adequacy	0.848	
Bartlett's Test of Sphericity	Chi-Square	2 577.69
	df	45
	Sig.	0.000

采用主成分因子分析法（Principal Component Analysis）提取公因子，旋转方法为 Varimax 旋转，以特征值大于 1 为因子提取标准，共析出 2 个因子，分别为“暴力文化”和“应激性暴力”。其中前一个因子由 6 道题来测量（分别为题项 1、2、3、4、7、8），后一个因子由 4 道题测量来测量（分别为题项 5、6、9、10），2 个因子对总体方差的解释率为 70.021%，结果见表 7.7。

表 7.7 “暴力态度”因子分析摘要

因子	测量条目	因子负荷量	
		因子一	因子二
因子一 暴力文化	1	0.805	0.249
	2	0.764	0.233
	3	0.841	0.207
	4	0.771	0.081
	7	0.776	0.104
	8	0.807	0.337
因子二 应激性暴力	5	0.320	0.761
	6	0.087	0.900
	9	0.297	0.840
	10	0.013	0.756
特征值		1.304	3.330
解释变异量		39.276%	30.745%
累积解释变异量			70.021%

在社会科学中，因子载荷系数大于 0.4 时就被认为是有效的。从表 7.7 结果可见，因子负荷量都大于 0.4，因此该量表的设计是有效的。

对“暴力态度”量表进行内部一致性系数检验，结果见表 7.8。“暴力文化”（Cronbach $\alpha=0.898$）和“应激性暴力”（Cronbach $\alpha=0.859$）的 Cronbach α 系数均大于 0.8，说明该量表的信度良好。

表 7.8 “暴力态度”量表的信度分析

维度	测量条目	Cronbach α
暴力文化	6	0.898
应激性暴力	4	0.859
总量表	10	0.883

（三）移情水平（研究假设 5 的因变量）

“移情水平”量表由 28 个问题组成，使用 SPSS 14.0 中的探索性因子分析功能进行分析，发现 KMO 指标为 0.751，Bartlett 球形检验达到显著水平，适合进行探索性因子分析（见表 7.9）。

表 7.9 “移情水平”的 KMO 和 Bartlett 检验

Kaiser-Meyer-Olkin Measure of Sampling Adequacy	0.751	
Bartlett's Test of Sphericity	Chi-Square	1 294.87
	df	276
	Sig.	0.000

采用主成分因子分析后，经过 Promax 旋转，共抽取出 4 个因子，4 个因子对总体方差的解释率为 59.12%。结果见表 7.10。

表 7.10 “移情水平”量表各题项第一次因子分析结果

因子	题目	因子负荷量			
		因子一	因子二	因子三	因子四
因子一 幻想	1	0.455	0.190	0.137	−0.028
	5	0.830	0.273	0.108	0.031
	7	0.742	0.170	0.254	−0.060
	12	0.734	0.198	0.045	0.021
	16	0.855	0.091	0.118	0.237
	23	0.830	0.030	0.159	0.211
	26	0.742	0.039	0.024	0.138
因子二 同理关心	2	0.180	0.842	0.088	0.060
	4	0.257	0.840	0.149	0.103
	9	0.347	0.742	0.213	−0.069
	14	−0.197	0.887	0.039	0.211
	18	−0.192	0.794	0.234	0.163
	20	0.195	0.442	0.118	−0.111
	22	0.111	0.863	0.215	0.093

(续上表)

因子	题目	因子负荷量			
		因子一	因子二	因子三	因子四
因子三 观点转移	3	-0.117	0.089	0.012	0.761
	8	-0.057	0.098	0.144	0.718
	11	0.330	-0.001	0.090	0.622
	15	0.227	-0.011	0.070	0.677
	21	0.011	0.196	0.177	0.598
	25	0.207	0.060	0.085	0.653
	28	0.039	0.231	-0.172	0.802
因子四 个人挫折	6	0.250	0.265	0.818	0.034
	10	0.345	0.196	0.709	-0.103
	13	0.194	0.118	0.589	0.221
	17	0.300	0.017	0.503	-0.006
	19	0.056	0.025	0.823	0.223
	24	0.178	0.095	0.479	0.217
	27	0.331	0.167	0.735	0.045
特征值		2.971	2.696	2.286	1.732
解释变异量		18.43%	15.81%	11.22%	13.66%
累积解释变异量		18.43%	34.24%	45.46%	59.12%
Cronbach α		0.874 7	0.754 9	0.858 2	0.740 1

从表7.10中可以发现，题项1、20、17、24这4个题项有明显缺陷，其中题项1、20、24的因子负荷量都小于0.50，而题项17在不同因子上的载荷分布模糊，在因子一上的负荷量为0.300，在因子三上的负荷量为0.503。因此，在进行第二步探索性因子分析时，将这4个题项删除。

第二次因子分析仍以特征值大于1为因子提取标准，共析出4个因子，累积解释方差为68.03%。第二次因子分析结果如表7.11所示。

表7.11 “移情水平”量表各题项第二次因子分析结果

因子	题目	因子负荷量			
		因子一	因子二	因子三	因子四
因子一 幻想	5	0.767			
	7	0.711			
	12	0.823			
	16	0.758			
	23	0.770			
	26	0.794			
因子二 同理关心	2		0.711		
	4		0.814		
	9		0.749		
	14		0.785		
	18		0.721		
	22		0.659		
因子三 观点转移	3			0.811	
	8			0.767	
	11			0.809	
	15			0.727	
	21			0.660	
	25			0.793	
	28			0.677	
因子四 个人挫折	6				0.683
	10				0.847
	13				0.810
	17				0.761
	19				0.647
特征值		5.492	2.240	1.851	0.743

（续上表）

因子	题目	因子负荷量			
		因子一	因子二	因子三	因子四
解释变异量		20.50%	17.81%	15.46%	14.26%
累积解释变异量		20.50%	38.31%	53.77%	68.03%
Cronbach α		0.874 7	0.754 9	0.858 2	0.740 1
KMO		0.789			

经过第二次因子分析后，得到以下4个因子：幻想、观点转移、同理关心和个人挫折。对“移情水平”量表进行内部一致性系数检验，结果见表7.12。幻想、观点转移、同理关心和个人挫折的Cronbach α 系数均大于0.8，说明该量表的信度良好。

表7.12　“移情水平”量表的信度分析

维度	测量条目	Cronbach α
幻想	6	0.898
观点转移	6	0.883
同理关心	5	0.897
个人挫折	7	0.877
总量表	24	0.916

（四）暴力意图（研究假设6的因变量）

问卷设置了以下问题来测量采取暴力行为的意图：①如果有人打我，我会还击（VI_1）；②如果有人令我讨厌或看不顺眼，我会揍他一顿（VI_2）；③如果朋友需要，我会帮他们教训他们的对手（VI_3）。3个题项与总分之间的Spearman相关系数如表7.13所示。

表7.13　“暴力意图”量表各题项与总分的相关系数

	VI_1	VI_2	VI_3
暴力意图	0.532**	0.573**	0.647**

*表示 $p<0.05$，**表示 $p<0.01$，***表示 $p<0.001$，下同。

由表 7. 13 可以看出，3 个题项均与总分达到了显著相关，而且相关系数相当高，可见该量表具有较好的内容效度。

由于该量表为单维度量表，因此使用项目分析对其进行结构效度的检验。对“暴力意图”量表的总分进行由小到大的排序，定义前 25%（104 个个案）为低分组，最后 25%（104 个个案）为高分组，对这两组在 3 个题项上的得分进行卡方检验，发现低分组和高分组在 3 个题项上的得分均有显著差异，如表 7. 14 所示。由此可以看出，该量表的 3 个题项均有足够的鉴别力。

表 7. 14　“暴力意图”量表的项目分析结果

	VI_1	VI_2	VI_3
卡方检验 p 值	***	***	***

最后，对该量表的信度进行检验，发现 Cronbach α 系数达 0. 74（见表 7. 15），由于本量表的设计带有一定探索性，对于探索性研究而言，0. 74 的信度值已经满足要求。

表 7. 15　“暴力意图”量表的信度分析

Cronbach α	题项数
0. 740	3

（五）对网游的认知真实（调节变量）

“对网游的认知真实”量表由 17 个问题组成，使用 SPSS 14. 0 中的探索性因子分析功能进行分析，发现 KMO 指标为 0. 778，Bartlett 球形检验达到显著水平，适合进行探索性因子分析。

采用主成分因子分析后，经过 Promax 旋转，共抽取出 4 个因子，4 个因子对总体方差的解释率为 68. 34%。结果见表 7. 16。

表 7.16　“对网游的认知真实”量表各题项第一次因子分析结果

因子	题目	因子负荷量			
		因子一	因子二	因子三	因子四
因子一 现实的如实反映	1	0.738			
	2	0.859			
	3	0.840			
	4	0.787			
	5	0.639			
因子二 游戏的虚拟经验	6	0.445	0.378		
	7		0.437		
	8		0.652		
	9		0.856		
	10		0.890		
因子三 角色投入	11			0.709	
	12			0.843	
	13			0.775	
	14			0.771	
因子四 视觉效果	15				0.858
	16				0.855
	17				0.769
特征值		3.821	1.661	1.262	0.869
解释变异量		20.19%	16.77%	16.03%	15.35%
累积解释变异量		20.19%	36.96%	52.99%	68.34%
KMO		0.778			

从表 7.16 中可以发现，对“对网游的认知真实”量表作的第一次探索性因子分析，只抽取出了 4 个因子，这与设计量表时预设的 5 个维度有所区别。题项 4、5、6 原属于预设的维度二“真实性（Authenticity）”，但是在探索性因子分析中，题项 4、5 与题项 1、2、3 同时归于因子一。重新检验该量表的题项，或许是因为维度一和维度二的题项设计在测量特定概念时含义不够明确，造成两个维度的题项最终归于同一因子。而原属于维度二的题项 6，在因

子一的负荷量为0.445，在因子二的负荷量为0.378。题项7的因子负荷量仅为0.437。因此，在进行第二步探索性因子分析时，将题项6和题项7删除。

第二次因子分析仍以特征值大于1为因子提取标准，共析出4个因子，对方差的累计解释率为73.32%。第二次因子分析结果如表7.17所示。

表7.17 “对网游的认知真实”量表各题项第二次因子分析结果

因子	题目	因子负荷量			
		因子一	因子二	因子三	因子四
因子一 现实的如实反映	1	0.732			
	2	0.864			
	3	0.832			
	4	0.789			
	5	0.646			
因子二 游戏的虚拟经验	8		0.617		
	9		0.829		
	10		0.912		
因子三 角色投入	11			0.724	
	12			0.849	
	13			0.794	
	14			0.774	
因子四 视觉效果	15				0.854
	16				0.872
	17				0.787
特征值		3.622	1.511	1.211	0.640
解释变异量		22.52%	18.94%	17.36%	14.50%
累积解释变异量		22.52%	41.46%	58.82%	73.32%
KMO	0.782				

经过第二次因子分析后，得到以下4个因子：现实的如实反映、游戏的虚拟经验、角色投入和视觉效果。对“对暴游的认知真实”量表进行Cronbach α系数检验，结果见表7.18。4个因子的Cronbach α系数均大于0.8，说明该量表的信度良好。

表 7.18　“对网游的认知真实”量表的信度分析

维度	测量条目	Cronbach α
现实的如实反映	5	0.877
游戏的虚拟经验	3	0.816
角色投入	4	0.859
视觉效果	3	0.855
总量表	15	0.878

第二节　青少年网络行为基本描述

本节将报告调查问卷中中学生的网络行为的基本情况，并考察人口统计学特征变量对网络行为的影响。本次调查的人口统计学特征变量主要包括中学生的年龄、性别、年级、学校类别、家庭关系和学校关系等。由于学生的行为在很大程度上受到家庭和学校的影响，他们与家庭成员以及老师、同学的关系是否融洽可能会影响到他们的网络接触行为，以及认知和态度，因此本次调查中特别将家庭关系和学校关系纳入人口统计学特征变量的考察。调查样本的年龄、性别、年级、学校类别的基本情况，在第五章中已有描述(见表5.2)。他们的家庭关系和学校关系的分析结果见表7.19，其均值分别为3.30和3.49，从前文对它们的赋值处理可知，得分越高，说明中学生与家庭和学校的关系越融洽。因此，由其均值可以推断，大部分中学生与家庭的关系以及与学校的关系较为一般。

表 7.19　中学生的家庭关系和学校关系的基本描述

	均值	标准偏差
家庭关系	3.30	0.86
学校关系	3.49	0.71

(一) 平均每周上网时间

表7.20显示，中学生平均每周上网时间最大值为50小时，最小值为2小时，均值为13.36小时，标准偏差为3.51。可见，在受访的样本里，青少年的

触网率已经达100%。

表7.20　平均每周上网时间的基本统计

	最大值	最小值	均值	标准偏差
每周上网时间	50	2	13.36	3.51

人口统计学特征变量中，性别与上网时间显著相关，男生上网的时间显著长于女生，其均值分别为16.28小时和10.16小时。

方差分析发现，职业中学学生上网的时间显著长于普通中学和重点中学的学生，而普通中学和重点中学的学生之间则无显著差异（见表7.21）。

表7.21　人口统计学特征变量与上网时间的 t 值、F 值

人口统计学特征		平均值（小时）	t 值	F 值	*Sig.*（双侧）
性别	男	16.28	17.96		0.000
	女	10.16			
学校类别	普通中学	9.97		11.62	0.000
	重点中学	9.66			
	职业中学	19.07			

（二）网上活动

中学生上网时，最经常进行的活动前三位依次是：用QQ聊天交友（97.1%）、看电影或听歌（95.0%）、玩网游（93.8%），如表7.22所示。

表7.22　青少年网上活动的基本情况

	人数（人）	百分比（%）
用QQ聊天交友	503	97.1
看电影或听歌	492	95.0
玩网游	486	93.8
看新闻与评论	419	80.9
讨论热门的话题或BBS跟帖灌水	390	75.3
收发电子邮件	380	73.4
搜索资料	285	55.0
其他：看小说、写博客	239	46.1

本研究以下的统计结果针对玩网游的受访者（共计486人）进行。

（三）玩网游的历史

在受访的518名中学生中，没有玩过网游的仅有32名（占6.2%），而有93.8%的学生玩过网游。其中时间最长的达8年，而最短的仅2个月，平均时间为3.26年。

（四）游戏地点

从统计结果来看（如表7.23所示），中学生玩网游的主要场所是家里（包括自己家87.1%和同学或朋友家50.8%），手机上网的也占了一定比例（45.5%），而由于广州近年来规范了网吧上网的行为（必须出示身份证），因此在网吧玩网游的中学生较少，而几乎没有人在学校图书馆玩网游。

表7.23　玩网游的地点分布

地点	人数	百分比
自己家	423	87.0
同学或朋友家	247	50.8
手机	221	45.5
网吧	93	19.1
学校计算机室	28	5.8
其他（亲戚家、老师办公室、星巴克、学校图书馆）	77	15.8

（五）最受欢迎的网游

问卷要求受访者列出花费时间最多的5个网游，被提及的网游达103个，按照本研究的暴力等级的标准划分，分别如下：

暴力0级：即不含有暴力内容（大部分为休闲类游戏，如《祖玛》、《俄罗斯方块》此类；少部分为RPG网游，即多人角色扮演，画面都很卡通的游戏），包括《街头篮球》、《QQ幻想》、《连连看》、《冒险岛》、《石器时代》、《七龙珠OL》、《跑跑卡丁车》等。

暴力1级：即含有较少暴力内容（有玩家跟玩家PK的设定，PK内容占游戏比重大，可以买卖装备，欺负新手的游戏几乎归入此类；少部分为格斗游戏，有拳打脚踢、鲜血四溅的设定；少部分为FPS游戏，即第一人称射击游戏，带有一枪毙命的设定），包括《三国杀》、《天下》、《天下2》、《拳皇》、《枭雄》、《永恒之塔》、《三国无双》、《问道》、《精灵乐章》、《魔剑》、《奇迹》、《梦幻龙族》、《植物人大战僵尸》、《洛奇》、《热血江湖》、《火影忍者PS2》、《魔域》、《华夏2》、《七龙珠OL》。

暴力2级：即含有大量暴力内容，包括《传奇》、《反恐精英》、《穿越火线》、《反恐精英Online》、《魔兽世界：燃烧的远征》、《魔兽世界：末日的回响》、《地下城与勇士》、《特种任务》等游戏。

其中，被提及次数最多的网游前五位是《魔兽世界》、《反恐精英Online》、《梦幻西游》、《传奇》和《泡泡堂》。可见，在当前最受中学生欢迎的网游里面，超过半数是暴力网游。

（六）网游花费

受访的中学生中，大部分每月在网游上的花费低于50元，具体如表7.24所示。

表7.24　青少年的月均网游花费

	从不花钱	50元及以下	51～100元	101～150元	150元以上	合计
人数	338	98	31	15	4	486
百分比（%）	69.5	20.2	6.4	3.1	0.8	100

根据年级进行的卡方检验表明，初中学生在网游上的花费与高中学生相比，存在显著差异，高中学生的网游花费相对更多（见表7.25和表7.26）。

表7.25　年级＊网游花费交叉制表

			网游花费					合计
			从不花钱	50元及以下	51～100元	101～150元	150元以上	
年级	0.00（初中）	计数	203	40	3	3	0	249
		年级中的百分比	81.5%	16.1%	1.2%	1.2%	0	100.0%
	1.00（高中）	计数	135	58	28	12	4	237
		年级中的百分比	57.0%	24.5%	11.8%	5.1%	1.6%	100.0%
合计		计数	338	98	31	15	4	486

表 7.26　年级＊网游花费的卡方检验

	值	*df*	渐进 *Sig.*（双侧）
Pearson 卡方	47.957[a]	4	0.000
似然比	55.461	4	0.000
线性和线性组合	46.238	1	0.000
有效案例中的 *N*	486		

a 表示单元格（40.0%）的期望计数少于 5。最小期望计数为 1.49。

根据性别进行的卡方检验也表明，女生与男生在网游的花费上存在显著差异，男生的网游花费相对更多（见表 7.27 和表 7.28）。

表 7.27　性别＊网游花费交叉制表

			网游花费					合计
			从不花钱	50 元及以下	51～100 元	101～150 元	150 元以上	
性别	0.00（女）	计数	194	23	5	3	0	225
		性别中的百分比	86.2%	10.2%	2.2%	1.4%	0	100.0%
	1.00（男）	计数	144	75	26	12	4	261
		性别中的百分比	55.2%	28.7%	10.0%	4.6%	1.5%	100.0%
合计		计数	338	98	31	15	4	486

表 7.28　性别＊网游花费卡方检验

	值	*df*	渐进 *Sig.*（双侧）
Pearson 卡方	73.327[a]	4	0.000
似然比	78.626	4	0.000
线性和线性组合	59.612	1	0.000
有效案例中的 *N*	486		

a 表示单元格（40.0%）的期望计数少于 5。最小期望计数为 1.44。

（七）父母监督

1. 对网游时间的监督

统计显示，有91.2%的受访者的父母会对其玩网游的时间进行约束，而从不限制的只占8.8%。可见，大部分父母都较关注子女玩网游的行为及网游潜在的影响，具体情况如表7.29所示。

表7.29 父母对网游时间的监督

	人数（人）	百分比（%）
从不	43	8.8
偶尔	29	6.0
有时	232	47.7
经常	134	27.6
总是	48	9.9

2. 对网游的种类的监督

和玩网游的时间相比，父母对子女玩网游的种类的限制相对较松，仅有27.2%的家长“经常”或“总是”管束孩子所玩游戏的种类，而“从不”进行限制的占25.1%。这说明父母虽然对网游可能存在的负面影响有所警惕，但是对网游本身的了解甚少，没有对游戏的种类有足够的认识（见表7.30）。

表7.30 父母对网游的种类的监督

	人数（人）	百分比（%）
从不	122	25.1
偶尔	136	28.0
有时	95	19.5
经常	104	21.4
总是	29	6.0

第三节　变量的基本描述

本节将对本研究的自变量（暴力网游接触量）、因变量（个人与社会层面的暴力认知、卑鄙世界综合征、对犯罪的恐惧感、对暴力的态度、移情水平以及暴力意图）和调节变量（包括个人的暴力经验和对网游的认知真实）的基本情况进行描述，考察人口统计学特征变量对它们的影响。

一、自变量：暴力网游接触量

根据定义，暴力网游接触量由玩家每周接触暴力网游的时间和网游的暴力等级相乘而得，本研究要求受访者列出最多5个玩得最频繁的网游，因此玩家的暴力网游总接触量就由这5个网游的接触量相加而得。调查结果显示，暴力网游接触量的最大值为100，最小值为0，均值为22.38（见表7.31）。

表7.31　暴力网游接触量的基本描述

	最大值	最小值	均值	标准偏差
暴力网游接触量	100	0	22.38	4.91

人口统计学特征变量中，性别、年级、学校类别、家庭关系和学校关系与暴力网游接触量均有显著相关，具体见表7.32。

从表7.32中可以看出，男生的暴力网游接触量（均值为33.69）显著高于女生（均值为10.18），这与之前的相关研究的结果是一致的，说明性别差异会影响玩家对游戏种类的喜好，男生多喜欢角色扮演、打斗、战争类的网游，而女生则更喜欢休闲娱乐类的小游戏。

从学校类别来看，职业中学学生的暴力网游接触量（均值为38.73）显著高于普通中学（均值为13.19）和重点中学（均值为9.35）的学生，这一点也是可以理解的。重点中学的学生通常学习压力较大，可以用于玩网游的时间并不多。相比之下，职业中学的学生则压力较小，家长和老师的管束也较少，逃学旷课的情况较为普遍，因此有更多的时间用于玩网游，而许多暴力的MMORPG游戏正是需要玩家投入大量的时间和精力的。

表 7.32　人口统计学特征变量与暴力网游接触量的 *t* 值/*F* 值表

人口统计学特征		均值	*t* 值	*F* 值	*Sig.*（双侧）
性别	男	33.69	17.16		0.000
	女	10.18			
学校类别	普通中学	13.19		35.92	0.000
	重点中学	9.35			
	职业中学	38.73			

在对基本的涵化假设进行检验时，暴力网游接触量的值为 0 的个案不纳入统计范围（共 68 个个案）。为了后面分析的方便，本研究将暴力网游接触量进一步划分为 5 个等级：其中，1 ~20 赋值为 1，21 ~40 赋值为 2，41 ~60 赋值为 3，61 ~80 赋值为 4，81 ~100 赋值为 5。本研究将重新赋值后的变量视为连续性变量进行处理。

二、调节变量

本研究主要考察两个调节变量：受访者的暴力经验以及对网游的认知真实的涵化效果的影响。

（一）暴力经验

根据研究需要，受访者按照暴力经验分为四个组别，其构成如表 7.33 所示。在过去一年中，曾有暴力受害者经验（包括直接经验和间接经验，下同）的有 69 人（14.2%）；曾有暴力加害者经验的有 59 人（12.1%）；两种经验兼而有之的有 67 人（13.9%）；两种经验都不曾有的为 291 人，超过受访者的一半（59.8%）。

表 7.33　个人的暴力经验

	受害者	加害者	兼而有之	二者都无	合计
频次（人）	69	59	67	291	486
百分比（%）	14.2	12.1	13.8	59.9	100

（二）对网游的认知真实

根据该变量的赋值处理可知，得分越高，则对网游的认知真实程度越高。

该变量的均值为2.41，方差为0.34，可见受访的中学生对网游的真实性持较怀疑的态度。按照性别进行的t检验表明，男女生之间不存在显著差异。不同学校类别的学生对网游真实性的认知程度则存在显著差异，多重比较结果显示，重点中学和职业中学的学生对网游真实性的认知程度明显高于普通中学的学生（见表7.34和表7.35）。

表7.34　对网游的认知真实的基本描述

		均值	方差	t/F 值
总体样本		2.41	0.34	
性别	男	2.40	0.34	−0.189
	女	2.41	0.35	
学校类别	普通中学	2.35	0.34	6.92**
	重点中学	2.54	0.44	
	职业中学	2.43	0.30	

表7.35　不同学校类别对网游认知真实的多重比较

学校类别（I）	学校类别（J）	均值差（$I-J$）	显著性
普通中学	重点中学	−0.19**	0.001
	职业中学	−0.08*	0.029
重点中学	普通中学	0.19**	0.001
	职业中学	0.11	0.052
职业中学	普通中学	0.08*	0.029
	重点中学	−0.11	0.052

*表示均值差的显著性水平为0.05。

三、因变量

（一）个人层面的暴力认知

在以往相关的涵化研究中，对于个人层面的认知这个变量的处理，主要有三种方式：①把各个题项的值简单相加（或取均值），作为对该变量的测量值（Busselle，2003）；②根据各个题项的值，计算出Z-score，从而得出一个用来测量该变量整体趋势的值（Nabi & Sullivan，2001）；③对每一个题项的结果进行具体分析，分别考察自变量和控制变量对每一个题项的影响（Williams，2006）。这个与 Potter（1990）对涵化研究的批评（即涵化研究未能做到对每一个题项进行具体分析）是相一致的。因此，本研究采取第三种方法来对个人层面的暴力认知这个变量进行处理。

对测量该变量的 3 个问题，受访者的答案如表 7.36 所示。对“一年内遭受攻击的可能性”（PV_1）的认知均值为 12.27%，最大值为 40%，最小值为 1%。对“自己家被盗的可能性”（PV_2）的认知均值为 11.84%，最大值为 40%，最小值为 1%。对“自己被抢劫的可能性”（PV_3）的认知均值为 11.39%，最大值为 40%，最小值为 1%。总体来说，受访者对自己成为暴力犯罪受害者的估计相对较低。

表 7.36　个人层面的暴力认知基本描述

	最大值（%）	最小值（%）	均值（%）	标准偏差
PV_1	40	1	12.27	6.22
PV_2	40	1	11.84	6.54
PV_3	40	1	11.39	5.22

以性别进行的 t 检验结果表明，男生对自己被攻击的可能性的认知显著高于女生，而在另外两项个人层面的暴力认知上，性别没有显著差异（见表 7.37）。

表 7.37　个人层面暴力认知的性别 t 检验

	PV_1		PV_2		PV_3	
	均值	t 值	均值	t 值	均值	t 值
男	13.25	9.76**	12.13	0.73	11.79	2.15
女	11.37		11.58		11.04	

以学校类别进行 One-way ANOVA 检验，在“被盗的可能性”以及“被抢劫的可能性”的认知上，不同学校的学生之间无显著差异。但是对“个人被攻击的可能性”的认知，职业中学的学生明显高于普通中学的学生（见表 7.38 和表 7.39）。

表 7.38 个人层面的暴力认知学校类别的 F 检验

学校类别	PV_1		PV_2		PV_3	
	均值	F 值	均值	F 值	均值	F 值
普通中学	11.36	6.235**	11.88	1.21	11.01	1.224
重点中学	11.92		10.60		11.54	
职业中学	13.64		12.22		11.87	

表 7.39 个人被攻击的可能性认知的学校类别的多重比较

学校类别（I）	学校类别（J）	均值差（$I-J$）	显著性
普通中学	重点中学	-0.56	0.56
	职业中学	-2.28**	0.001
重点中学	普通中学	0.56	0.56
	职业中学	-1.72	0.08
职业中学	普通中学	2.28**	0.001
	重点中学	1.72	0.08

对家庭关系、学校关系与玩家个人层面的暴力认知进行相关分析，结果显示，家庭关系与个人层面的暴力认知呈显著负相关，亦即家庭关系越差的玩家，越倾向于高估对个人层面的暴力认知。而学校关系与个人层面的暴力认知之间无显著的相关关系。具体结果见表 7.40。

表 7.40 学校关系、家庭关系与个人层面暴力认知的相关分析

		PV_1	PV_2	PV_3
家庭关系	Pearson 相关	-0.204***	-0.152**	-0.144**
	显著性（双侧）	0.000	0.002	0.003
学校关系	Pearson 相关	0.069	0.002	-0.018
	显著性（双侧）	0.160	0.965	0.720

（二）社会层面的暴力认知

受访者对社会层面的暴力认知的 6 道问题的答案情况如表 7.41 所示，总体来说，中学生对社会治安的观感持较为乐观的认知。

对于题项 SV_1“在任意一个星期里，100个人中有多少人会卷入暴力事件中”的认知，最大值为40，最小值为1，均值为18.41。

对于题项 SV_2“所有犯罪中，暴力犯罪——例如杀人、强奸、抢劫和致人重伤所占的百分比是多少”的认知，最大值为80，最小值为30，均值为49.04。

对于题项 SV_3“如果一个小孩在一个月中，每天白天都要在公园独自玩耍一个小时，你认为他或她成为暴力犯罪受害人的可能性是多少”的认知，最大值为70，最小值为5，均值为20.10。

对于题项 SV_4“人们在一生中被枪击的可能性是多少”的认知，最大值为40，最小值为1，均值为7.24。

对于题项 SV_5“每年有百分之多少的谋杀案没有被侦破”的认知，最大值为70，最小值为20，均值为45.38。

对于题项 SV_6“青少年罪犯中，暴力犯罪——例如杀人、强奸、抢劫和致人重伤——所占的百分比是多少”的认知，最大值为80，最小值为30，均值为50.22。

表7.41　社会层面的暴力认知基本描述

	最大值（%）	最小值（%）	均值（%）	标准偏差
SV_1	40	1	18.41	10.28
SV_2	80	30	49.04	9.99
SV_3	70	5	20.10	9.71
SV_4	40	1	7.24	7.11
SV_5	70	20	45.38	14.48
SV_6	80	30	50.22	10.67

以性别进行的 t 检验显示，在题项 SV_1、SV_5、SV_6 上存在显著差异。即相较于女生，男生更易于高估“在任意一个星期里，100个人中卷入暴力事件的人数”、“每年没有被侦破的谋杀案的比例”以及“青少年罪犯中，暴力犯罪所占的百分比”（见表7.42）。

表 7.42 社会层面的暴力认知的性别 t 检验

	SV_1	SV_2	SV_3	SV_4	SV_5	SV_6
男	19.76	49.85	21.05	7.60	47.40	52.45
女	18.18	48.30	19.22	6.91	43.53	48.17
t 值	2.57*	1.58	1.93	0.99	2.75**	4.18***
显著性	0.011	0.11	0.054	0.32	0.006	0.000

不同类别学校的受访者，仅在题项 SV_2 上存在显著差异，即职业中学的学生要比普通中学和重点中学的学生更易于高估“所有犯罪中，暴力犯罪所占的百分比”（见表 7.43）。

表 7.43 社会层面的暴力认知的学校类别 F 检验

	SV_1	SV_2	SV_3	SV_4	SV_5	SV_6
普通中学	17.77	47.92	19.34	6.91	46.08	49.48
重点中学	17.19	48.27	20.48	6.25	43.85	49.81
职业中学	19.71	50.84	21.01	8.03	44.94	51.36
F 值	2.03	4.05*	1.36	1.68	0.615	1.43
显著性	0.133	0.018	0.257	0.188	0.541	0.239

相关分析的结果显示，家庭关系与题项 SV_1、SV_2、SV_3、SV_6 存在显著负相关，即家庭关系越不融洽的受访者，越易于高估“在任意一个星期里，100 个人中卷入暴力事件的人数”、“所有犯罪中，暴力犯罪所占的百分比”、“白天在公园独自玩耍的小孩被害的可能性”以及“青少年犯罪中，暴力犯罪所占的百分比”。学校关系则与题项 SV_2、SV_3、SV_6 存在显著负相关，即与同学和老师相处越不融洽的学生，越易于高估“所有犯罪中，暴力犯罪所占的百分比”、“白天在公园独自玩耍的小孩被害的可能性”以及“青少年犯罪中，暴力犯罪所占的百分比”（见表 7.44）。

表 7.44　社会层面的暴力认知与家庭关系、学校关系的相关分析

		SV_1	SV_2	SV_3	SV_4	SV_5	SV_6
家庭关系	Pearson	−0.140**	−0.135**	−0.124**	0.012	−0.045	−0.194**
	显著性	0.002	0.003	0.006	0.400	0.177	0.000
学校关系	Pearson	−0.058	−0.106*	−0.109*	0.019	−0.027	−0.188**
	显著性	0.118	0.015	0.013	0.347	0.290	0.000

（三）卑鄙世界综合征

根据该变量的赋值处理可知，得分越高，则越认为世界是卑鄙的，他人是不值得信任的。卑鄙世界综合征的均值为4.04，方差为0.76，说明中学生普遍对其他人持有较不信任的态度，认为他人是自私自利、只顾自己的。

男女生之间存在显著差异，男生比女生更易于认为世界是卑鄙的，他人是自私自利、只顾自己的。不同学校类别的学生在该变量上也存在显著差异，职业中学的学生和普通中学的学生相比更倾向于认为世界是卑鄙的，他人是不值得信任的。（见表7.45和表7.46）

表 7.45　卑鄙世界综合征的基本描述

		均值	方差	t/F 值
总体样本		4.04	0.76	
性别	男	4.36	0.57	9.08***
	女	3.75	0.79	
学校类别	普通中学	3.91	0.80	7.83***
	重点中学	4.03	0.96	
	职业中学	4.23	0.58	

表 7.46　学校类别在卑鄙世界综合征上的多重比较

学校类别（I）	学校类别（J）	均值差（I−J）	标准误	显著性
普通中学	重点中学	−0.12	0.116 31	0.296
	职业中学	−0.32***	0.079 58	0.000

（续上表）

学校类别（I）	学校类别（J）	均值差（$I-J$）	标准误	显著性
重点中学	普通中学	0.12	0.116 31	0.296
	职业中学	−0.20	0.120 55	0.110
职业中学	普通中学	0.32****	0.079 58	0.000
	重点中学	0.20	0.120 55	0.110

相关分析检验的结果显示，家庭关系和学校关系与卑鄙世界综合征呈显著负相关。与家庭和学校的关系越不融洽的学生，越倾向于认为世界是卑鄙的，其他人都是只顾自己、不值得信任的（见表 7.47）。

表 7.47 卑鄙世界综合征与家庭关系、学校关系的相关分析

		卑鄙世界综合征
家庭关系	Pearson 相关性	−0.748**
	显著性（双侧）	0.000
	N	417
学校关系	Pearson 相关性	−0.757**
	显著性（双侧）	0.000
	N	416

（四）对犯罪的恐惧感

“对犯罪的恐惧感”的 6 道问题的答案情况如表 7.48 所示。总体来说，中学生对犯罪的恐惧感不是很强。

表 7.48 对犯罪的恐惧感的基本描述

题项	均值	标准偏差
被抢劫（FC_1）	3.29	1.05
被入屋盗窃（FC_2）	2.48	1.05
在家时有人破门而入（FC_3）	2.86	0.88
被强奸或性侵犯（FC_4）	2.30	0.98

（续上表）

题项	均值	标准偏差
被人用刀或枪攻击（FC_5）	3.17	1.02
被谋杀（FC_6）	3.08	1.37

以性别进行的 t 检验显示，男生和女生仅在题项 FC_4 上存在显著差异（见表7.49）。对于“被强奸或性侵犯”的恐惧感，女生（均值为2.73）比男生（均值为1.83）更加强烈。

表7.49　对犯罪的恐惧感的性别 t 检验

	FC_1	FC_2	FC_3	FC_4	FC_5	FC_6
男	3.29	2.53	2.87	1.83	3.11	2.98
女	3.30	2.45	2.85	2.73	3.23	3.18
T 值	0.003	0.610	0.061	10.628**	1.548	2.218

相关分析的结果显示，家庭关系和学校关系与对犯罪的恐惧感之间无显著相关（见表7.50）。

表7.50　家庭关系、学校关系与对犯罪的恐惧感的相关分析

		FC_1	FC_2	FC_3	FC_4	FC_5	FC_6
家庭关系	Pearson	0.043	0.079	0.064	0.012	-0.045	-0.003
	显著性	0.376	0.108	0.191	0.400	0.177	0.496
学校关系	Pearson	-0.058	-0.009	-0.090	0.019	-0.027	-0.055
	显著性	0.118	0.847	0.067	0.347	0.290	0.266

（五）对暴力的态度

根据该变量的赋值处理可知，得分越高，则中学生越倾向于对暴力持赞成的态度。该变量的均值为3.07，方差为0.91，可见中学生对暴力的态度较为中立。

人口统计学特征变量中，性别、学校类别、家庭关系和学校关系与中学生对暴力的态度呈显著相关。从表7.51中可以看出，男生的暴力赞成度（均

值为3.41）显著高于女生（均值为2.67）；职业中学学生的暴力赞成度（均值为3.31）显著高于其他学校类别的学生，普通中学（均值为2.86）和重点中学（均值为2.89）的学生在暴力态度上则无显著差异（见表7.51和表7.52）。

表7.51　中学生对暴力的态度的基本描述

		均值	方差	t/F值
总体样本		3.07	0.91	
性别	男	3.41	0.97	11.73***
	女	2.67	0.82	
学校类别	普通中学	2.86	0.92	10.91***
	重点中学	2.89	1.05	
	职业中学	3.31	0.94	

表7.52　学校类别在中学生暴力态度上的多重比较

	学校类别（I）	学校类别（J）	均值差（I-J）	标准误	显著性	95%置信区间下限	95%置信区间上限
LSD	普通中学	重点中学	-0.029 27	0.145 63	0.841	-0.315 5	0.257 0
		职业中学	-0.451 01*	0.099 64	0.000	-0.646 9	-0.255 1
	重点中学	普通中学	0.029 27	0.145 63	0.841	-0.257 0	0.315 5
		职业中学	-0.421 74*	0.150 93	0.005	-0.718 4	-0.125 0
	职业中学	普通中学	0.451 01*	0.099 64	0.000	0.255 1	0.646 9
		重点中学	0.421 74*	0.150 93	0.005	0.125 0	0.718 4

*表示均值差的显著性水平为0.05。

相关分析结果表明，家庭关系和学校关系与对暴力的态度之间存在显著负相关。家庭关系和学校关系越不融洽的受访者，则越倾向于对暴力持赞同的态度（见表7.53）。

表 7.53　家庭关系、学校关系与中学生暴力态度的相关性分析

		家庭关系	学校关系	暴力态度
家庭关系	Pearson 相关性	1	0.616**	-0.577**
	显著性（双侧）		0.000	0.000
	N	417	416	415
学校关系	Pearson 相关性	0.616**	1	-0.632**
	显著性（双侧）	0.000		0.000
	N	416	416	415
暴力态度	Pearson 相关性	-0.577**	-0.632**	1
	显著性（双侧）	0.000	0.000	
	N	418	418	418

**表示在 0.01 水平（双侧）上显著相关。

（六）移情水平

根据该变量的赋值处理可知，得分越高，则中学生的移情水平越高。该变量的均值为 3.61，标准偏差为 0.67，可见中学生的移情水平处于中等偏高的水平。从表 7.54 中可以看出，女生的移情水平（均值为 3.66）与男生（均值为 3.56）无明显差异；不同学校类别的学生的移情水平也无明显差异（$F = 1.136$，$p > 0.05$）。

表 7.54　中学生移情水平的基本描述

		均值	标准偏差	t/F 值
总体样本		3.61	0.67	
性别	男	3.56	0.68	2.493
	女	3.66	0.66	
学校类别	普通中学	3.62	0.66	1.136
	重点中学	3.64	0.76	
	职业中学	3.59	0.66	

相关分析结果表明，家庭关系和学校关系与中学生移情之间无显著相关，亦即与家庭成员或老师、同学的关系是否融洽不会显著影响受访者的移情水

平（见表7.55）。

表7.55　家庭关系、学校关系与中学生移情水平的相关分析

		家庭关系	学校关系
移情	Pearson 相关性	0.086	0.028
	显著性（双侧）	0.078	0.570
	N	418	418

（七）暴力意图

暴力意图的均值为3.03，标准偏差为0.98，说明受访者的暴力意图处于中立位置。人口统计学特征变量中，性别、学校类别、家庭关系和学校关系与暴力意图呈显著相关。从表7.56中可以看出，男生的暴力意图（均值为3.38）比女生的（均值为2.70）明显；职业中学的学生，其暴力意图显著高于其他学校类别的学生，而普通中学和重点中学的学生在暴力意图上无显著差异（见表7.57）。

表7.56　中学生暴力意图的基本描述

		均值	标准偏差	*t*/*F* 值
总体样本		3.03	0.98	
性别	男	3.38	1.02	55.67***
	女	2.70	0.82	
学校类别	普通中学	2.89	0.94	8.75***
	重点中学	2.84	0.85	
	职业中学	3.28	1.03	

表 7.57　学校类别在中学生暴力意图上的多重比较

	学校类别（I）	学校类别（J）	均值差（I-J）	标准误	显著性	95%置信区间下限	95%置信区间上限
LSD	普通中学	重点中学	0.047 40	0.149 02	0.751	-0.245 5	0.340 3
		职业中学	-0.397 83*	0.101 96	0.000	-0.598 2	-0.197 4
	重点中学	普通中学	-0.047 40	0.149 02	0.751	-0.340 3	0.245 5
		职业中学	-0.445 23*	0.154 45	0.004	-0.748 8	-0.141 6
	职业中学	普通中学	0.397 83*	0.101 96	0.000	0.197 4	0.598 2
		重点中学	0.445 23*	0.154 45	0.004	0.141 6	0.748 8

*表示均值差的显著性水平为 0.05。

相关性分析结果显示，家庭关系、学校关系与受访者的暴力意图均呈显著负相关，意味着受访者的家庭关系和学校关系越不融洽，则暴力意图越明显（见表 7.58）。

表 7.58　家庭关系、学校关系与暴力意图的相关分析

		家庭关系	学校关系
暴力意图	Pearson 相关性	-0.406**	-0.170**
	显著性（双侧）	0.000	0.000
	N	418	418

**表示在 0.01 水平（双侧）上显著相关。

第四节　变量之间的相关分析

在探讨自变量（暴力网游接触量）与因变量（一系列涵化指标）之间的关联之前，本研究先检验这两个变量与调节变量之间的关系。

一、自变量与调节变量的相关分析

（一）暴力网游接触量与暴力经验

按照暴力经验区分的四个组别的受访者，其暴力网游接触量的基本情况

如表7.59所示。多重比较显示（见表7.60），各组别的暴力网游接触量存在显著差异，同时具有暴力受害者和暴力加害者经验的受访者，其暴力网游的接触量最高，接着依次是具有暴力加害者经验的受访者和具有暴力受害者经验的受访者，两种经验都没有的受访者，其暴力网游接触量最低。

表7.59　不同暴力经验受访者的暴力网游接触量比较

	N	均值	标准偏差	*F* 值
受害者	54	2.74	0.87	36.71***
加害者	59	3.10	0.86	
二者兼有	64	3.52	0.87	
二者都无	241	2.38	0.81	
合计	418	2.70	0.94	

表7.60　暴力网游接触量的暴力经验F检验

暴力经验（*I*）	暴力经验（*J*）	均值差（*I*－*J*）	显著性
受害者	加害者	-0.36*	0.023
	二者兼有	-0.78***	0.000
	二者都无	0.36**	0.004
加害者	受害者	0.36*	0.023
	二者兼有	-0.42**	0.006
	二者都无	0.72***	0.000
二者兼有	受害者	0.78***	0.000
	加害者	0.42**	0.006
	二者都无	1.14***	0.000
二者都无	受害者	-0.36**	0.004
	加害者	-0.72***	0.000
	二者兼有	-1.14***	0.000

（二）暴力网游接触量与对网游的认知真实

二者的相关性检验结果表明，暴力网游接触量与对网游的认知真实之间存在显著的正相关（$r = 0.141$，$p < 0.01$），说明暴力网游的接触量越大，则越倾向于认为网游是真实的（见表 7.61）。

表 7.61 暴力网游接触量与对网游的认知真实的相关分析

		暴力网游接触量	对网游的认知真实
暴力网游接触量	Pearson 相关性	1	0.141**
	显著性（双侧）		0.004
	N	418	418
对网游的认知真实	Pearson 相关性	0.141**	1
	显著性（双侧）	0.004	
	N	418	418

**表示在 0.01 水平（双侧）上显著相关。

二、因变量与调节变量的相关分析

（一）个人层面的暴力认知与调节变量的相关分析

1. 暴力经验与个人层面的暴力认知

以暴力经验区分的四个组别的受访者，在个人层面的认知估计三个题项上的均值和标准偏差如表 7.62 所示。对“家被盗窃的可能性”，各个组别之间没有显著差异（$F = 2.25$，$p > 0.05$），而对于“个人遭受攻击的可能性”以及“被抢劫的可能性”的估计，具有暴力加害者经验的受访者以及同时兼有暴力受害者经验和暴力加害者经验的受访者，其认知值显著高于其他两个组别的受访者。

表 7.62 不同暴力经验受访者的个人层面的暴力认知比较

	被攻击的可能性		被盗窃的可能性		被抢劫的可能性	
	均值	标准偏差	均值	标准偏差	均值	标准偏差
受害者	12.20	6.18	10.68	5.49	10.69	5.49
加害者	15.10	7.48	13.15	5.68	13.15	5.68
二者兼有	15.47	8.57	12.97	6.81	12.81	6.76
二者都无	10.75	4.36	11.49	6.81	10.75	4.36
F 值	16.11***		2.25		5.56**	
显著性	0.000		0.082		0.001	

2. 对网游的认知真实与个人层面的暴力认知

另一个调节变量“对网游的认知真实”与个人层面的暴力估计各个题项之间的相关分析如表 7.63 所示。结果表明，两个变量之间不存在显著相关，对网游的认知真实没有影响到受访者对个人层面的暴力估计。

表 7.63 对网游的认知真实与个人层面的暴力估计的相关分析

		对网游的认知真实	个人认知 1 被攻击	个人认知 2 被盗窃	个人认知 3 被抢劫
对网游的认知真实	Pearson 相关性	1	0.005	0.002	0.008
	显著性（双侧）		0.462	0.486	0.437
	N	418	418	418	418

（二）社会层面的暴力认知与调节变量

1. 暴力经验与社会层面的暴力认知

调节变量中，暴力经验对社会层面的暴力认知的影响如表 7.64 所示。具有不同暴力经验的受访者，仅在题项 SV_6 上存在显著差异（$F = 4.76$，$p < 0.01$），具有暴力加害者经验以及同时兼具暴力加害者和暴力受害者经验的受访者，越易于高估“青少年犯罪中，暴力犯罪所占的百分比”。

表 7.64 不同暴力经验受访者的社会层面的暴力认知比较

	SV_1	SV_2	SV_3	SV_4	SV_5	SV_6
受害者	19.46	49.81	21.85	7.15	46.48	50.74
加害者	19.20	48.64	20.51	7.25	44.24	53.56
二者兼有	20.05	50.47	21.72	8.17	48.13	52.50
二者都无	17.55	48.59	19.17	7.01	44.69	48.67
F 值	1.41	0.738	1.97	0.453	1.18	4.76**
显著性	0.239	0.530	0.119	0.715	0.318	0.003

2. 对网游的认知真实与社会层面的暴力认知

相关分析结果显示，除了题项 SV_4 之外，对网游的认知真实与社会层面的暴力认知中的其他 5 个题项都无显著相关关系。具体见表 7.65。

表 7.65 对网游的认知真实与社会层面暴力认知的相关分析

		SV_1	SV_2	SV_3	SV_4	SV_5	SV_6
对网游的认知真实	Pearson 相关性	0.018	0.022	−0.007	−0.129**	−0.027	0.062
	显著性（双侧）	0.710	0.648	0.890	0.008	0.578	0.205
	N	418	418	418	418	418	418

（三）卑鄙世界综合征与调节变量

1. 卑鄙世界综合征与暴力经验

暴力经验与卑鄙世界综合征的关系如表 7.66 和表 7.67 所示。具有不同暴力经验的受访者，在该变量的取值上存在显著差异。多重比较分析显示，同时具备暴力加害者和暴力受害者经验的受访者，卑鄙世界综合征的取值（均值为 4.52）显著高于其他组别，说明他们更容易认为世界是卑鄙的，他人是无法信任的。而两种经验都没有的受访者（均值为 3.85），卑鄙世界综合征的取值则明显低于其他组别，可见暴力经验与卑鄙世界综合征之间存在一定的正相关关系。

表 7.66 暴力经验与卑鄙世界综合征的关系

	均值	标准偏差	F 值	显著性
受害者	4.21	0.74	16.550***	0.000
加害者	4.17	0.59		
二者兼有	4.52	0.49		
二者都无	3.85	0.80		

表 7.67 不同暴力经验受访者在卑鄙世界综合征上的多重比较

暴力经验（I）	暴力经验（J）	均值差（$I-J$）	标准误	显著性
受害者	加害者	0.040 39	0.136 42	0.767
	二者兼有	-0.305 75*	0.133 85	0.023
	二者都无	0.363 42*	0.109 06	0.001
加害者	受害者	-0.040 39	0.136 42	0.767
	二者兼有	-0.346 13*	0.130 74	0.008
	二者都无	0.323 03*	0.105 22	0.002
二者兼有	受害者	0.305 75*	0.133 85	0.023
	加害者	0.346 13*	0.130 74	0.008
	二者都无	0.669 17*	0.101 86	0.000
二者都无	受害者	-0.363 42*	0.109 06	0.001
	加害者	-0.323 03*	0.105 22	0.002
	二者兼有	-0.669 17*	0.101 86	0.000

2. 卑鄙世界综合征与对网游的认知真实

对网游的认知真实与卑鄙世界综合征的关系如表 7.68 所示。二者存在显著正相关（$r=0.101$，$p<0.05$），说明受访者对网游真实性的认知程度越高，则越倾向于认为世界是卑鄙的，他人是不值得信任的。

表 7.68　卑鄙世界综合征与对网游的认知真实的相关分析

		对网游的认知真实	卑鄙世界综合征
对暴力网游的认知真实	Pearson 相关性	1	0.101*
	显著性（双侧）		0.020

* 表示在 0.05 水平（双侧）上显著相关。

（四）对犯罪的恐惧感与调节变量

1. 暴力经验与对犯罪的恐惧感

调节变量中，暴力经验与对犯罪的恐惧感之间的关系如表 7.69 所示。具有不同暴力经验的受访者，在题项 FC_1、FC_3 和 FC_5 上存在显著差异。同时兼具暴力加害者和暴力受害者经验的受访者，对“被抢劫”、“在家时有人破门而入”和“被人用刀或枪攻击”的恐惧感高于没有相关经验的受访者。

表 7.69　不同暴力经验受访者对犯罪的恐惧感的比较

	FC_1	FC_2	FC_3	FC_4	FC_5	FC_6
受害者	2.35	3.24	2.78	2.35	3.20	3.22
加害者	2.76	3.15	3.03	2.24	2.98	3.10
二者兼有	2.95	3.36	3.11	2.14	3.28	2.77
二者都无	2.32	3.32	2.77	2.34	2.94	3.13
F 值	8.38***	0.533	3.59*	0.857	2.73*	1.45
显著性	0.000	0.660	0.014	0.464	0.044	0.227

2. 对网游的认知真实与对犯罪的恐惧感

相关分析结果显示，除了题项 FC_3 之外，对网游的认知真实与对犯罪的恐惧感的其他 5 个题项都有显著相关关系。具体见表 7.70。

表 7.70　对网游的认知真实与对犯罪的恐惧感的相关分析

		FC_1	FC_2	FC_3	FC_4	FC_5	FC_6
对网游的认知真实	Pearson 相关性	0.419**	-0.224**	-0.063	0.282**	-0.786**	-0.893**
	显著性（双侧）	0.000	0.000	0.202	0.000	0.000	0.000
	N	418	418	418	418	418	418

（五）暴力态度与调节变量

1. 暴力经验与暴力态度

受访者的暴力经验与暴力态度的关系如表 7.71 所示。具有不同暴力经验的受访者，对暴力的态度也存在显著差异。具有暴力加害者经验（均值为 3.23）以及同时兼具暴力加害者和暴力受害者经验的受访者（均值为 3.83），越倾向于对暴力持赞同的态度。而两种经验都没有的受访者（均值为 2.75），对暴力的赞同度显著低于其他组别的受访者。

表 7.71　不同暴力经验受访者的暴力态度比较

	均值	标准偏差	F 值	显著性
受害者	3.10	0.90	26.38	0.000
加害者	3.23	0.85		
二者兼有	3.83	0.84		
二者都无	2.75	0.90		

2. 暴力态度与对网游的认知真实

对网游的认知真实与暴力态度的相关分析结果如表 7.72 所示，二者无显著相关关系（$r = 0.070$，$p > 0.05$）。可见，受访者对网游的真实性认知程度不会影响其对暴力的态度。

表 7.72 对网游的认知真实与暴力态度的相关分析

		对网游的认知真实	暴力态度
对网游的认知真实	Pearson 相关性	1	0.070
	显著性（双侧）		0.155
	N	418	418
暴力态度	Pearson 相关性	0.070	1
	显著性（双侧）	0.155	
	N	418	418

（六）移情水平与调节变量

1. 移情水平与暴力经验

暴力经验与移情水平的关系见表 7.73。不同组别的受访者的移情水平无显著差异（$F=1.82$, $p>0.05$），说明受访者的暴力经验对其移情水平无显著影响。

表 7.73 不同暴力经验受访者的移情水平比较

	均值	方差	F 值	显著性
受害者	3.56	0.61	1.82	0.143
加害者	3.77	0.61		
二者兼有	3.50	0.65		
二者都无	3.62	0.69		

2. 移情水平与对网游的认知真实

对网游的认知真实与移情水平的相关关系见表 7.74，两个变量之间无显著相关（$r=0.0070$，$p>0.05$），亦即对网游的真实性的认知程度对受访者的移情水平没有显著的影响。

表 7.74　对网游的认知真实与移情水平的相关分析

		对网游的认知真实	移情水平
对网游的认知真实	Pearson 相关性	1	0.007
	显著性（双侧）		0.888
	N	418	418
移情水平	Pearson 相关性	0.007	1
	显著性（双侧）	0.888	
	N	418	418

（七）暴力意图与调节变量

1. 暴力意图与暴力经验

暴力经验对暴力意图的影响如表 7.75 所示。具有不同暴力经验的受访者，其暴力意图的程度也存在显著差异。两种暴力经验都没有的受访者（均值为 2.73），其暴力意图显著低于其他组别；而兼具两种暴力经验（均值为 3.73）和有暴力加害者经验（均值为 3.36）的受访者，其暴力意图显著高于其他两个组别。

表 7.75　不同暴力经验受访者的暴力意图比较

	均值	标准偏差	*F* 值	标准误
受害者	3.17	0.89	24.58^{***}	0.000
加害者	3.36	1.10		
二者兼有	3.73	0.99		
二者都无	2.73	0.83		

2. 暴力意图与对网游的认知真实

对网游的认知真实与暴力意图的相关分析见表 7.76。两个变量之间存在显著正相关（$r = 0.131$，$p < 0.01$），亦即受访者对网游的真实性的认知程度越高，则其暴力意图就越明显。

表 7.76 对网游的认知真实与暴力意图的相关分析

		对网游的认知真实	暴力意图
对网游的认知真实	Pearson 相关性	1	0.131**
	显著性（双侧）		0.007
	N	418	418
暴力意图	Pearson 相关性	0.131**	1
	显著性（双侧）	0.007	
	N	418	418

**表示在0.01 水平（双侧）上显著相关。

第五节 涵化基本假设的检验

本研究共有 8 个基本的涵化假设，针对前 6 个假设，首先运用多元分层回归分析，探讨自变量（暴力网游接触量）和因变量（6 个基本的涵化指标）之间的关系，然后分别讨论个人的暴力经验和对网游的认知真实这两个调节变量对涵化效果的影响。本研究没有采用常用的一般线性回归技术，改而采用分层回归分析技术。该技术的最大优势在于能够在控制一定变量作用的基础上，考察自变量对于因变量进行解释的增量。具体到本研究而言，就是在控制各种人口统计学特征变量以及调节变量对因变量的影响的基础上，考察暴力网游接触量对因变量的影响。

针对后两个研究假设，分别运用分层多元回归分析，探讨自变量（暴力态度和移情水平）与因变量（暴力意图）之间的关系。

本节的最后，还将对本研究的两组研究问题进行分析解答。

一、暴力网游接触量与个人层面的暴力认知

（一）基本研究假设的检验

为了检验研究假设 1 “青少年玩家的暴力网游接触量越大，越倾向于高估自己成为受害人的可能性”，在多元分层回归分析中，性别、年龄、学校类别、家庭关系和学校关系等人口统计特征学变量首先作为控制变量进入

$Block_1$。由于性别、学校类别都是名义类别变量，因此，在加入模型前，分别以男性和职业中学为参照类进行虚拟化处理自变量（后面的7个分层回归分析都是这样处理），“暴力网游的接触量”进入 $Block_2$。

在进行多元分层回归时，同时进行了自变量的共线性诊断，结果表明各自变量容忍度均在0.7以上，表明变量间不存在多重共线性问题，因此可以通过比较标准化回归系数Beta绝对值的大小，来比较它们对因变量影响的重要性。年龄、年级和学校类别存在高度相关，因为职业中学学生为高中生，因此不把年龄和年级纳入考虑范围。

由于本书采用3个具体的问题来测量研究假设 H_1 的因变量，因此可将 H_1 细分为3个子研究假设，分别如下：H_1a——青少年玩家的暴力网游接触量越大，越倾向于高估自己遭受攻击的可能性；H_{1b}——青少年玩家的暴力网游接触量越大，越倾向于高估家被盗窃的可能性；H_{1c}——青少年玩家的暴力网游接触量越大，越倾向于高估自己被抢劫的可能性。影响个人层面的暴力认知的各变量回归分析结果如表7.77所示。

（1）对于因变量的第一个题项“个人遭受攻击的可能性”（表中简化为 PV_1），控制变量解释了因变量方差的7.4%（$p<0.001$）。其中，性别、学校类别和家庭关系这三个变量与“个人遭受攻击的可能性”估计显著相关，这表明，男生对“个人遭受攻击的可能性”估计明显高于女生；职业中学的学生对“个人遭受到攻击的可能性”估计明显高于其他学校类别的学生；家庭关系越差的学生，越倾向于高估个人受到攻击的可能性。

第2步加入自变量“暴力网游接触量”，加入后的模型仅模型1增加了0.1%的解释力（$\Delta R^2=0.1$），且自变量暴力网游接触量的标准系数不显著（$\beta=0.038$，n. s.），说明在控制人口统计学特征变量的情况下，研究假设 H_{1a} 不成立。

（2）对于因变量“个人层面的暴力认知”的第2个题项“家被盗窃的可能性”（表中简化为 PV_2），控制变量解释了因变量方差的3.0%（$p<0.05$）。其中，家庭关系与“家被盗窃的可能性”估计显著负相关。

第2步加入自变量“暴力网游接触量”后的模型仅比模型1增加了0.1%的解释力，且自变量暴力网游接触量的标准系数不显著（$\beta=0.049$，n. s.），说明在控制人口统计学特征变量的情况下，研究假设 H_{1b} 不成立。

（3）对于因变量的第3个题项“被抢劫的可能性”（表中简化为 PV_3），控制变量解释了因变量方差的3.2%（$p<0.05$）。其中，家庭关系与“被抢劫的可能性”估计显著负相关。

第2步加入自变量“暴力网游接触量”的模型虽然比模型1增加了0.4%

的解释力，（$F=2.562$，$p<0.05$），但暴力网游接触量的标准系数不显著（$\beta=0.084$，n. s.），说明在控制人口统计学特征变量的情况下，研究假设 H_{1c} 不成立。

表 7.77 预测个人层面的暴力认知的多元分层回归分析结果

		PV_1		PV_2		PV_3	
		第一步（β）	第二步（β）	第一步（β）	第二步（β）	第一步（β）	第二步（β）
性别（女=0）		0.109*	0.098	0.010	0.004	0.045	0.070
学校类别（职业中学=0）	普通中学	-0.164**	-0.156*	-0.013	-0.004	-0.073	-0.090
	重点中学	-0.073	-0.067	-0.065	-0.058	-0.006	-0.018
家庭关系		-0.164**	-0.147**	-0.162**	-0.139*	-0.152**	-0.191*
学校关系		0.025	0.023	0.058	0.057	0.084	0.087
暴力网游接触量			0.038		0.049		0.084
R^2		7.4	7.5	3.0	3.1	3.2	3.6
ΔR^2			0.1		0.1		0.4
F 值		6.61***	5.56***	2.521*	2.196*	2.721*	2.562*

（二）调节变量的影响

为了进一步探讨个人的暴力经验和对网游的认知真实对自变量和因变量之间的关系的影响，针对每一个题项，分别进行两次多元分层回归分析。首先，性别、年龄、学校类别、家庭关系和学校关系等人口统计学特征变量作为控制变量进入 $Block_1$，调节变量（个人的暴力经验或对网游的认知真实）进入 $Block_2$，“暴力接触量”进入 $Block_3$。其中调节变量“个人的暴力经验”是分类变量，在进入模型前进行哑变量处理（以“二者皆无”为参照，后面7个研究假设都做一样的处理）。

1. 个人的暴力经验对个人层面的暴力认知的涵化效果的影响

对于题项1，在控制了人口统计学特征变量后，个人的暴力经验进入模型，模型2比模型1对方差的解释力增加了5.5%。其中有暴力加害者经验以及同时兼具两种暴力经验的受访者，和两种暴力经验都没有的受访者相比，更倾向于高估自己被攻击的可能性。当自变量“暴力网游接触量”进入模型后，虽然模型3仍然成立（$F=6.790$，$p<0.001$），但是“暴力网游接触量”的标准系数不显著（$\beta=0.044$，n. s.），说明在控制人口统计学特征变量和个人暴力经验的情况下，研究假设H_{1a}不成立。

但是从模型3的结果来看，有暴力加害者经验以及同时兼具两种暴力经验的受访者，倾向于高估自己被攻击的可能性。这在一定程度上验证了共鸣的效果（见表7.78）。

表7.78　预测个人层面的暴力认知（题项PV_1）的多元分层回归分析（控制人口统计学特征变量和暴力经验）

		第一步（β）	第二步（β）	第三步（β）
性别（女=0）		0.109*	0.022	0.032
学校类别（职业中学=0）	普通中学	-0.164**	-0.079	-0.084
	重点中学	-0.073	0.019	0.016
家庭关系		-0.164**	-0.135**	-0.155**
学校关系		0.025	0.022	0.023
暴力经验（二者皆无=0）	受害者		0.080	0.085
	加害者		0.215***	0.221***
	二者兼有		0.224***	0.234***
暴力网游接触量				0.044
R^2（%）		7.4	12.9	13.0
ΔR^2（%）			5.5	0.1
F值		6.608***	7.588***	6.790***

对于题项2，在控制了人口统计学特征变量后，个人的暴力经验进入模型，模型2虽然仍旧成立（$F=2.025$，$p<0.05$），但暴力经验的标准系数不显著，说明该调节变量对“家被盗窃的可能性”的估计没有显著影响。自变量“暴力网游接触量”进入模型后，模型3不成立（$F=1.833$，n. s.），说明在控制人口统计学特征变量和个人的暴力经验的情况下，研究假设H_{1b}不成立（见表7.79）。

表 7.79　预测个人层面的暴力认知（题项 PV_2）的多元分层回归分析
（控制人口统计学特征变量和个人的暴力经验）

		第一步（β）	第二步（β）	第三步（β）
性别（女 =0）		0.010	0.010	0.018
学校类别（职业中学 =0）	普通中学	-0.013	-0.010	0.014
	重点中学	-0.065	-0.045	-0.042
家庭关系		-0.162**	-0.150**	-0.133*
学校关系		0.058	0.062	0.061
暴力经验（二者皆无 =0）	受害者		-0.046	-0.051
	加害者		0.067	0.062
	二者兼有		0.051	0.042
暴力网游接触量				0.068
R^2（%）		3.0	3.8	3.9
ΔR^2（%）			0.8	0.1
F 值		2.521*	2.025*	1.833

对于题项 3，在控制了人口统计学特征变量后，个人的暴力经验进入模型，模型 2 比模型 1 对方差的解释力增加了 2.6%。其中有暴力加害者经验以及同时兼具两种暴力经验的受访者，和两种暴力经验都没有的受访者相比，更倾向于高估自己被攻击的可能性。当自变量“暴力网游接触量”进入模型后，虽然模型 3 仍然成立（$F = 3.318$，$p < 0.01$），但对方差的解释仅增加 0.2%，“暴力网游接触量”的标准系数不显著（$\beta = 0.056$，n.s.），说明在控制人口变量和个人暴力经验的情况下，研究假设 H_{1c} 不成立。

但是从模型 3 的结果来看，有加害者经验以及同时兼具两种暴力经验的受访者，倾向于高估自己被抢劫的可能性。这也在一定程度上验证了共鸣的效果（见表 7.80）。

表 7.80 预测个人层面的暴力认知（题项 PV_3）的多元分层回归分析（控制人口统计学特征变量和暴力经验）

		第一步（β）	第二步（β）	第三步（β）
性别（女 =0）		0.045	0.007	0.023
学校类别（职业中学 =0）	普通中学	−0.073	−0.019	−0.036
	重点中学	−0.006	0.049	0.041
家庭关系		−0.152**	−0.131*	−0.192**
学校关系		0.084	0.086	0.089
暴力经验（二者皆无 =0）	受害者		−0.001	0.015
	加害者		0.156**	0.175**
	二者兼有		0.129*	0.160**
暴力网游接触量				0.056
R^2（%）		3.2	5.8	6.0
ΔR^2（%）			2.6	0.2
F 值		2.721*	3.147**	3.318**

2. 对网游的认知真实对涵化效果的影响

对于题项 1，在控制了人口统计学特征变量后，对网游的认知真实进入模型，模型 2 虽然成立（$F=5.605$，$p<0.001$），但对方差的解释力仅比模型 1 增加 0.2%，而且对网游的认知真实的标准系数不显著（$\beta=-0.038$，n. s.），说明该调节变量对因变量没有显著影响。自变量“暴力网游接触量”进入模型后，虽然模型 3 仍然成立（$F=4.863$，$p<0.01$），但对方差的解释仅增加 0.1%，且“暴力网游接触量”的标准系数不显著（$\beta=0.042$，n. s.），说明在控制人口统计学特征变量和对网游的认知真实的情况下，研究假设 H_{1a} 不成立（见表 7.81）。

表 7.81 预测个人层面的暴力认知（题项 PV_1）的多元分层回归分析
（控制人口统计学特征变量和对网游的认知真实）

		第一步（β）	第二步（β）	第三步（β）
性别（女=0）		0.109*	0.109*	0.096
学校类别（职业中学=0）	普通中学	-0.164***	-0.168***	-0.161**
	重点中学	-0.073	-0.069	-0.062
家庭关系		-0.164**	-0.170**	-0.151*
学校关系		0.025	0.027	0.028
对网游的认知真实			-0.038	-0.041
暴力网游接触量				0.042
R^2（%）		7.4	7.6	7.7
ΔR^2（%）			0.2	0.1
F 值			5.605***	4.863**

对于题项 2，在控制了人口统计学特征变量后，对网游的认知真实进入模型，模型 2 不成立（$F=2.107$，n. s.），说明该调节变量对因变量没有显著影响。自变量“暴力网游接触量”进入模型后，模型 3 也不成立（$F=1.894$，n. s.），说明在控制人口统计学特征变量和对网游的认知真实的情况下，研究假设 H_{1b}不成立（见表 7.82）。

表 7.82 预测个人层面的暴力认知（题项 PV_2）的多元分层回归分析
（控制人口统计学特征变量和对网游的认知真实）

		第一步（β）	第二步（β）	第三步（β）
性别（女=0）		0.030	0.030	0.007
学校类别（职业中学=0）	普通中学	-0.033	-0.035	-0.013
	重点中学	-0.077	-0.075	-0.054
家庭关系		-0.138**	-0.139**	-0.127*
学校关系		0.049	-0.054	0.052
对网游的认知真实			-0.019	-0.032
暴力网游接触量				0.095

（续上表）

	第一步（β）	第二步（β）	第三步（β）
R^2（%）	3.0	3.0	3.1
ΔR^2（%）		0	0.1
F 值	2.521*	2.107	1.894

对于题项3，在控制了人口统计学特征变量后，对网游的认知真实进入模型，模型2虽然成立（$F=2.308$，$p<0.05$），但对方差的解释力仅比模型1增加0.1%，而且对网游认知真实的标准系数不显著（$\beta=-0.026$，n.s.），说明该调节变量对因变量没有显著影响。自变量“暴力网游接触量”进入模型后，模型3虽然成立（$F=2.216$，$p<0.05$），但对方差的解释仅增加0.3%，且“暴力网游接触量”的标准系数不显著（$\beta=0.082$，n.s.），说明在控制人口统计学特征变量和对网游的认知真实的情况下，研究假设H_{1c}不成立（见表7.83）。

表7.83 预测个人层面的暴力认知（题项PV_3）的多元分层回归分析
（控制人口统计学特征变量和对网游的认知真实）

		第一步（β）	第二步（β）	第三步（β）
性别（女=0）		0.071	0.071	0.061
学校类别（职业中学=0）	普通中学	-0.082	-0.089	-0.083
	重点中学	-0.021	-0.015	-0.010
家庭关系		-0.114*	-0.120*	-0.193*
学校关系		0.082	0.085	0.086
对网游的认知真实			-0.026	-0.020
暴力网游接触量				0.082
R^2（%）		3.2	3.3	3.6
ΔR^2（%）			0.1	0.3
F 值		2.721*	2.308*	2.216*

综上所述，研究假设H_{1a}、H_{1b}和H_{1c}不论是在控制人口统计学特征变量的情况下，还是在同时控制人口统计学特征变量和调节变量（包括个人的暴力

经验和对网游的认知真实）的情况下，均不成立。但是个人的暴力经验与“个人遭受攻击的可能性”和“被抢劫的可能性”的估计存在显著正相关的影响，这与之前部分涵化效果研究的结果相一致。

二、暴力网游接触量与社会层面的暴力认知

（一）基本研究假设的检验

本研究用6个题项来测量因变量“社会层面的暴力认知”（暴力普遍程度），为了检验研究假设2“青少年玩家的暴力网游接触量越大，越倾向于高估暴力普遍的程度”，分别进行6个多元分层回归分析中，首先，将性别、学校类别、年级、家庭关系和学校关系等人口统计学特征变量作为控制变量进入 $Block_1$，“暴力网游接触量”进入 $Block_2$。

由于本书采用6个具体的问题来测量研究假设 H_2 的因变量，因此可以将 H_2 细分为6个子研究假设，如 H_{2a}——青少年玩家的暴力网游接触量越大，越倾向于高估“任意一个星期里100人中会卷入暴力事件的人数”；H_{2b}——青少年玩家的暴力网游接触量越大，越倾向于高估“所有犯罪中暴力犯罪所占的百分比”；H_{2c}——青少年玩家的暴力网游接触量接大，越倾向于高估“小孩在公园成为暴力犯罪受害人的可能性”等。

影响社会层面的暴力认知的各变量回归分析结果如表7.84所示。

（1）对于因变量的第一个题项“在任意一个星期里，100个人中有多少人会卷入暴力事件中”（表中简化为 SV_1），控制变量解释了因变量方差的3.5%（$p<0.005$）。其中，性别与题项1的估计显著正相关，这表明，男生比女生更易于高估任意一个星期里，100个人中会卷入暴力事件的人数。

第2步加入自变量“暴力网游接触量”，加入后的模型虽然成立（$F=2.787$, $p<0.05$），但仅比模型1增加了0.4%的解释力，且自变量暴力网游接触量的标准系数不显著（$\beta=0.073$，n. s.），说明在控制人口统计学特征变量的情况下，研究假设 H_{2a} 不成立。

（2）对于因变量的第2个题项“所有的犯罪中，暴力犯罪所占的百分比”（表中简化为 SV_2），控制变量解释了因变量方差的2.8%（$p<0.001$）。其中，普通中学对题项2的估计显著负相关，这表明职业中学学生比普通中学的学生更易于高估暴力犯罪所占的百分比。

第2步加入自变量“暴力网游的接触量”，模型对方差的解释力增加了4.1%（$F=5.060$，$p<0.001$），暴力网游接触量对因变量有显著的正向影响

($\beta = 0.236$，$p < 0.001$)，说明暴力网游的接触量越大，则越可能高估暴力犯罪在所有犯罪中的比例。在控制人口统计学特征变量的情况下，研究假设 H_{2b} 成立。

(3) 对于因变量的第 3 个题项"白天在公园独自玩耍的小孩被害的可能性"的估计（表中简化为 SV_3），第一步控制变量进入模型，模型不成立（$F = 1.932$，n. s.）。第 2 步加入自变量"暴力网游接触量"，模型成立（$F = 2.642$，$p < 0.05$），说明在控制人口统计学特征变量的情况下，自变量对因变量有显著的正向影响（$\beta = 0.139$，$p < 0.05$），研究假设 H_{2c} 成立。

(4) 对于因变量的第 4 个题项"人们被枪击的可能性"（表中简化为 SV_4），模型 1 和模型 2 均不成立，F 值分别为 0.961 和 0.875，说明在控制人口统计学特征变量的情况下，研究假设 H_{2d} 不成立。

(5) 对于因变量的第 5 个题项"每年有百分之多少的谋杀案没有被破"（表中简化为 SV_5），模型 1 不成立（$F = 0.961$，n. s.）。自变量"暴力网游接触量"进入方程后，模型 2 虽然成立，但暴力网游接触量标准系数不显著（$\beta = 0.105$，n. s.），说明在控制人口统计学特征变量的情况下，研究假设 H_{2e} 不成立。

(6) 对于因变量的第 6 个题项"青少年犯罪中，暴力犯罪所占的百分比"（表中简化为 SV_6），控制变量解释了因变量方差的 5.7%（$p < 0.001$）。其中，性别与因变量显著正相关（$\beta = 0.185$，$p < 0.001$），家庭关系与因变量显著负相关（$\beta = -0.102$，$p < 0.05$），表明男生以及家庭关系不融洽的学生更易于高估青少年犯罪中暴力犯罪所占的百分比。

第 2 步加入自变量"暴力网游接触量"，模型对方差的解释力增加了 5.6%（$F = 8.656$，$p < 0.001$），暴力网游接触量对因变量有显著的正向影响（$\beta = 0.275$，$p < 0.001$），说明暴力网游接触量越大，则越可能高估暴力犯罪在青少年犯罪中的比例。在控制人口统计学特征变量的情况下，研究假设 H_{2f} 成立。

表 7.84　预测社会层面的暴力认知的多元分层回归分析结果

	SV_1		SV_2		SV_3	
	第一步 (β)	第二步 (β)	第一步 (β)	第二步 (β)	第一步 (β)	第二步 (β)
性别（女 =0）	0.11*	0.082	0.063	0.028	0.075	0.021

（续上表）

		SV_1		SV_2		SV_3	
		第一步（β）	第二步（β）	第一步（β）	第二步（β）	第一步（β）	第二步（β）
学校类别（职业中学=0）	普通中学	-0.084	-0.066	-0.145 **	-0.088	-0.077	-0.043
	重点中学	-0.075	-0.060	-0.087	-0.038	-0.016	0.012
家庭关系		-0.096	-0.084	-0.016	-0.021	-0.010	-0.012
学校关系		-0.040	-0.039	-0.042	-0.040	-0.090	-0.088
暴力网游接触量			0.073		0.236 ***		0.139 *
R^2（%）		3.5	3.9	2.8	6.9	2.3	3.7
ΔR^2（%）			0.4		4.1		1.4
F 值		2.999 *	2.787 *	2.352 *	5.060 ***	1.932	2.642 *
		SV_4		SV_5		SV_6	
		第一步（β）	第二步（β）	第一步（β）	第二步（β）	第一步（β）	第二步（β）
性别（女=0）		0.051	0.066	0.140	0.099	0.185 ***	0.078
学校类别（职业中学=0）	普通中学	-0.081	-0.090	0.032	0.058	-0.088	-0.020
	重点中学	-0.084	-0.092	-0.031	-0.010	-0.050	-0.007
家庭关系		-0.019	-0.025	-0.005	0.011	-0.102 *	-0.059
学校关系		0.029	0.029	0.055	0.056	-0.013	-0.010
暴力网游接触量			-0.038		0.105		0.275 ***
R^2（%）		1.2	1.3	2.3	3.1	5.7	11.3
ΔR^2（%）			0.1		0.8		5.6
F 值		0.961	0.875	1.948	2.212 *	4.918 ***	8.656 ***

（二）调节变量的影响

1. 个人的暴力经验对社会层面的暴力认知涵化效果的影响

对于题项1，在控制了人口统计学特征变量后，个人的暴力经验进入模型，模型2比模型1对方差的解释力仅增加了0.2%。暴力经验的标准系数不显著，说明该调节变量对题项1没有显著影响。自变量“暴力网游接触量”进入模型后，虽然模型3仍然成立（$F=1.932$，$p<0.05$），但是“暴力网游接触量”的标准系数不显著（$\beta=0.075$，n.s.），说明在控制人口统计学特征变量和个人暴力经验的情况下，研究假设H_{2a}不成立（见表7.85）。

表7.85 预测社会层面的暴力认知（题项SV_1）的多元分层回归分析（控制人口统计学特征变量和暴力经验）

		第一步（β）	第二步（β）	第三步（β）
性别（女=0）		0.111*	0.106*	0.084
学校类别（职业学校=0）	普通中学	-0.084	-0.080	-0.069
	重点中学	-0.075	-0.068	-0.060
家庭关系		-0.096	-0.096	-0.084
学校关系		-0.040	-0.042	-0.041
暴力经验（二者皆无=0）	受害者		0.046	0.040
	加害者		0.009	0.008
	二者兼有		0.013	0.005
暴力网游接触量				0.075
R^2（%）		3.5	3.7	4.1
ΔR^2（%）			0.2	0.4
F值		2.999*	1.968*	1.932*

对于题项2，在控制人口统计学特征变量后，个人的暴力经验进入模型，模型2不成立（$F=1.648$，n.s.），说明该调节变量对题项2没有显著影响。自变量“暴力网游接触量”进入模型后，模型3成立（$F=3.968$，$p<0.001$,）“暴力网游接触量”对因变量有正向的显著影响（$\beta=0.269$，$p<0.01$），说明在控制人口统计学特征变量和个人暴力经验的情况下，研究假设H_{2b}成立。此外，模型3中，学校类别与因变量也显著相关，说明职业中学的学生在这一变量上的涵化效果要更加明显（见表7.86）。

表 7.86 预测社会层面的暴力认知（题项 SV_2）的多元分层回归分析（控制人口统计学特征变量和暴力经验）

		第一步（β）	第二步（β）	第三步（β）
性别（女 =0）		0.063	0.074	0.005
学校类别（职业学校 =0）	普通中学	-0.145^{**}	-0.158^{**}	-0.117^{*}
	重点中学	-0.087	-0.099	-0.070
家庭关系		-0.016	-0.017	-0.025
学校关系		-0.042	-0.046	-0.042
暴力经验（二者皆无 =0）	受害者		0.023	0.002
	加害者		-0.053	-0.112
	二者兼有		-0.016	-0.081
暴力网游接触量				0.269^{**}
R^2（%）		2.8	3.1	8.1
ΔR^2（%）			0.3	5.0
F 值		2.352^{*}	1.648	3.968^{***}

对于题项 3，在控制了人口统计学特征变量后，个人的暴力经验进入模型，模型 2 不成立（$F=1.643$，n. s.）。但是在自变量“暴力网游接触量”进入模型后，模型 3 成立（$F=2.063$，$p<0.05$），且“暴力网游接触量”对因变量存在显著正相关的影响（$\beta=0.135$，$p<0.05$），说明在控制人口统计学特征变量和个人暴力经验的情况下，研究假设 H_{2c}成立（见表 7.87）。

表 7.87 预测社会层面的暴力认知（题项 SV_3）的多元分层回归分析（控制人口统计学特征变量和暴力经验）

		第一步（β）	第二步（β）	第三步（β）
性别（女 =0）		0.075	0.056	0.016
学校类别（职业中学 =0）	普通中学	-0.077	-0.062	-0.041
	重点中学	-0.016	-0.006	0.020
家庭关系		-0.010	-0.010	-0.011

（续上表）

		第一步（β）	第二步（β）	第三步（β）
学校关系		-0.090	-0.096	-0.094
暴力经验（二者皆无=0）	受害者		0.091	0.080
	加害者		0.022	0.007
	二者兼有		0.054	0.021
暴力网游接触量				0.135*
R^2（%）		2.3	3.1	4.4
ΔR^2（%）			0.8	1.3
F 值		1.932	1.643	2.063*

对于题项4，三步模型都不成立，F 值分别为0.961，0.626和0.605。在控制人口统计学特征变量和个人暴力经验的情况下，H_{2d}不成立（见表7.88）。

表7.88　预测社会层面的暴力认知（题项 SV_4）的多元分层回归分析

（控制人口统计学特征变量和暴力经验）

		第一步（β）	第二步（β）	第三步（β）
性别（女=0）		0.051	0.049	0.061
学校类别（职业中学=0）	普通中学	-0.081	-0.080	-0.086
	重点中学	-0.084	-0.085	-0.089
家庭关系		-0.019	-0.019	-0.025
学校关系		0.029	0.029	0.028
暴力经验二者皆无=0）	受害者		-0.009	-0.005
	加害者		-0.019	-0.010
	二者兼有		0.010	0.020
暴力网游接触量				-0.040
R^2（%）		1.2	1.2	1.3
ΔR^2（%）			0	0.1
F 值		0.961	0.626	0.605

对于题项5，三步的模型都不成立，F 值分别为1.948，1.405和1.661。在控制人口统计学特征变量和个人的暴力经验情况下，H_{2e} 不成立（见表7.89）。

表7.89 预测社会层面的暴力认知（题项 SV_5）的多元分层回归分析（控制人口统计学特征变量和暴力经验）

		第一步（β）	第二步（β）	第三步（β）
性别（女=0）		0.140*	0.129*	0.097
学校类别（职业中学=0）	普通中学	0.032	0.038	0.055
	重点中学	-0.031	-0.025	-0.013
家庭关系		-0.005	-0.007	0.011
学校关系		0.055	0.051	0.052
暴力经验（二者皆无=0）	受害者		0.025	0.015
	加害者		-0.032	-0.057
	二者兼有		0.042	0.015
暴力网游接触量				0.113
R^2（%）		2.3	2.7	3.6
ΔR^2（%）			0.4	0.9
F 值		1.948	1.405	1.661

对于题项6，在控制人口统计学特征变量后，个人的暴力经验进入模型，模型2成立（$F=3.687$，$p<0.001$），对方差的解释力比模型1增加了1.1%。其中有暴力加害者经验的受访者更易于高估暴力犯罪在青少年犯罪中的比例。自变量“暴力网游接触量”进入模型后，模型对方差的解释力增加了4.8%，（$F=5.944$，$p<0.001$）。暴力网游接触量对因变量存在显著正相关的影响（$\beta=0.268$，$p<0.001$），说明在控制人口统计学特征变量和个人暴力经验的情况下，受访者暴力网游接触量越大，则越倾向于高估暴力犯罪在青少年犯罪中的比例，研究假设 H_{2f} 成立（见表7.90）。

表 7.90　预测社会层面的暴力认知（题项 SV_6）的多元分层回归分析（控制人口统计学特征变量和暴力经验）

		第一步（β）	第二步（β）	第三步（β）
性别（女 =0）		0.185***	0.158**	0.081
学校类别（职业中学 =0）	普通中学	−0.088	−0.060	−0.020
	重点中学	−0.050	−0.017	0.012
家庭关系		−0.102*	−0.100*	−0.059
学校关系		−0.013	−0.012	−0.009
暴力经验（二者皆无 =0）	受害者		0.046	0.023
	加害者		0.113*	0.054
	二者兼有		0.048	0.017
暴力网游接触量				0.268***
R^2（%）		5.7	6.8	11.6
ΔR^2（%）			1.1	4.8
F 值		4.918***	3.687***	5.944***

2. 对网游的认知真实对涵化效果的影响

对于题项 1，在控制了人口统计学特征变量后，对网游的认知真实进入模型，模型 2 对方差的解释力没有增加，而且对网游的认知真实的标准系数不显著（$\beta = 0.014$，n. s.），说明该调节变量对因变量没有显著影响。自变量“暴力网游接触量”进入模型后，虽然模型 3 成立（$F = 2.275$，$p < 0.05$），但“暴力网游接触量”的标准系数不显著（$\beta = 0.068$，n. s.），说明在控制人口统计学特征变量和对网游的认知真实的情况下，研究假设 H_{2a} 不成立（见表 7.91）。

表 7.91 预测社会层面的暴力认知（题项 SV_1）的多元分层回归分析
（控制人口统计学特征变量和对网游的认知真实）

		第一步（β）	第二步（β）	第三步（β）
性别（女 =0）		0.128 *	0.128 *	0.101
学校类别（职业中学 =0）	普通中学	−0.081	−0.079	−0.063
	重点中学	−0.063	−0.065	−0.050
家庭关系		−0.086	−0.085	−0.076
学校关系		−0.027	−0.028	−0.026
对网游的认知真实			0.014	0.005
暴力网游接触量				0.068
R^2（%）		3.5	3.5	3.9
ΔR^2（%）			0	0.4
F 值		2.898 *	2.423 *	2.275 *

对于题项 2，在控制了人口统计学特征变量后，对网游的认知真实进入模型，模型 2 不成立（$F=1.889$，n. s.），说明该调节变量对因变量没有显著影响。自变量"暴力网游接触量"进入模型后，模型 3 成立（$F=4.189$，$p<0.001$），"暴力网游接触量"对因变量存在显著的正向影响（$\beta=0.238$，$p<0.001$），说明在控制人口统计学特征变量和对网游的认知真实的情况下，研究假设 H_{2b}成立（见表 7.92）。

表 7.92 预测社会层面的暴力认知（题项 SV_2）的多元分层回归分析
（控制人口统计学特征变量和对网游的认知真实）

		第一步（β）	第二步（β）	第三步（β）
性别（女 =0）		0.066	0.065	0.028
学校类别（职业中学 =0）	普通中学	−0.145 **	−0.146 **	−0.089
	重点中学	−0.090	−0.089	−0.037
家庭关系		−0.007	−0.008	0.024
学校关系		−0.040	−0.040	−0.033

（续上表）

	第一步（β）	第二步（β）	第三步（β）
对网游的认知真实		-0.008	-0.039
暴力网游接触量			0.238***
R^2（%）	2.8	2.8	6.9
ΔR^2（%）		0	4.1
F值	2.267*	1.889	4.189***

对于题项3，在控制了人口统计学特征变量后，对网游的认知真实进入模型，模型2不成立（$F=1.722$，n.s.），说明该调节变量对因变量没有显著影响。自变量“暴力网游接触量”进入模型后，模型3成立（$F=2.264$，$p<0.05$），“暴力网游接触量”对因变量存在显著的正向影响（$\beta=0.134$，$p<0.05$），说明在控制人口统计学特征变量和对网游的认知真实的情况下，研究假设H_{2c}成立（见表7.93）。

表7.93 预测社会层面的暴力认知（题项SV_3）的多元分层回归分析（控制人口统计学特征变量和对网游的认知真实）

		第一步（β）	第二步（β）	第三步（β）
性别（女=0）		0.074	0.074	0.021
学校类别（职业中学=0）	普通中学	-0.078	-0.078	-0.046
	重点中学	-0.007	-0.007	0.023
家庭关系		-0.003	-0.003	0.015
学校关系		-0.099	-0.099	-0.095
对网游的认知真实			0.001	0.017
暴力网游接触量				0.134*
R^2（%）		2.5	2.5	3.8
ΔR^2（%）			0	1.3
F值		2.071	1.722	2.264*

对于题项4，在控制了人口统计学特征变量后，对网游的认知真实进入模型，模型2对方差的解释力增加2.0%，而且对网游的认知真实与因变量显著

负相关（$\beta = -0.143$，$p < 0.01$）。自变量“暴力网游接触量”进入模型后，虽然模型 3 成立（$F = 2.038$，$p < 0.05$），但对方差的解释力没有增加，且“暴力网游接触量”的标准系数不显著（$\beta = 0.013$，n. s.），说明在控制人口统计学特征变量和对网游的认知真实的情况下，研究假设 H_{2d} 不成立（见表 7.94）。

表 7.94　预测社会层面的暴力认知（题项 SV_4）的多元分层回归分析
（控制人口统计学特征变量和对网游的认知真实）

		第一步（β）	第二步（β）	第三步（β）
性别（女 =0）		0.055	0.054	0.059
学校类别（职业中学 =0）	普通中学	-0.089	-0.106	-0.109
	重点中学	-0.099	-0.083	-0.086
家庭关系		-0.027	-0.039	-0.041
学校关系		0.023	0.030	0.030
认知真实			-0.143**	-0.142**
暴力网游接触量				0.013
R^2（%）		1.5	3.5	3.5
ΔR^2（%）			2.0	0
F 值		1.214	2.375*	2.038*

对于题项 5，多元分层回归分析的 3 个模型都不成立，F 值分别为 1.434，1.272 和 1.567，可见在控制人口统计学特征变量和对网游的认知真实情况下，研究假设 H_{2e} 不成立（见表 7.95）。

表 7.95　预测社会层面的暴力认知（题项 SV_5）的多元分层回归分析
（控制人口统计学特征变量和对网游的认知真实）

		第一步（β）	第二步（β）	第三步（β）
性别（女 =0）		0.127*	0.126	0.085
学校类别（职业中学 =0）	普通中学	0.037	0.032	0.058
	重点中学	-0.013	-0.010	0.014

（续上表）

	第一步（β）	第二步（β）	第三步（β）
家庭关系	0.005	0.002	0.016
学校关系	0.037	0.039	0.042
对网游的认知真实		-0.035	-0.049
暴力网游接触量			0.106
R^2（%）	1.8	1.9	2.7
ΔR^2（%）		0.1	0.8
F 值	1.434	1.272	1.567

对于题项6，在控制了人口统计学特征变量后，对网游的认知真实进入模型，模型2对方差的解释力仅增加0.2%，且对网游的认知真实的标准系数不显著（$\beta=0.041$，n.s.），说明该调节变量对因变量没有显著影响。自变量“暴力网游接触量”进入模型后，模型3成立（$F=7.043$，$p<0.001$），“暴力网游接触量”对因变量存在显著的正向影响（$\beta=0.276$，$p<0.001$），说明在控制人口统计学特征变量和对网游的认知真实的情况下，研究假设 H_{2f} 成立（见表7.96）。

表7.96　预测社会层面的暴力认知（题项 SV_6）的多元分层回归分析
（控制人口统计学特征变量和对网游的认知真实）

		第一步（β）	第二步（β）	第三步（β）
性别（女=0）		0.182***	0.182***	0.075
学校类别（职业中学=0）	普通中学	-0.077	-0.072	-0.007
	重点中学	-0.049	-0.053	0.007
家庭关系		-0.101*	-0.097*	-0.061
学校关系		-0.015	-0.017	-0.009
对网游的认知真实			0.041	0.005
暴力网游接触量				0.276***
R^2（%）		5.4	5.6	11.1
ΔR^2（%）			0.2	5.5
F 值		4.534***	3.890***	7.043***

（三）小结

研究假设2“青少年玩家的暴力网游接触量越大，越倾向于高估暴力普遍的程度”的检验结果，小结如表7.97所示。

表7.97　研究假设2的检验结果小结

研究假设	基本检验（控制人口统计学特征变量）	调节变量（暴力经验）	调节变量（对网游的认知真实）
H_{2a}（暴力网游接触量越大，越高估卷入暴力事件中的人的比例）	——	——	——
H_{2b}（暴力网游接触量越大，越高估暴力犯罪在所有犯罪中的比例）	成立	成立	成立
H_{2c}（暴力网游接触量越大，越高估独自玩耍的小孩被害的可能性）	成立	成立	成立
H_{2d}（暴力网游接触量越大，越高估人们在一生中被枪击的可能性）	——	——	——
H_{2e}（暴力网游接触量越大，越高估每年未被侦破的谋杀案的比例）	——	——	——
H_{2f}（暴力网游接触量越大，越高估暴力犯罪在青少年犯罪中的比例）	成立	成立	成立

三、暴力网游接触量与卑鄙世界综合征

（一）总体样本的检验

为了检验研究假设3“青少年玩家的暴力网游接触量越大，越倾向于认为世界是卑鄙的”，性别、学校类别、年级等人口统计学特征变量作为控制变量进入$Block_1$，“暴力网游接触量”进入$Block_2$。

影响卑鄙世界综合征的各变量回归分析结果如表 7.98 所示。

表 7.98　预测卑鄙世界综合征的多元分层回归分析（控制人口统计学特征变量）

		第一步（β）	第二步（β）
性别（女=0）		0.274***	0.134**
学校类别（职业中学=0）	普通中学	-0.136**	-0.044
	重点中学	-0.032	0.034
家庭关系		-0.373***	-0.155**
学校关系		-0.123**	-0.137**
暴力网游接触量			0.474***
R^2（%）		36.0	48.9
ΔR^2（%）			12.9
F 值		46.277***	65.488***

结果显示，在第一步多元分层回归分析中，人口统计学特征变量对卑鄙世界综合征的解释力为 36.0%（$p<0.001$）。具体情形为：性别与卑鄙世界综合征显著正相关，这表明男生和女生相比，男生更易于认为世界是卑鄙的。和普通中学的学生相比，职业中学的学生更易于认为世界是卑鄙的。家庭关系和学校关系也与卑鄙世界综合征呈显著负相关，即与父母和老师、同学的关系越不融洽，则越可能认为世界是卑鄙的，他人是不值得信任的。

第二步加入自变量“暴力网游接触量”，加入后的模型也是成立的（$F=65.488$，$p<0.001$），且比模型 1 增加了 12.9% 的解释力，说明本研究的自变量暴力网游接触量对卑鄙世界综合征的解释力为 12.9%，前者对后者有显著的正向作用（$\beta=0.474$，$p<0.001$），即暴力网游的接触量越大，则越倾向于认为世界是卑鄙的。研究假设 3 成立。此外，从模型 2 中可以看出，男生在这一变量上的涵化效果要大于女生。同样的，家庭关系和学校关系越不融洽的受访者，其涵化效果也越强。

（二）调节变量的影响

1. 个人经验对涵化效果的影响

“个人的暴力经验”这一调节变量对暴力网游接触量与卑鄙世界综合征之

间的关系的影响，具体见表7.99。

表7.99　预测卑鄙世界综合征的多元分层回归分析
（控制人口统计学特征变量和暴力经验）

		第一步（β）	第二步（β）	第三步（β）
性别（女=0）		0.274***	0.237***	0.136**
学校类别（职业中学=0）	普通中学	-0.136**	-0.108*	-0.052
	重点中学	-0.099	-0.006	-0.033
家庭关系		-0.373***	-0.371***	-0.166***
学校关系		-0.123**	-0.134**	-0.144***
暴力经验（二者皆无=0）	受害者		0.152***	0.100**
	加害者		0.021	0.044
	二者兼有		0.110**	0.005
暴力网游接触量				0.468***
R^2（%）		36.0	38.5	50.2
ΔR^2（%）			2.5	11.7
F值		46.277***	32.023***	45.658***

从表中结果可看出，在控制了人口统计学特征变量后，个人的暴力经验对卑鄙世界综合征这一涵化指标的解释力为2.5%（$\Delta R^2 = 2.5\%$，$p<0.001$）。具体而言，有过暴力者经验的受访者以及两种经验兼有的受访者比两种暴力受害经验都没有的受访者更易于认为世界是卑鄙的。

在同时控制人口统计学特征变量和个人暴力经验的情况下，自变量暴力网游接触量进入模型。模型3的解释力比模型2增加了11.7%（$p<0.001$），自变量与因变量之间存在显著的正相关（$\beta=0.468$，$p<0.001$），说明研究假设3在控制了人口统计学特征变量和个人暴力经验的情况下，仍旧成立。

此外，从模型3的结果来看，性别和暴力受害者经验与因变量呈显著正相关，家庭关系和学校关系与因变量存在显著负相关，说明男生以及有暴力受害者经验的受访者的涵化效果更强，而家庭关系和学校关系越不融洽的受访者，越容易认为世界是卑鄙的。

以前的涵化研究中发现的共鸣效应，通常针对的是认知层面的估计，而本研究发现态度层面也有共鸣效应，值得关注。

2. 对网游的认知真实对涵化效果的影响

“对网游的认知真实”这一调节变量对暴力网游接触量与卑鄙世界综合征之间的关系的影响，具体见表 7.100。

表 7.100　预测卑鄙世界综合征的多元分层回归分析
（控制人口统计学特征变量和对网游的认知真实）

		第一步（β）	第二步（β）	第三步（β）
性别（女 =0）		0.274***	0.275***	0.134**
学校类别（职业中学 =0）	普通中学	−0.136**	−0.133**	−0.044
	重点中学	−0.032	−0.035	−0.035
家庭关系		−0.373***	−0.369***	−0.155**
学校关系		−0.123**	−0.125**	−0.137***
对网游的认知真实			0.086*	0.040
暴力网游接触量				0.474***
R^2（%）		36.0	36.2	48.9
ΔR^2（%）			0.2	12.7
F 值		40.810***	35.004***	43.689***

从表中结果可看出，在控制了人口统计学特征变量后，对网游的认知真实对卑鄙世界综合征这一涵化指标的解释力仅为 0.2%，该变量与因变量之间存在显著正相关（$\beta = 0.086$，$p < 0.05$），说明受访者对网游真实性的认知程度越高，则越可能认为世界是卑鄙的。

在第三步，自变量“暴力网游接触量”进入方程后，模型的解释力增加了 12.7%（$F = 43.689$，$p < 0.001$）。自变量与因变量之间显著正相关（$\beta = 0.474$，$p < 0.001$），说明在控制了人口统计学特征变量和对网游的认知真实这一调节变量的情况下，研究假设 3 仍旧成立。在模型 3 中，对网游的认知真实与因变量之间不再存在显著相关，说明前者对涵化效果的调节作用不明显。

四、暴力网游接触量与暴力态度

（一）总体样本

为了检验研究假设4“青少年玩家的暴力网游接触量越大，越倾向于对暴力持赞成的态度”，性别、学校类别、家庭关系和学校关系等人口统计学特征变量作为控制变量进入 $Block_1$，“暴力网游接触量”进入 $Block_2$。

影响暴力态度的各变量回归分析结果如表 7.101 所示。

表 7.101　预测暴力态度的多元分层回归分析

		第一步（β）	第二步（β）
性别（女=0）		0.272***	0.111***
学校类别（职业中学=0）	普通中学	-0.174***	-0.068
	重点中学	-0.102*	-0.026
家庭关系		-0.302***	-0.052
学校关系		-0.124**	-0.140***
暴力网游接触量			0.542***
R^2（%）		30.9	47.8
ΔR^2（%）			16.9
F 值		36.865***	62.800***

结果显示，人口统计学特征变量对暴力态度的解释力为 30.9%（$F=36.865$，$p<0.001$）。具体情形为：性别与暴力态度显著正相关，这表明，男生与女生相比，更易于对暴力持赞同的态度。而职业中学的学生对暴力的赞成度明显高于其他学校类别的学生。家庭关系和学校关系与暴力态度存在显著负相关，表明受访者与家庭和学校的关系越不融洽，则越可能持赞同暴力的态度。

第二步加入自变量“暴力网游接触量”，加入后的模型同样成立（$F=62.800$，$p<0.001$），且比模型 1 增加了 16.9% 的解释力。暴力网游接触量对暴力态度有显著的正向作用（$\beta=0.542$，$p<0.001$），研究假设 4 成立。

从模型2中可以看出，男生的涵化效果更强，与学校关系较差的学生，涵化效果更强。

（二）调节变量的影响

1. 个人经验对涵化效果的影响

“个人的暴力经验”这一调节变量对暴力网游接触量与暴力态度之间的关系的影响，具体见表7.102。

表7.102 预测暴力态度的多元分层回归分析
（控制人口统计学特征变量和暴力经验）

		第一步（β）	第二步（β）	第三步（β）
性别（女=0）		0.272***	0.197***	0.087*
学校类别（职业中学=0）	普通中学	-0.174***	-0.110*	-0.048
	重点中学	-0.102*	-0.033	-0.003
家庭关系		-0.302***	-0.285***	-0.059
学校关系		-0.124**	-0.135**	-0.146***
暴力经验（二者皆无=0）	受害者		0.112**	0.055
	加害者		0.060	0.011
	二者兼有		0.223***	0.108*
暴力网游接触量				0.514***
R^2（%）		30.9	34.8	48.9
ΔR^2（%）			3.9	14.1
F值		36.865***	27.332***	43.445***

从表中结果可看出，在控制了人口统计学特征变量后，个人的暴力经验对暴力态度的解释力为3.9%（$F=27.332$，$p<0.001$）。具体而言，具有暴力受害者经验的受访者以及兼具两种暴力经验的受访者，更易于对暴力持赞同的态度。

在同时控制人口统计学特征变量和个人暴力经验的情况下，自变量“暴力网游接触量”进入模型。模型3的解释力比模型2增加了14.1%（$F=43.445$，$p<0.001$），自变量与因变量之间存在显著的正相关（$\beta=0.514$，

$p<0.001$)，说明研究假设 3 在控制了人口统计学特征变量和个人暴力经验的情况下，仍旧成立。

在模型 3 中，兼有两种暴力经验的受访者与没有暴力经验的受访者相比，对暴力的赞同度更高，涵化的效果更强。这也证明了共鸣的效果。

2. 对网游的认知真实对涵化效果的影响

“对网游的认知真实”这一调节变量对暴力网游接触量与暴力态度之间的关系的影响，具体见表 7.103。

表 7.103　预测暴力态度的多元分层回归分析
（控制人口统计学特征变量和对网游的认知真实）

		第一步（β）	第二步（β）	第三步（β）
性别（女=0）		0.272***	0.272***	0.110**
学校类别（重点中学=0）	普通中学	−0.174***	−0.172***	−0.070
	职业中学	−0.102*	−0.103**	−0.023
家庭关系		−0.302***	−0.301***	−0.055
学校关系		−0.124**	−0.125**	−0.139***
对网游的认知真实			0.011	0.025
暴力网游接触量				0.545***
R^2（%）		30.9	31.0	47.9
ΔR^2（%）			0.1	16.9
F 值		36.865***	30.663***	53.823***

从表中结果可看出，在控制了人口统计学特征变量的情况下加入“对网游的认知真实”这一调节变量后，模型 2 对暴力态度的解释力仅增加了 0.1%，对网游的认知真实与暴力态度之间无显著正相关（$\beta=0.011$，n.s.），说明在控制了人口统计学特征变量的情况下，受访者对网游真实性的认知程度对其暴力赞同度没有显著的影响。

第三步，自变量暴力网游接触量进入方程后，模型 3 对暴力态度的解释力增加了 16.9%（$F=53.823$，$p<0.001$）。自变量与因变量之间显著正相关（$\beta=0.545$，$p<0.001$），说明在控制了人口统计学特征变量和对网游的认知真实这一调节变量的情况下，研究假设 4 成立。在模型 3 中，对网游的认知

真实与因变量之间无显著相关，说明前者对暴力态度这一涵化指标的调节作用不明显。

五、暴力网游接触量与移情水平

（一）总体样本

为了检验研究假设5“青少年玩家的暴力网游接触量越大，移情水平越低”，性别、学校类别、家庭关系和学校关系等人口统计学特征变量作为控制变量进入 $Block_1$，“暴力网游接触量”进入 $Block_2$。

影响移情水平的各变量回归分析结果如表7.104所示。

表7.104　预测移情水平的多元分层回归分析

		第一步（β）	第二步（β）
性别（女=0）		-0.060	-0.002
学校类别（职业中学=0）	普通中学	0.014	0.026
	重点中学	0.015	0.014
家庭关系		0.071	0.422
学校关系		0.008	0.043
暴力网游接触量			-0.208**
R^2（%）		1.1	3.6
ΔR^2（%）			2.5
F 值		0.906	2.549*

结果显示，模型1不成立（$F=0.906$，n.s.）。第2步加入自变量“暴力网游接触量”，模型2成立（$F=2.549$，$p<0.05$），暴力网游接触量对移情水平有显著的负向作用（$\beta=-0.208$，$p<0.01$），表明暴力网游接触量越大，则移情水平越低，研究假设5成立。

（二）调节变量的影响

1. 个人经验对涵化效果的影响

“个人的暴力经验”这一调节变量对暴力网游接触量与移情水平之间的关

系的影响，具体见表7.105。

表7.105　预测移情水平的多元分层回归分析
（控制人口统计学特征变量和暴力经验）

		第一步（β）	第二步（β）	第三步（β）
性别（女=0）		-0.060	-0.067	-0.016
学校类别（重点中学=0）	普通中学	0.014	0.028	0.003
	职业中学	0.015	0.030	0.016
家庭关系		0.071	0.078	0.024
学校关系		0.008	0.003	0.002
暴力经验（二者皆无=0）	受害者		-0.006	-0.005
	加害者		-0.114*	-0.147*
	二者兼有		-0.021	-0.046
暴力网游接触量				-0.234***
R^2（%）		1.1	2.5	5.4
ΔR^2（%）			1.4	2.9
F值		0.906	1.303	2.589**

从表中结果可看出，模型1（$F=0.906$，n.s.）和模型2（$F=1.303$，n.s.）都不成立。在同时控制人口统计学特征变量和个人暴力经验的情况下，自变量“暴力网游接触量”进入模型3。模型3对方差的解释力为5.4%，（$F=2.589$，$p<0.01$），自变量与因变量之间存在显著的负相关（$\beta=-0.234$，$p<0.001$），说明在控制了人口统计学特征变量和个人暴力经验的情况下研究假设5仍旧成立。

在模型3中，具有暴力加害者经验的受访者与没有暴力经验的受访者相比，移情水平更低，涵化效果更强，这也证明了共鸣效应。

2. 对网游的认知真实对涵化效果的影响

“对网游的认知真实”这一调节变量对暴力网游接触量与移情水平之间的关系的影响，具体见表7.106。

表 7.106 预测移情水平的多元分层回归分析
（控制人口统计学特征变量和对网游的认知真实）

		第一步（β）	第二步（β）	第三步（β）
性别（女＝0）		−0.060	−0.059	−0.004
学校类别（重点中学＝0）	普通中学	0.014	0.017	0.023
	职业中学	0.015	0.013	0.018
家庭关系		0.071	0.073	0.022
学校关系		0.008	0.009	0.004
对网游的认知真实			0.019	0.033
暴力网游接触量				−0.212**
R^2（%）		1.1	1.1	3.7
ΔR^2（%）			0	2.6
F 值		0.906	0.776	2.243*

从表中结果可看出，模型 1（$F=0.906$，n.s.）和模型 2（$F=0.776$，n.s.）都不成立，人口统计学特征变量和对网游的认知真实与移情水平之间都无显著相关的关系。自变量“暴力网游接触量”进入方程后，模型 3 对方差的解释力为 3.7%（$F=2.243$，$p<0.05$）。自变量与因变量之间显著负相关（$\beta=-0.212$，$p<0.01$），说明在控制了人口统计学特征变量和对网游的认知真实这一调节变量的情况下，研究假设 5 成立。在模型 3 中，对网游的认知真实与因变量不存在显著相关，说明前者对移情水平这一涵化指标的调节作用不明显。

六、暴力网游接触量与暴力意图

（一）总体样本

为了检验研究假设 6“青少年玩家的暴力网游接触量越大，越倾向于采取暴力行为作为解决矛盾冲突的手段”，性别、学校类别、家庭关系和学校关系等人口统计学特征变量作为控制变量进入 $Block_1$，“暴力网游接触量”进入 $Block_2$。

影响暴力意图的各变量回归分析结果如表 7.107 所示。

表 7.107　预测暴力意图的多元分层回归分析

		第一步（β）	第二步（β）
性别（女=0）		0.257^{***}	0.039
学校类别（职业中学=0）	普通中学	-0.158^{**}	−0.015
	重点中学	-0.112^{*}	−0.010
家庭关系		-0.315^{***}	−0.023
学校关系		-0.110^{*}	−0.021
暴力网游接触量			0.733^{***}
R^2（%）		24.7	55.6
ΔR^2（%）			30.9
F 值		27.037^{***}	85.803^{***}

结果显示，人口统计学特征变量对暴力意图的解释力为 24.7%（$F=27.037$，$p<0.001$）。具体情形为：性别与暴力态度显著正相关，说明男生的暴力意图比女生更明显。而职业中学学生的暴力意图明显强于普通中学和重点中学的学生。家庭关系和学校关系与暴力意图存在显著负相关，表明受访者与家庭和学校的关系越融洽，则其暴力意图越不明显。

第二步加入自变量“暴力网游接触量”，加入后的模型同样成立（$F=85.803$，$p<0.001$），且比模型 1 增加了 30.9% 的解释力。暴力网游接触量对暴力意图有显著的正向作用（$\beta=0.733$，$p<0.001$），表明暴力网游的接触量越大，则暴力意图越明显，研究假设 6 成立。

（二）调节变量的影响

1. 个人经验对涵化效果的影响

“个人的暴力经验”这一调节变量对暴力网游接触量与暴力意图之间的关系的影响，具体见表 7.108。

表 7.108　预测暴力意图的多元分层回归分析
（控制人口统计学特征变量和暴力经验）

		第一步（β）	第二步（β）	第三步（β）
性别（女=0）		0.257***	0.181***	0.027
学校类别（职业中学=0）	普通中学	−0.158**	−0.090	−0.004
	重点中学	−0.112*	−0.035	−0.007
家庭关系		−0.315***	−0.297***	−0.017
学校关系		−0.110*	−0.008	−0.024
暴力经验（二者皆无=0）	受害者		0.138**	0.095*
	加害者		0.129**	0.029
	二者兼有		0.207***	0.047
暴力网游接触量				0.714***
R^2（%）		24.7	28.8	56.0
ΔR^2（%）			4.1	27.2
F值		27.037***	20.694***	57.649***

从表 7.108 的结果中可看出，在控制了人口统计学特征变量后，个人的暴力经验对暴力意图的解释力为 28.8%（$F=20.694$，$p<0.001$），模型 2 比模型 1 对方差的解释力增加了 4.1%。具体而言，没有暴力经验的受访者和其他三类受访者相比，其暴力意图更不明显。

在同时控制人口统计学特征变量和个人暴力经验的情况下，自变量“暴力网游的接触量”进入模型。模型 3 的解释力比模型 2 增加了 27.2%（$F=57.649$，$p<0.001$），自变量与因变量之间存在显著的正相关关系（$\beta=0.714$，$p<0.001$），说明研究假设 6 在控制了人口统计学特征变量和个人暴力经验的情况下，仍旧成立。

在模型 3 中，有暴力受害者经验的受访者与没有暴力经验的受访者相比，暴力意图更明显，这也证明了共鸣的效果。

2. 对网游的认知真实对暴力意图涵化效果的影响

“对网游的认知真实”这一调节变量对暴力网游接触量与暴力意图之间的关系的影响，具体见表 7.109。

表 7.109 预测暴力意图的多元分层回归分析
（控制人口统计学特征变量和对网游的认知真实）

		第一步（β）	第二步（β）	第三步（β）
性别（女=0）		0.257***	0.258***	0.041
学校类别（重点中学=0）	普通中学	-0.158**	-0.148**	-0.012
	职业中学	-0.112*	-0.120*	-0.014
家庭关系		-0.315***	-0.303***	-0.026
学校关系		-0.110*	-0.005	-0.023
对网游的认知真实			0.079	0.031
暴力网游接触量				0.729***
R^2（%）		24.7	25.3	55.7
ΔR^2（%）			0.6	30.4
F 值		27.037***	23.195***	73.630***

从表中结果可看出，在控制了人口统计学特征变量的情况下加入“对网游的认知真实”这一调节变量后，模型 2 对暴力意图的解释力仅增加了 0.6%，对网游的认知真实与暴力意图之间无显著相关（$\beta=0.079$，n. s.）。

第三步，自变量“暴力网游接触量”进入方程后，模型 3 对暴力意图的解释力增加了 30.4%（$F=73.630$，$p<0.001$）。自变量与因变量之间显著正相关（$\beta=0.729$，$p<0.001$），说明在控制了人口统计学特征变量和对网游的认知真实这一调节变量的情况下，研究假设 6 仍旧成立。在模型 3 中，对暴力网游的认知真实与因变量仍不存在显著相关，说明前者对暴力意图这一涵化指标的调节作用不明显。

七、暴力态度与暴力意图之间的关系检验

为了检验研究假设 7“玩家对暴力的赞成度越高，则越倾向于采取暴力行为作为解决矛盾冲突的手段”，性别、学校类别、家庭关系和学校关系等人口统计学特征变量作为控制变量进入 $Block_1$，“暴力态度”进入 $Block_2$。

影响暴力意图的各变量回归分析结果如表 7.110 所示。

表 7.110　暴力态度与暴力意图的多元分层回归分析

		第一步（β）	第二步（β）
性别（女 =0）		0.257***	0.149**
学校类别（职业中学 =0）	普通中学	−0.158**	−0.089*
	重点中学	−0.112*	−0.072
家庭关系		−0.315***	−0.195***
学校关系		−0.110*	−0.049
暴力态度			0.396***
R^2（%）		24.7	35.5
ΔR^2（%）			10.8
F 值		27.037***	37.768***

第一步分层回归分析检验人口统计学特征变量对暴力意图的解释力，其解释力为24.7%（$F=27.037$，$p<0.001$）。具体情形为：性别与暴力意图显著正相关，说明男生的暴力意图比女生更明显。职业中学学生的暴力意图明显强于普通中学和重点中学的学生。家庭关系和学校关系与暴力意图存在显著负相关，表明受访者与家庭和学校的关系越融洽，则其暴力意图越不明显。

第二步加入自变量“暴力态度”，加入后的模型同样成立（$F=37.768$，$p<0.001$），且比模型 1 增加了 10.8% 的解释力，暴力态度对暴力意图有显著的正向作用（$\beta=0.396$，$p<0.001$），表明受访者对暴力的赞同度越高，则其暴力意图越明显，研究假设 7 成立。

八、移情水平与暴力意图之间的关系检验

为了检验研究假设 8 “玩家的移情水平越低，则越倾向于采取暴力行为作为解决矛盾冲突的手段”，性别、学校类别、家庭关系和学校关系等人口统计学特征变量作为控制变量进入 $Block_1$，“移情水平” 进入 $Block_2$。

影响暴力意图的各变量回归分析结果如表 7.111 所示。

表 7.111 移情水平与暴力意图的多元分层回归分析

		第一步（β）	第二步（β）
性别（女 =0）		0.257***	0.251***
学校类别（职业中学 =0）	普通中学	−0.158**	−0.156**
	重点中学	−0.112*	−0.111*
家庭关系		−0.315***	−0.309***
学校关系		−0.110*	−0.012
移情水平			−0.086*
R^2（%）		24.7	25.4
ΔR^2（%）			0.7
F 值		27.037***	23.370***

在控制人口统计学特征变量的情况下，自变量“移情水平”对因变量“暴力意图”的方差解释力为25.4%，（$F=23.370$，$p<0.001$），移情水平对暴力意图有显著的负向作用（$\beta=-0.086$，$p<0.05$），表明受访者的移情水平越低，则其暴力意图越明显，研究假设 8 成立。

九、暴力网游接触量与对犯罪的恐惧感

在检验了本研究的 8 个研究假设之后，继续针对研究问题 2“暴力网游接触量与青少年玩家的恐惧感之间是否存在正相关的关系”进行分析。

本研究用 6 个题项来测量因变量“对犯罪的恐惧感”，为了回答研究问题 2，分别进行 6 个多元分层回归分析，与之前的研究假设检验相似，首先性别、学校类别、家庭关系和学校关系等人口统计学特征变量作为控制变量进入 $Block_1$，“暴力网游接触量”进入 $Block_2$。

影响“对犯罪的恐惧感”的各变量回归分析结果如表 7.112 所示。

表 7.112　预测对犯罪的恐惧感的多元分层回归分析结果

		FC_1		FC_2		FC_3	
		第一步 (β)	第二步 (β)	第一步 (β)	第二步 (β)	第一步 (β)	第二步 (β)
性别（女=0）		0.001	0.020	0.011	0.006	0.008	0.027
学校类别（职业中学=0）	普通中学	0.923***	0.909***	0.046	0.050	-0.615**	-0.627**
	重点中学	0.162**	0.152**	0.193**	0.197**	-0.177**	-0.186**
家庭关系		-0.045	-0.022	-0.050	-0.046	0.029	0.001
学校关系		-0.017	-0.020	0.036	0.051	-0.001	0.001
暴力网游接触量			0.033		0.023		-0.064
R^2（%）		78.1	78.1	3.6	3.6	32.3	32.6
ΔR^2（%）			0		0		0.3
F 值		94.538***	49.226***	3.094**	2.594*	39.396***	33.100***
		FC_4		FC_5		FC_6	
		第一步 (β)	第二步 (β)	第一步 (β)	第二步 (β)	第一步 (β)	第二步 (β)
性别（女=0）		-0.485***	-0.522***	-0.029	0.003	-0.033	-0.006
学校类别（职业中学=0）	普通中学	0.296**	0.272**	0.251***	0.230***	0.180*	0.154*
	重点中学	0.019	0.002	0.167**	0.152**	-0.003	-0.022
家庭关系		-0.115	-0.057	0.098	0.048	-0.155*	-0.093
学校关系		-0.055	-0.052	0.012	0.015	0.034	0.030
暴力网游接触量			-0.124*		-0.109		-0.134*
R^2（%）		30.7	31.6	7.9	8.6	6.1	7.2
ΔR^2（%）			0.9		0.7		1.1
F 值		36.528***	31.655***	7.106***	6.461***	5.376***	5.276***

对于题项 FC_1，控制变量解释了因变量方差的 78.1%（$p < 0.001$）。其中，学校类别与题项 FC_1 存在显著正相关，即职业中学的学生对“被抢劫”的恐惧感更低。第二步加入自变量“暴力网游接触量”，加入后的模型虽然

成立（$F=49.226$，$p<0.001$），但与模型1相比，对方差的解释力没有增加，且自变量“暴力网游接触量”的标准系数不显著（$\beta=0.033$，n. s.），说明在控制人口统计学特征变量的情况下，暴力网游接触量与对“被抢劫”的恐惧感之间无显著正相关的关系。

同样的，对于题项 FC_2、FC_3 和 FC_5，暴力网游接触量与其都没有显著的相关关系（标准系数分别为0.023、-0.064 和 -0.109）。而对题项 FC_4 和题项 FC_6 的多元分层回归分析，虽然自变量“暴力网游接触量”对因变量有显著的影响，但标准系数分别为 -0.124 和 -0.134，说明暴力网游接触量越大，则对“被强奸或性侵犯”以及“被谋杀”的恐惧感就越弱。

可见，对于研究问题2“暴力网游接触量与青少年玩家的恐惧感之间是否存在正相关的关系”，多元分层回归分析的结果显示，在关于“对犯罪的恐惧感”的6个题项上，二者之间都不存在正相关的关系。这与电视暴力的涵化效果研究结果并不一致。

十、本节小结

本研究主要探讨暴力网游对青少年的涵化效果，具体而言，即探索暴力网游的接触量（自变量）与一系列涵化指针（因变量）之间的关系，同时考虑个人的暴力经验以及对暴力网游的认知真实这两个调节变量的调节作用。表7.113对研究假设和研究问题的多元分层回归分析的结果进行了总结。

第一顺序/个人层面的涵化假设（即 H_1）不被支持，即暴力网游接触量与个人受害可能性估计之间不存在正相关。第一顺序/社会层面的涵化假设（即 H_2）部分成立，亦即暴力网游接触量仅对暴力普遍程度这一因变量的部分题项有正向影响。

第二顺序/社会层面的涵化假设（即 H_3）得到支持，自变量与“卑鄙世界综合征”存在显著正相关的关系，而且这种关系在对个人的暴力经验以及对暴力网游的认知真实这两个调节变量进行控制的情况下仍然成立。此外，在对 H_3 进行检验的过程中还发现了个人暴力经验的“共鸣”效果，具有暴力受害者经验的受访者，其涵化效果更强。

自变量与对犯罪的恐惧感（即研究问题2）之间的正相关关系没有得到验证，这也与电视暴力的涵化效果研究不一致。

从前面这四个研究发现可以看出，自变量仅对第二顺序/社会层面的涵化指针有显著影响，而对其他几个层面的涵化指针，不存在或仅部分存在显著相关。这个与电视暴力的涵化效果有很大的不同。传统的涵化研究发现，第一顺序的涵化效果要强于第二顺序的，还有研究发现，社会层面的涵化效果强于个人层面的。而暴力网游在这几个层面的涵化效果强度，与电视存在诸多差异。造成这些差异的原因及背后的影响机制，将在第八章中进一步讨论与总结。

除了以上四个涵化指标，本研究还进一步探讨了自变量对暴力态度、移情水平以及第三顺序的涵化指标——暴力意图这三个因变量的影响。多元分层回归分析的结果显示，自变量与这三个因变量之间存在显著正相关，且暴力态度与移情水平也对暴力意图有正向显著影响。为了进一步厘清第三顺序的涵化效果的影响机制，在本章的下一节将运用结构方程模型对这四个变量（即暴力网游接触量、暴力态度、移情水平和暴力意图）之间的关系进行进一步检验。

在涵化假设检验的过程中，还发现了共鸣效果的存在。传统的电视涵化研究中，共鸣效果多出现在认知层面，而在本研究中，针对卑鄙世界综合征、暴力态度、移情水平和暴力意图的涵化检验，都发现了共鸣效果，亦即个人的暴力经验会放大受访者在这几个指标上的涵化效果。其背后的含义也将在第八章中进一步探讨。

表 7.113　研究假设和研究问题的多元分层回归分析结果

		总体样本	控制暴力经验	控制对网游的认知真实	备注
H_1：个人受害可能性	H_{1a}	不成立	不成立	不成立	个人的暴力经验对“个人遭受攻击的可能性”和“被抢劫的可能性”的估计存在显著正相关的影响，这与之前部分涵化效果研究的结果相一致
	H_{1b}	不成立	不成立	不成立	
	H_{1c}	不成立	不成立	不成立	
H_2：暴力普遍的程度	H_{2a}	不成立	不成立	不成立	
	H_{2b}（暴力犯罪百分比）	成立	成立	成立	
	H_{2c}（小孩被害的可能性）	成立	成立	成立	

（续上表）

		总体样本	控制暴力经验	控制对网游的认知真实	备注
H_2：暴力普遍的程度	H_{2d}	不成立	不成立	不成立	
	H_{2e}	不成立	不成立	不成立	
	H_{2f}（青少年犯罪百分比）	成立	成立	成立	
H_3：卑鄙世界综合征		成立	成立	成立	共鸣效应
RQ_2：恐惧		不成立	不成立	不成立	
H_4：暴力态度		成立	成立	成立	共鸣效应
H_5：移情水平		成立	成立	成立	共鸣效应
H_6：暴力意图		成立	成立	成立	共鸣效应
H_7：暴力态度→暴力意图		成立	成立	成立	
H_8：移情水平→暴力意图		成立	成立	成立	

第六节　第三顺序的涵化效果：结构方程模型的检验结果

结构方程模型（Structural Equation Model）由两部分组成：测量模型（Measurement Model）和结构模型（Structural Model）。其中，测量模型主要用于表示观测变量（Observed Variables）与潜变量（Latent Variables）的关系，具体而言就是利用验证性因子分析方法（CFA）来验证模型中各个观测变量是否能够准确地测量其潜在变量；结构模型的目的则在于研究各潜在变量之间的因果关系，以验证其理论模型。在进行研究模型拟合度评估之前必须获得可接受的测量模型，且必须考虑变量的测量误差，以避免不正确的测量模型所造成的错误结果；接着是对拟合度（Model Fitness）进行评估，验证整个研究模型是否与收集到的资料之间无显著差异，目的在于检验模式中各个潜在变量之间的因果关系是否成立。

本节先利用验证性因子分析来验证模型中观测变量与潜在变量的关系，在此基础上，针对本研究的研究假设 4 至研究假设 8 进行结构方程模型的检验，探讨“第三顺序”的涵化效果。

一、验证性因子分析

因子分析是一种资料的推导，对于因子抽取的决定，是根据实际所收集的资料而得，可是，我们会依据过去学者的研究及种种的理论基础来决定各题项所属的因子，对于研究者而言，我们所搜集的资料对于先前提出的概念模式是否恰当就必须借由验证性因子分析来确定。

本研究需要进行验证性因子分析的变量有两个：暴力态度和移情水平。验证性因子分析包括两方面的内容：一是因子和指标之间的载荷系数；二是测量模型的拟合度。

1. 暴力态度

利用 AMOS 17.0 对 $VA_1 \sim VA_{10}$ 这 10 个观测变量进行验证性因子分析，验证暴力态度的结构，结果如图 7.1 所示。从分析结果可以看出，所有 10 个测量条目在相应因子上的负荷都高于 0.50。模型拟合优度见表 7.114。除了 GFI 稍低之外，绝大多数拟合优度指标达到了可接受的水平，说明模型是可以接受的。从结果可以看出，暴力态度很好地解释了暴力文化和应激性暴力这两个维度。

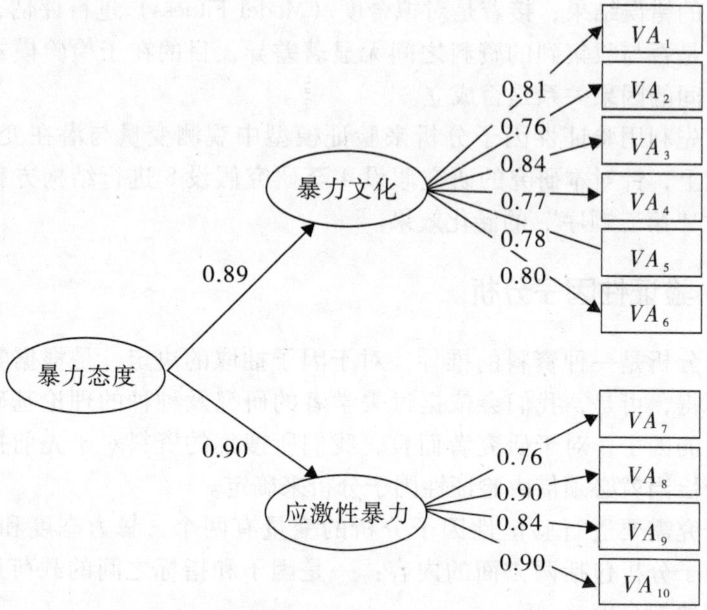

图 7.1　暴力态度的二阶二因子模型

表 7.114　暴力态度的二阶二因子模型拟合优度指标

	χ^2	*df*	Chi-Square/*df*	GFI	RMSEA	CFI	NFI	NNFI
判断标准			<5	>0.90	<0.08	>0.90	>0.90	>0.90
模型	140.5	33	4.26	0.89	0.078	0.97	0.97	0.98

2. 移情水平

在本章第一节对移情水平这一变量进行探索性因子分析时，量表中的 28 个题项，保留 24 个，现在继续利用验证性因子分析对这 24 个题项进行检验，验证移情的结构，验证结果见图 7.2，模型拟合优度见表 7.115。从分析结果可以看出，所有 24 个测量条目在相应因子上的负荷量都高于 0.50，模型的拟合优度指标也达到了可接受的水平，说明模型是可以接受的。移情水平很好地解释了幻想、观点转移、同理关心和个人挫折这四个维度，同时绝大多数拟合优度指标达到了可接受的水平。移情的二阶因子结构得到很好的验证。

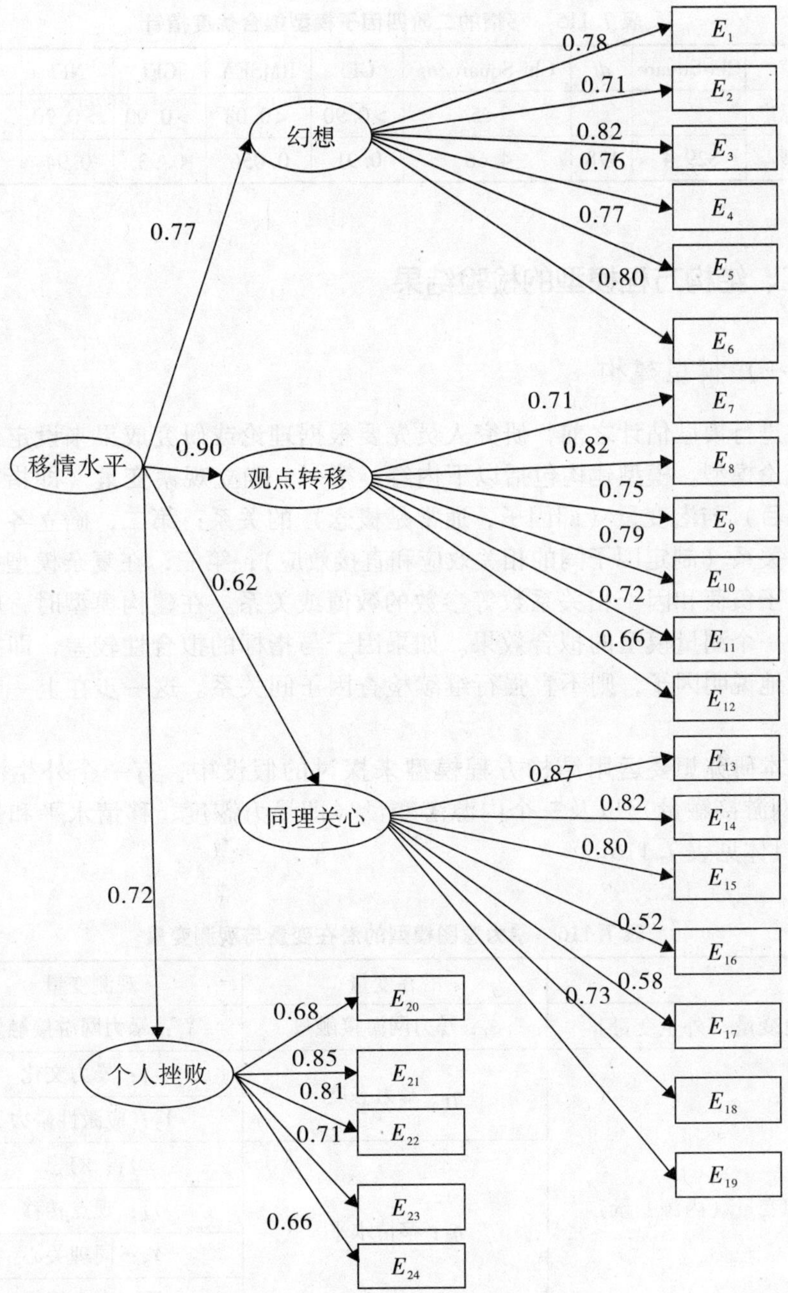

图 7.2　移情水平的二阶四因子模型

表 7.115　移情的二阶四因子模型拟合优度指针

	Chi-Square	*df*	Chi-Square/*df*	GFI	RMSEA	CFI	NFI	NNFI
判断标准			<5	>0.90	<0.08	>0.90	>0.90	>0.90
模型	829.4	178	4.66	0.91	0.056	0.93	0.94	0.93

二、结构方程模型的检验结果

（一）模型建构

在进行模型估计之前，研究人员先要根据理论或研究成果来设定假设的初始理论模型。模型建构包括以下内容：第一，确立观察变量（即指标，通常是题目）与潜变量（即因子，通常是概念）的关系；第二，确立各变量间的相互关系（制定因子间的相关效应和直接效应）；第三，在复杂模型中可以限制因子负荷和因子相关系数等参数的数值或关系。在建构模型时，应当先检查每一个测量模型的拟合效果。如果因子与指标的拟合性较差，即指标无法有效地说明因子，则不宜强行继续检查因子间关系。这一步在上一节中已经进行。

在本研究想要运用结构方程模型来探讨的假设中，有一个外生潜变量（暴力网游接触量）以及三个内源潜变量（即暴力态度、移情水平和暴力意图），具体见表 7.116。

表 7.116　暴力意图模型的潜在变量与观测变量

	潜在变量	观测变量
自变量（外生变量）	ξ_1：暴力网游接触量	X_1：暴力网游接触量
因变量（内源变量）	η_1：暴力态度	Y_1：暴力文化
		Y_2：应激性暴力
	η_2：移情水平	Y_3：幻想
		Y_4：观点转移
		Y_5：同理关心
		Y_6：个人挫折
	η_3：暴力意图	Y_7：暴力意图

对于内源潜变量“暴力态度”，有两个观测变量，分别是暴力文化和应激性暴力。根据验证性因子分析的结果，暴力文化由 6 个题项组成（分别是 $VA_1 \sim VA_6$），应激性暴力由 4 个题项组成（$VA_7 \sim VA_{10}$）。

内源潜变量“移情水平”有 4 个观测变量，分别是幻想、观点转移、同理关心和个人挫折。其中，幻想由 6 个题项组成（$E_1 \sim E_6$），观点转移由 6 个题项组成（$E_7 \sim E_{12}$），同理关心由 7 个题项组成（$E_{13} \sim E_{19}$），个人挫折由 5 个题项组成（$E_{20} \sim E_{24}$）。

内源潜变量“暴力意图”由单个观测变量进行衡量，该观测变量由 3 个题项组成（分别是 $VI_1 \sim VI_3$）。

外生潜变量“暴力网游接触量”由单个观测变量衡量。该观测变量对暴力网游的接触量重新进行划分，其中，1 ~20 为较轻度，赋值为 1；21 ~40 为轻度，赋值为 2；41 ~60 为中度，赋值为 3；61 ~80 为较重，赋值为 4；81 ~100 为重度接触，赋值为 5。

具体的路径图见图 7. 3。

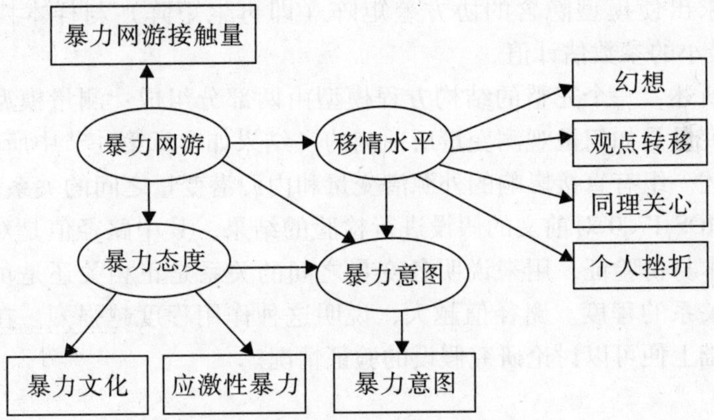

图 7. 3　结构方程模型的路径图

在利用 AMOS 17. 0 进行处理时，将上面的路径图简化为图 7. 4。

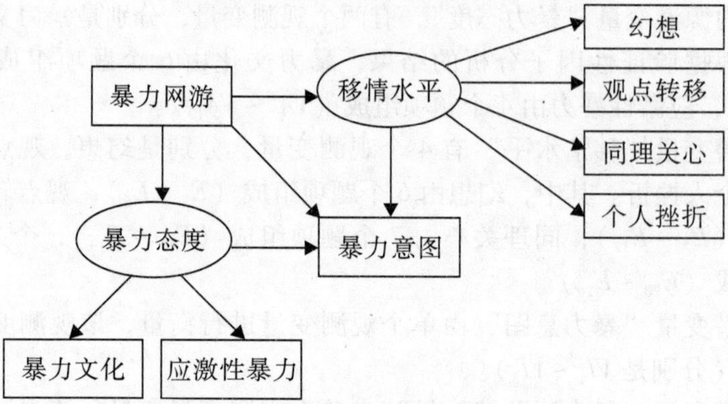

图 7.4　结构方程模型的简化路径图

（二）模型拟合（Model Fitting）

模型拟合过程就是求解模型参数的估计值。在结构方程模型分析中，求解目标是求出使模型隐含的协方差矩阵（即再生矩阵）与样本协方差矩阵“差距”最小的参数估计值。

如前所述，一个完整的结构方程模型由两部分组成：测量模型描述的是每个潜在变量是如何被观测变量所预测的（结果如本章第一节中所示），结构模型则描述一组有直接影响的外源潜变量和内源潜变量之间的关系。表 7.117 是通过 AMOS 17.0 对前文的假设进行检验的结果，其中路径值是对假设关系的一个基本身份验证，用来说明各变量之间的关系是正相关还是负相关以及这种相关关系的程度。路径值越大，说明这种作用程度越强烈。在以上计算结果的基础上便可以讨论研究假设的验证情况。

表 7.117　模型假设检验结果表

研究假设	路径假设	系数负荷	路径值	结论
H_4	暴力网游接触量→暴力态度	0.699	0.000	支持
H_5	暴力网游接触量→移情水平	−0.197	0.000	支持
H_6	暴力网游接触量→暴力意图	0.668	0.000	支持
H_7	暴力态度→暴力意图	0.111	0.031	支持
H_8	移情水平→暴力意图	0.006	0.858	不支持

从表 7.117 看出，除了“移情水平→暴力意图”这一路径的系数不显著之外，其他路径的系数都显著。研究假设 H_4 认为，暴力网游接触量和暴力态度正相关。从表中可以看出，自变量与暴力态度直接的标准化系数为 0.699，二者存在显著正相关，即暴力网游的接触量越大，暴力赞同度就越高，研究假设 H_4 成立。

暴力网游接触量与移情水平呈显著负相关（标准化系数为 -0.197），说明暴力网游的接触量越大，移情水平越低，研究假设 H_5 成立。

暴力网游接触量与暴力意图呈显著正相关（标准化系数为 0.668），说明暴力网游的接触量越大，则暴力意图越明显，研究假设 H_6 成立。

暴力态度和暴力意图显著正相关（标准化系数为 0.111），即对暴力态度的赞同度越高，则暴力意图越明显。研究假设 H_7 成立。

移情水平与暴力意图无显著相关（标准化系数为 0.006，n. s.），研究假设 H_8 不成立。需要指出的是，在上一节对研究假设 H_8 的检验是成立的（$\beta = -0.086$，$p < 0.05$），但显著程度不是那么高，而在本节中综合考察诸变量对暴力意图的影响时，移情水平与暴力意图的相关程度变得不显著，可见，对暴力意图这个第三顺序的涵化指标，其他两个变量（暴力网游接触量和暴力态度）的影响程度更高。

（三）模型评价（Model Assessment）

结构模型的计算结果包括三方面的内容：一是外生潜变量和内源潜变量之间的路径系数及其统计显著性判断；二是内源潜变量之间的回归权重及其统计显著性判断；三是结构模型的拟合度。因此在取得了参数估计值以后，需要对模型与数据之间是否拟合进行评价，其目的主要是判断研究者所建构的理论模式是否能够对实际观测所得的数据予以合理解释。

1. 结构方程的指数评价体系

评价结构方程的拟合优度时，应依据多个拟合指数的综合拟合结果，而不能依赖其中的一个或几个拟合指数的值。在满足基本拟合标准的基础上（基本拟合标准是用来检验模型的误差、辨认问题或输入是否有误等，可衡量指标的衡量误差不能有负值、因子负荷不能太低（小于 0.5）或太高（大于 0.95），并且这些因子负荷是否都达到显著水平，结构方程模型常用的拟合指数包括绝对拟合指数和相对拟合指数。

（1）绝对拟合指数包括：

拟合优度卡方值 χ^2：拟合结果希望得到不显著的卡方值，即卡方值应该对其自由度相对很小。很小的卡方值说明拟合很好，很大的卡方值说明拟合不好。

χ^2/df：尽管卡方检验提供模型在统计上是否成功的信息，但卡方值与样本规模相关联，因而，它常常不能很好地判定模型的拟合。侯杰泰（2004）认为报告 χ^2/df 比单纯报告 χ^2 更受欢迎，特别在模型比较时更具有参考价值。通常如果卡方值与自由度之比小于5，则认为模型拟合较好。

拟合优度指数 GFI（Goodness-of-Fit Index）：GFI 可以测定观察变量的方差协方差矩阵 S 在多大程度上被模型定义的方差协方差矩阵 E 所预测。

Browne & Cudeck（1993）建议使用均方根近似误差（Root Mean Square Error of Approximation，RMSEA）作为每个自由度差距量数（Measure of Discrepancy Per Degree of Freedom）。均方根近似误差不大于0.05 时是“拟合度良好”（Good Fit）；0.05 至0.08 是属于“拟合度尚佳”（Fair Fit）；0.08 至0.10 属于“拟合度普通”（Mediocre Fit）；如大于0.10 则属于“拟合度不佳”（引自吴裕益，2004）。

（2）相对拟合指数反映了一个模型与另一个模型的相对拟合程度，常用的相对拟合指数包括 NFI（Normal Fit Index）和 CFI（比较拟合指数，Comparative Fit Index）等。NFI 值介于0 和1 之间，越接近于1，表明模型拟合效果越好。同样，CFI 的取值也在0 和1 之间，越接近于1，表明模型的拟合效果越好。

2. 本研究的拟合程度

表7.118 中列出本研究假设模型中的拟合指针值，并与理想的参考标准值进行比较。

表7.118　结构方程模型检验的拟合优度指标

		参考标准	实际值
绝对拟合指数	Chi-Square χ^2		49.5
	df		17
	χ^2/df	<5	2.91
	RMSEA	<0.08	0.068
	GFI	>0.90	0.961
相对拟合指数	NFI	>0.90	0.973
	CFI	>0.90	0.982

从表7.118 的结果可以发现，假设模型的卡方值为49.5，自由度为17，χ^2/df的值为2.91，小于5，说明模型的拟合优度较好。其他绝对拟合指数和相

对拟合指数的值也符合参考标准，可以看出整个模型的拟合优度是较为理想的。

（四）模型修正与再评价

从上一节的结果可以看出，本研究的假设模型基本成立，有较好的拟合优度。暴力网游接触量、暴力态度、移情水平和暴力意图四个变量之间的假设关系大部分得到了验证。但是有的变量之间的关系显著程度并不高。例如移情水平和暴力意图两个变量之间的路径系数仅为 0.006，p 值大于 0.05。因此，可以对假设模型进行进一步的修正，以使其得到更高的拟合优度。

本研究采取删除 t 值不显著的路径来对模型进行修正。在假设模型中，移情和暴力意图两个变量之间的路径系数为 0.006（$p>0.05$），这说明移情对暴力意图没有非常明显的直接影响。在删除掉该路径之后，再次对新的修正模型进行验证。重新进行估计的各个参数值都达到显著水平，可见，新的假设模型也得到了验证，各个变量之间的路径系数的显著程度均有提高（见表 7.119）。

表 7.119　修正模型的检验结果表

研究假设	路径假设	系数负荷	路径值	结论
H_4	暴力网游接触量→暴力态度	0.699	0.000	支持
H_5	暴力网游接触量→移情水平	-0.197	0.000	支持
H_6	暴力网游接触量→暴力意图	0.668	0.000	支持
H_7	暴力态度→暴力意图	0.118	0.028	支持

前后两个模型的拟合优度比较见表 7.120：

表 7.120　假设模型与修正模型的拟合优度比较

		实际值	修正后
绝对拟合指数	Chi-Square χ^2	49.5	49.6
	df	17	18
	χ^2/df	2.91	2.76
	RMSEA	0.068	0.065
	GFI	0.961	0.964
相对拟合指数	NFI	0.973	0.973
	CFI	0.982	0.982

表 7.120 显示，修正后的模型的拟合优度指标与修正前的大部分差不多，有一些指标有了改善。例如 χ^2/df 从 2.91 降低到 2.76，RMSEA 的值从 0.068 降低到 0.065，GFI 值从 0.961 增加到 0.964。这说明删掉路径之后的修正模型较之前的假设模型有了更高的拟合优度。

（五）暴力网游接触量、暴力态度、移情水平与暴力意图的关系总结

本研究运用结构方程模型来检验暴力网游接触量、暴力态度、移情水平与暴力意图四个变量之间的相互关系，其直接效应和间接效应以及总效应如表 7.121、表 7.122、表 7.123 所示。

表 7.121 变量之间的直接影响

		暴力网游接触量	暴力态度
暴力态度	β值	0.699	
	p	0.000	
移情水平	β值	-0.197	
	p	0.000	
暴力意图	β值	0.668	0.111
	p	0.000	0.031

从上表可以看到，暴力网游接触量对暴力态度和移情水平有直接显著影响，其路径系数分别为 0.699（$p<0.001$）和 -0.197（$p<0.001$）。暴力网游接触量和暴力态度对暴力意图也有直接的显著影响，其路径系数分别为 0.668（$p<0.001$）和 0.111（$p<0.05$）。暴力网游接触量对暴力意图除了有直接影响外，还通过暴力态度这一变量对暴力意图有间接影响。其影响的值为 0.077（即 0.699 ×0.110），见表 7.122。

表 7.122 变量之间的间接影响

		暴力网游接触量
暴力意图	β值	0.077

综上所述，假设模型中所有变量之间的效果归纳在表 7.123 中。

表 7.123　暴力网游接触量、暴力态度、移情水平与暴力意图的总效应

		接触量	暴力态度
暴力态度	β值	0.699	
移情水平	β值	-0.197	
暴力意图	β值	0.747	0.111

本小节探讨中学生的暴力网游接触量和他们的暴力态度、移情水平以及暴力意图之间的关系。根据研究假设，暴力网游接触量和暴力态度、暴力意图存在正相关，与移情水平存在负相关的关系，暴力态度与暴力意图存在正相关的关系，移情水平与暴力意图存在负相关的关系。这些假设在结构方程模型的验证中，大部分得到了支持。根据最终修正后的模型显示，这些变量之间存在着5种显著路径：暴力网游接触量直接正向影响暴力态度；暴力网游接触量直接负向影响移情水平；暴力态度直接正向影响暴力意图；移情水平间接负向影响暴力意图；暴力网游接触量通过暴力态度间接正向影响暴力意图。

总的来说，本研究中用结构方程模型来检验的5个研究假设大部分成立。标有全部参数值的结构方程模型图如图7.5所示。

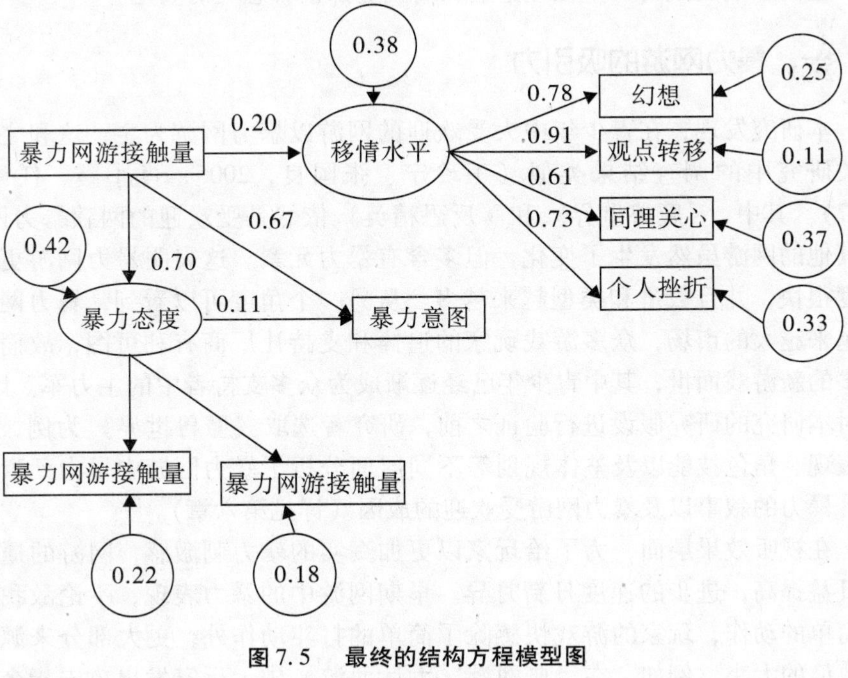

图 7.5　最终的结构方程模型图

第八章　总结与讨论

本章对研究结果进行摘要总结，并探讨本研究的理论价值、方法创新和对现实的启示，最后分析研究的局限之所在以及今后的研究方向。

第一节　研究结果总结

网络与游戏结合的全新娱乐方式打破了传统的游戏模式，带来了翻天覆地的变化，以网游为代表的新娱乐文化在全球范围内引发了数字娱乐消费的浪潮。随着网游，尤其是暴力网游在青少年玩家中的盛行甚至是成瘾，社会各界对其的关注也越来越多，澄清暴力网游对青少年认知、态度和情感等方面产生的影响也成为一个在理论上和实践上都很有意义的问题。

一、暴力网游的吸引力

本研究发现，在青少年中大受欢迎的网游以暴力网游为主，这和之前的相关研究中的调查结果类似（王玲宁、张国良，2005；肖小霞、任许文，2007）。其中，《魔兽世界》和《反恐精英》依然是受欢迎的两款暴力网游，而其他的网游虽然发生了变化，但多含有暴力元素。这表明暴力网游更新的速度很快，并且数量和类型越来越多。从另一个角度可以看到，暴力网游有着越来越大的市场，众多游戏玩家的追捧和支持让厂商有利可图，故而有如此多的新游戏面世，其中青少年已经逐渐成为众多支持者中的主力军。因此，在对本研究的研究假设进行验证之前，研究者选取《魔兽世界》为例，从视觉表现、角色技能以及整体规划等不同层面分析了暴力网游中暴力元素的展现、暴力的叙事以及暴力网游受欢迎的成因（详见第六章）。

在视听效果层面，为了给玩家以更加真实的暴力刺激感，网游的逼真程度日益提高，进步的速度日新月异。早期网游中的暴力表现，不论敌我都只是简单的动作，玩家的游戏快感除了简单的打斗动作外，更大部分来源于伤害数值的大小。例如，在经典网游《大话西游》中，玩家发出攻击指令，游戏角色以规定好的动作跑到怪物身边攻击。怪物受到攻击后，做出受伤的动作，然后头顶冒出“-99 999”之类的代表血量的数字，超过了怪物血量后，怪物就会狼狈跑开，这样的战斗还显得相当可爱。后来玩家对这种傻傻的暴力不感兴趣了，于是更为华丽的暴力形式——特效和光效出来了，人物越来越精致，怪物越来越凶恶，只有这样，征服这些怪物的玩家兴奋点才越高，满足感才越强。很快，玩家对华丽的光效又习以为常了，只能用更高级的暴力形式来满足他们，在打打杀杀中加入怪物的配音，在击打怪物后获得血溅八方的畅快淋漓的感觉，拳拳到肉、轰烂成渣、支离破碎的怪物尸体和撕心裂肺的声音，令玩家大呼过瘾。[①] 在《魔兽世界》的许多画面被和谐之后，玩家迅速发明了各种补丁来恢复原来的暴力画面和声效，这也从一个侧面反映了玩家在长期沉浸中被“培养（或涵化）”出了重口味。令人担忧的是，网页游戏和手机网游也面临着同样的趋势，云技术的出现，多平台网游技术难题一步步被攻克，无端和有端游戏的差距逐渐缩小，刀光剑影、血肉横飞的场面极有可能出现在网页游戏中。而技术上的瓶颈被突破后，手机网游的暴力成分达到 PC 网游水平也指日可待。

除了视觉表现力上反映的刀光剑影、血肉横飞等极度血腥和渲染暴力的倾向外，团队归属感、暴力的正义化和合法化叙事都有助于暴力网游大行其道，而其背后是更加隐蔽的精心设计的强化玩家争强好胜心态的 PK 系统。如同现实生活中有限的资源与无限的欲望之间的矛盾，在网游的世界里，等级、武器、虚拟货币等也是令众玩家如饥似渴、争相追逐的稀缺资源。想要突破资源的限制，就要付出高额代价。以《魔兽世界》为例，游戏玩家们获得武器装备的途径只有两种，或是通过购买升级，或是通过击杀一种超级怪物获得。也就是说，有需求就有市场的基本经济规律在游戏世界中同样可行，只要拥有足够的经济基础，升级、装备等问题便可以通过购买迎刃而解；但如果玩家囊中羞涩，又想在游戏中占据一席之地，那就要耗费大量的时间和资源攻克一个又一个难关。也正是因为这样，长时间耗在计算机面前就成为大多数玩家的唯一选择。[②]

目前市场上大多数游戏中都有拉锯战式的规则设定，在游戏进行过程中，玩家无法随意上线或下线，而众多玩家也就被游戏开发商的这些程序轻而易

① 《是美学还是重口味——暴力游戏大剖析》，http：//news.17173.com/content/2011-10-02/20111002154049746_all.shtml。

② 《是美学还是重口味——暴力游戏大剖析》，http：//news.17173.com/content/2011-10-02/20111002154049746_all.shtml。

举地控制着。此外，虽然设计者也会推出种种惩罚措施来限制玩家之间的PK，但游戏运营方面会“贴心”地推出种种补偿方式，只要玩家花钱，系统惩罚就会在很短时间内恢复。本来为了游戏平衡所精心设置的惩罚在金钱的面前变得不堪一击，也间接鼓励了玩家进行PK，玩家的好胜心越强，游戏道具越好卖，运营商的收益也就越高。正是这些设计使得游戏逐步失去了其本身的娱乐性和教育意义，沦为了依靠暴力刺激感官的视觉游戏。①

二、暴力网游对青少年的涵化效果

在分析了暴力网游大受欢迎的机制之后，本书运用多元分层回归分析以及结构方程模型来检验暴力网游对青少年玩家的涵化效果。传统的涵化研究发现，电视对受众第一顺序的涵化效果要强于第二顺序的，也有分析发现受众社会层面的涵化效果要强于个人层面的。受此启发，本研究首先将涵化指针划分为第一顺序/个人层面、第一顺序/社会层面、第二顺序/个人层面以及第二顺序/社会层面，接着进一步探讨暴力态度、移情水平以及暴力意图的涵化效果。

（一）第一顺序（认知层面）的涵化效果

本研究分别通过3个题项和6个题项来测量玩家对个人层面和社会层面的暴力认知。

结果显示，不论是在控制人口统计学特征变量的情况下，还是在同时控制人口统计学特征变量和调节变量（包括个人的暴力经验和对网游的认知真实）的情况下，个人层面的暴力认知都不成立。但是个人的暴力经验对“个人遭受攻击”和“个人被抢劫”的可能性的估计存在显著正相关的影响，这与之前部分涵化效果研究的结果相一致。

社会层面的暴力认知的涵化效果，仅在部分题项上得到支持。重度接触暴力网游会影响玩家对“所有的犯罪中，暴力犯罪所占的百分比”、“白天在公园独自玩耍的小孩被害的可能性”和“青少年犯罪中，暴力犯罪所占的百分比”的估计，但是在“在任意一个星期里，100个人中有多少人会卷入暴力事件中”、“人们在一生中被枪击的可能性”和“每年有百分之多少的谋杀案没有被侦破”这三个题项上，涵化效果不存在。

---

① 《是美学还是重口味——暴力游戏大剖析》，http：//news.17173.com/content/2011－10－02/20111002154049746_all.shtml。

把涵化研究中所探讨的社会认知区分为个人层面和社会层面，有其理论上的必要性。其着眼点就是此区分对于了解涵化作用由何而来，或可提供部分解释。玩家在建构属于个人层面的社会现实时，所考虑的与个人有关的各项因素，相关的信息较可能经由个人亲身接触而来；在建构社会层面的社会现实时，则倾向于媒介接触所得。因此，在研究社会层面的涵化指标时，媒体的涵化效果较可能出现。把社会现实进行个人层面和社会层面的区分，还涉及另一个假设：不同的信息渠道彼此竞争，当媒体所提供的信息是玩家主要赖以建构社会现实的基础时，涵化效果才有产生的条件。然而在本研究中，虽然网游是玩家经常接触的媒体之一，但由于玩家对网游的认知真实性并不是很高（均值为2.41），这意味着玩家主要赖以建构社会现实的信息并非来自网游，因此社会层面的认知涵化效果并没有全部成立。需要进行更细致的研究来探索，为何在某些题项上的社会层面的认知涵化效果存在，而在某些题项上则不然。

此外，中美在社会治安等方面的差异或许也是认知层面的涵化效果不成立的部分原因。和美国不同，中国尚未允许个人持有枪支合法化，因此对于被枪击的可能性估计普遍较低，即使这在暴力网游中是司空见惯的场景。

（二）第二顺序的涵化效果（卑鄙世界综合征与恐惧感）

和第一顺序的涵化效果一样，本研究也从社会层面（卑鄙世界综合征）和个人层面（恐惧感）两个角度对第二顺序的涵化效果进行测量。

在控制人口统计学特征变量的情况下，卑鄙世界综合征的涵化效果成立（$\beta=0.474$，$p<0.001$），男生和女生相比涵化效果更强。家庭关系和学校关系越不融洽的受访者，其涵化效果也越强。对暴力经验和人口统计学特征变量同时控制的条件下，涵化效果仍旧存在（$\beta=0.468$，$p<0.001$），且有暴力受害者经验的受访者的涵化效果更强。同时控制人口统计学特征变量和对暴力网游的认知真实情况下，假设仍旧成立，但调节变量“对网游的认知真实”对涵化效果的调节作用不明显。

在控制不同变量的情况下，在关于“对犯罪的恐惧感”的6个题项上，都没有发现玩家存在个人层面/第二顺序的涵化效果，亦即暴力网游接触量与玩家的恐惧感之间不存在正相关的关系。这个与电视暴力的涵化研究结果不同，其原因或许在于电视与网游的受众所处的地位的差异。电视观众对于电视暴力内容处于被动接受的状态，长期收视可能涵化出恐惧的观感；而暴力网游的玩家在游戏中处于主动的地位，同时是暴力行为、动作的发出者和承受者，而其中的暴力元素正是令他们乐此不疲地玩游戏的诱因，因此恐惧感较少。

（三）暴力态度、移情水平和暴力意图的涵化效果

本研究首先通过多元分层回归分析来分别验证暴力网游接触量对暴力态度、移情水平以及暴力意图的影响。

对于总体样本，暴力态度的涵化效果成立（$\beta = 0.542$，$p < 0.001$），暴力网游接触量对暴力态度有显著的正向作用。其中男生以及与学校关系较差的学生涵化效果更强。在控制了人口统计学特征变量和个人暴力经验的情况下，对暴力态度的涵化效果依然存在（$\beta = 0.514$，$p < 0.001$），且兼有两种暴力经验的受访者与没有暴力经验的受访者相比，对暴力的赞同度更高，涵化的效果更强。在控制了人口统计学特征变量和对网游的认知真实的情况下，对暴力态度的涵化效果也存在（$\beta = 0.545$，$p < 0.001$），但对网游的认知真实这一变量的调节作用不明显（$\beta = 0.025$，$p > 0.05$）。

对于总体样本，玩家的移情水平与暴力网游接触量有显著的负相关（$\beta = -0.208$，$p < 0.01$）。在控制了人口统计学特征变量和个人暴力经验的情况下，负相关关系仍旧成立（$\beta = -0.234$，$p < 0.001$）。具有暴力加害者经验的受访者与没有暴力经验的受访者相比，移情水平更低，涵化效果更强。在控制人口统计学特征变量和对网游的认知真实的情况下，涵化效果仍然存在（$\beta = -0.212$，$p < 0.01$），但对网游的认知真实这一变量的调节作用不明显（$\beta = 0.033$，$p > 0.05$）。

总体样本的暴力意图的涵化效果成立（$\beta = 0.733$，$p < 0.001$），暴力网游接触量对暴力意图有显著的正向作用。在控制了人口统计学特征变量和个人暴力经验的情况下，该涵化效果仍旧成立（$\beta = 0.714$，$p < 0.001$）。且有暴力受害者经验的受访者与没有暴力经验的受访者相比，暴力意图更明显。在控制口人统计学特征变量和对网游的认知真实的情况下，自变量对暴力与因变量之间的正相关关系仍旧存在（$\beta = 0.729$，$p < 0.001$），但调节变量对网游的认知真实的调节作用不明显（$\beta = 0.031$，$p > 0.05$）。

此外，本研究还分别检验暴力态度与移情水平对玩家暴力意图的影响。多元分层回归分析结果显示，暴力态度对暴力意图有显著的正向作用（$\beta = 0.396$，$p < 0.001$），而移情水平则对暴力意图有显著的负向作用（$\beta = -0.086$，$p < 0.05$），

为了进一步厘清暴力网游的第三顺序的涵化效果，本研究使用结构方程模型来探讨暴力网游接触量、暴力态度、移情水平以及暴力意图四者之间的相互关系。研究发现，暴力网游接触量不仅对暴力意图有直接影响（$\beta = 0.668$，$p < 0.001$），同时也通过影响暴力态度（$\beta = 0.699$，$p < 0.001$）

而对暴力意图有间接影响。其中，暴力态度对暴力意图也有正向影响（$\beta = 0.111$，$p < 0.05$），而移情水平与暴力意图没有显著相关（$\beta = 0.006$，$p > 0.05$）。从这个结果可以更好地看出自变量对暴力意图的作用机制，这是一个很有趣的发现：移情水平与暴力意图的关系在多元分层回归分析中得到验证，但是在结构方程模型中不成立，说明暴力意图更多地通过暴力态度影响，而移情水平则不必然影响玩家的暴力意图。从多元分层回归分析中也可以看出，暴力态度对暴力意图的影响系数（$\beta = 0.396$，$p < 0.001$）要远大于移情水平的影响系数（$\beta = -0.086$，$p < 0.05$）。

（四）共鸣效果

在本研究的假设检验过程中，发现多处暴力经验的共鸣效果。玩家的暴力经验对于卑鄙世界综合征、暴力态度、移情水平和暴力意图都有调节效果。这意味着有暴力经验的玩家，会更倾向于对他人持有不信任的观感，对暴力会持有更加赞成的态度，移情水平更低，而暴力意图更明显，这一研究结果对家长、学校都有着深刻的启发意义。

（五）控制变量的作用

研究还发现，家庭关系、学校关系和学校类别对部分涵化效果存在调节作用。被调查对象的学校关系与家庭关系的结果显示，青少年的人际关系有所淡化，同学、师生之间很少维持很好的关系（均值为3.49），而本应该比较好的与父母之间的关系也趋于一般化（均值为3.30）。家庭关系比较差的学生，在卑鄙世界综合征上的涵化效果更强。学校关系较不融洽的学生，在暴力态度上的涵化效果更强。而职业中学的学生，和其他学校类别的学生相比，在部分涵化指标上的效果更加明显。

这些结果也给予我们多种启示：计算机网络在为那些性格内向的青少年提供展示自我平台的同时，也使他们在“网下”的现实生活中产生更加内向、孤僻、冷漠、情感缺乏和亲情淡化的心理状态，从而导致青少年非人性化倾向增加。人际关系越疏离，与现实世界互动越少的青少年，当长期沉浸在网络游戏中时，仪式性的使用会使他越加接受游戏所呈现的媒体世界以及游戏中的规则。

职业中学的学生通常受到父母与学校的管束更少，脱离学校环境后常聚集在网吧里，同伴之间的影响力更加深了网游所呈现的媒介真实对于青少年主观真实的建构。暴力网游或许不会立刻把一个本来品学兼优的好学生变成江洋大盗，但对于那些与家庭、社会疏离的学生而言，很可能强化他们对于社会的负面认知。在这样的重度玩家身上，特别容易发生涵化理论中的共鸣效果。

（六）虚拟或真实

研究结果发现，玩家对暴力网游的认知真实程度较低（均值为2.41），且不受接触时间的影响。从认知层面大部分的涵化假设没有成立来看，似乎不需要太担心玩家出现对虚拟网游世界和现实世界混淆的情况。但是，这或许是由量表的设计不成熟导致的，或许是因为游戏世界的暴力存在夸张的层面，且多为魔兽、神怪类，自然会让玩家觉得与现实有差异。另外，还应看到，虽然网游里的暴力画面不会让玩家觉得与现实相符，但是其暴力叙事机制已经潜移默化地植入玩家的思维。在网游世界中，也有等价交换、欺骗、友情、暴力、冲突……这些实际上也是现实生活的一个映像。在虚拟世界里，玩家们的游戏行为基本上是虚拟行为，他们不顾及虚拟行为所带来的后果，有很多玩家在游戏中凭着级别高而任意“杀人”，甚至以此为乐。这种虚拟行为把人性本能深处潜在的占有欲、报复心等丑恶面都调动了起来，很可能对玩家的人格产生直接的影响。

三、小结

涵化理论认为，大多数的媒体都在扮演着“讲故事”的角色，不论是以故事、神话、新闻还是娱乐的形式，通过持续性的重复，不断地向新一代人传承文化，同时界定着我们生活的世界以及合法化一种特定的社会秩序。如Gerbner所说，在20世纪的后期，在大部分时间内扮演着向大部分人讲故事这一角色的是电视，而对于中国现今的青少年来说，充当这一角色的或许是网络，或者网游。

相较于单向地对用户讲故事的电视节目或电影，网游互动性更高，其内容不是单一地由游戏公司或单个玩家创造，而是多方共同的创作。在整个网游大环境下，媒体“讲故事”的社会功能，其实就在建构整个共同的符号环境，玩家如果长期沉浸于网游环境中，按照涵化理论的观点，无疑会受到其影响。例如，陈士哲针对《天堂》玩家进行的涵化研究发现，“不论在焦点小组座谈，还是深度访谈的个案中，一周玩《天堂》超过30小时的玩家，几乎满嘴的‘天堂’经，不论生活中出现什么情况，他都可以用《天堂》里的情况来类比并进行讲解说明，当遭遇冲突或纷争时，他们解决问题的思维方式也是用玩《天堂》时的思考方式为主轴”。与之相似，笔者接触的《魔兽世界》玩家，也都有这种把游戏中的角色、剧情、各种元素熟练运用到现实生活中的情况。他们不见得认为游戏中的事件会发生在现实生活中，但是潜移默化中，游戏已经养成了他们待人接物和处理问题的一套既成系统。亦即网游或许不会影响玩家关于“世界是怎么样”的认知，但是会对玩家在面对特定情况时如何思考、有何种情感或其应对态度产生微妙的影响。本书的研究结果也验证了这一点：虽然暴力网游不是玩家赖以建构社会现实的主要依据（从研究结果来看，暴力网游接触量不会显著影响玩家对社会现实的建构），但是在相关的情感、暴力态度以及倾向方面存在涵化效应。大量接触暴力网游，会使玩家对他人漠不关心、觉得他人不值得信任，在暴力网游中沉浸得越久，就越熟悉并接受用武力来解决矛盾和冲突的做法。

从本质上说，网游构成了一个基于现实社会规则之上的精神世界，相当于一个“麻雀虽小、五脏俱全”的小社会，身在其中的每一个人都受游戏规则的约束，并体验游戏规则下各种行为所带来的真实感受。这是一个有别于电视、广播、平面媒体甚至互联网的更加强大的媒体，它不仅让用户看到、听到它想传达的价值观，更让用户自觉自愿地在不断体验中接受和强化它想传达的价值观。作为一个价值观的训练营，它实现了游戏者的文化体验和文化认同，承载着对日常生活和行为习惯的价值重构[①]。因此，暴力网游正是网络时代人们文化体验和身份认同的一种存在和情境，只是青少年在追求自我认同的这个过程中，由于所处的阶段在生理和心理等方面的特点，而很容易陷入疑惑或迷失。

此外，虽然没有证据证明暴力网游会直接诱发暴力行为或攻击性行为，但是本研究对第三顺序涵化效果的探索，也增强了暴力网游对攻击性行为有间接效果的可能性。网游暴力通过增加玩家头脑中与暴力相关的想法或强化其间的联结，使得玩家对暴力的认同度和容忍度提升，从而增强其施展攻击性行为的意图。这对社会大众也是一个启发。过去人们一直认为媒介暴力会导致暴力行为的模仿，如果受众没有攻击性行为的增加则不用担心。但本研究再次表明，媒介暴力的效果是可能通过先改变态度、情感和意图，从而对行为造成影响的。因此，暴力网游在态度、情感等层面的涵化效果，应该引起社会大众的重视和关注。

需要进一步说明的是，涵化理论最初是作为批判理论来构想的，只是它恰好用来阐述媒介的问题，因此对于同样具有讲故事功能的网游，仅把关注点放在其是否会诱发青少年玩家的攻击性上并不足够，还应该透视整个行业

---

① 《网游分级考验政府监管智慧》，http：//news. sohu. com/20070714/n251053258. shtm。

和开发商是如何运用暴力元素吸引青少年，以及青少年玩家如何在暴力网游中一步步沦陷的作用机制。亦即本研究的目的不仅止于检验涵化理论在这一新型媒体中是否适用，或是指出暴力网游对青少年的不良影响，同时也要揭示暴力网游这一娱乐形式背后更深层的影响机制。网游行业的快速发展吸引了数以亿计的投资，投资商的动力是赚钱，如何击中青少年的弱点，让青少年像吸食鸦片一样对网游上瘾、欲罢不能，才是他们孜孜以求的，而所谓的道德引导和人格健康的问题，则根本不在他们的考虑范围之内。他们打着“时间免费”的幌子，采取道具收费的模式，刺激玩家在官方道具商城中用现金购买道具来获得“高人一等”的快感，从而提升运营商的实际收益。这种被冠以“免费模式”的收费制度在实际执行中造成了玩家比“不免费”的点卡收费游戏还要高昂的花费，究其原因正是对前文所分析的PK系统的强调。这种收费方式在音乐类或者竞速类游戏中所造成的结果不过是外观漂亮与否或者速度快慢，但在大型多人在线角色扮演类游戏、横版过关类游戏和第一人称视角射击游戏中，就是赤裸裸的暴力了①。长期沉浸在这种氛围的游戏中，会让玩家越来越习惯暴力，争强好胜的心态越来越严重，为了追求更强的装备、更强的道具、更高等级的技能，玩家对虚拟世界的暴力逐渐习以为常，对现实世界中的暴力也开始麻木不仁。而这些对正处于成长期的青少年影响尤为严重，他们的世界观和价值观都会受到扭曲，“暴力至上”的解决问题方式一旦深入人心，对整个社会的正常发展都将造成不可挽回的伤害。如米金升、陈娟（2010）指出的，网络游戏提供了游离于体系的存在状况，但弥散的霸权似乎无所不在，文化掮客、政治手腕和资本诱惑的合力依然强大无比，在这个解放和控制的立场中，双方进行的还是不对称的对决。

第二节　本研究的理论价值

本书的第一个理论价值在于探讨了涵化理论在新媒体环境下的适用性。作为一个植根于电视效果的理论，涵化理论在新媒体环境下是否仍旧适用无疑成为学者们很感兴趣的问题。“在YouTube、Facebook、Hulu、Twitter或Ti-Vo时代，我们是否仍旧可以讨论涵化？答案是肯定的。”著名的涵化论者Morgan和Shanahan（2010）非常明确地回答。

---

① 《网游分级考验政府监管智慧》，http：//news.sohu.com/20070714/n251053258.shtm。

媒介环境的巨大变化给涵化的基本假设造成了很大的威胁，早期对涵化的批评，例如没有考虑到受众的主动性，没有涉及新形式的媒体，以及没有考虑到电视频道和媒介信息的更大的多样性等，也变得更加猛烈。因此检验涵化理论在特定类型媒介（如网游、社交媒体等）中的适用性则显得非常重要而迫切。本研究正是这样一种尝试。

研究发现，虽然网游这种媒介明显异于电视（例如玩家享有主动权，既是网游的消费者，在一定程度上又是生产者），但涵化理论的基本假设并没有遭到破坏。

首先，关于电视节目的一致性与整体倾向性。本研究以《魔兽世界》为代表分析了暴力网游中的暴力叙事特点以及暴力元素的多种展现形式，揭示了当前网游的 PK 系统对青少年沉迷的影响机制。可见，在暴力网游中，内容的一致性和整体倾向性同样存在。

其次，关于受众在观看节目时选择余地很小的问题，在暴力网游中也没有太大改观。虽然网游本身互动性强的特点赋予了玩家更大的主动性，但是这种主动仍旧是在一定限制范围内的，逃脱不掉游戏商家精心设计的 PK 陷阱。

从研究结果来看，网游的互动性更加强化了玩家的涵化效应。玩家除了按照游戏公司设计的脚本进行游戏外，还可以和游戏中来自不同领域、不同背景的玩家进行互动，其间的运作模式无异于一般的现实世界。而且网游属于分众媒体，玩家都是因为对媒体的内容有兴趣才愿意投入时间和金钱参与游戏的，所以当玩家沉浸在游戏世界中时，他所表现的专心投入更容易使得游戏中所隐藏的信息，如暴力、色情信息等，在玩家毫无预警和防备的情况下被接受。

另外，涵化理论认为，传播媒介的内容构成一个信息的系统，这个系统可以产生全面性的意识形态，在使用者心中形成一套潜在的价值系统。从电视的暴力信息和相关研究发现，长期接受扭曲的信息内容，会使受众对现实生活的人产生不信任。虽然网游暴力与电视暴力有诸多差别，与现实中的暴力也有差别，但是其中的暴力叙事体系更有技巧，对玩家更有吸引力，也对玩家的暴力态度和暴力意图影响更大。只要这种流行的叙事体系和共享的价值仍然存在，Gerbner 的主要观点就会继续有效。

除了肯定涵化理论在新媒体环境下的适用性外，本研究还进一步揭示了暴力网游的涵化效果与电视的涵化效果的异同，扩展了涵化理论的内涵，这也是本研究的第二个理论价值所在。

美国大众传播理论研究大多涉及三个现实之间的复杂关系，即客观存在的社会现实（Social Reality）、媒介所反映的“符号现实”（Symbolic Reality）和受众主观理解和阐释的“观念现实”（Perceived Reality）。传统涵化理论的基本内涵就是探讨电视如何影响受众有关社会现实的观念和信念。与电视相比，由于网游媒介特性的差异，以及受众地位的差异，必然会导致涵化效果也存在不同，本研究对此进行了探索性的分析。研究发现，虽然涵化效果在暴力网游这种新型媒介中依然存在，但其作用的层面和电视相比发生了很大的变化。

首先，暴力网游的重度接触不会显著影响玩家关于个人与社会的暴力认知，但是对“卑鄙世界综合征”、暴力态度和移情水平等有显著影响。亦即暴力网游的第二顺序涵化效果的强度要大于第一顺序的，这个和电视涵化效果的作用方式刚好相反。一个原因或许在于电视与网游对现实的反映的差异，前者相对而言更真实些，而对于后者，从研究结果可以看出，玩家的“对网游的认知真实”这个变量的分值不高，说明玩家对网游反映现实的能力还存有一定疑虑。因此在第一顺序的涵化效果上，暴力网游没有起到明显的影响。

其次，在“对暴力的恐惧感”这个变量上，暴力网游对玩家没有影响，这个研究结果也与电视刚好相反。其原因可以从受众在媒介中的地位来解释。电视观众相对处于比较被动的地位，对于电视节目中的暴力恐怖内容只能接受（且根据涵化理论的基本假设，他们并没有太多其他选择）。而暴力网游的玩家在游戏中处于主动参与的状态，电视观众看到的是屏幕中人们、野兽、异形等被击倒或毁灭，而游戏玩家正是满足于由他们自己进行射击或毁灭性的行为（Christoffelson，2000）。在这种情况下，他们感觉不到恐惧是正常的。

再次，在电视涵化研究中发现的“卑鄙世界综合征”仍旧存在。虽然暴力网游并没有影响玩家对现实世界的认知，但是由于网络世界中同样存在暴力、竞争、欺骗、尔虞我诈等行为，因此重度玩家会倾向于认为他人是自私自利、不值得信任的。

对网游和电视这两种不同媒介的涵化效果发生作用的层面与原因进行分析，有助于我们进一步厘清涵化的影响机制，扩展涵化理论的内涵，赋予其更丰富的发展空间。

在比较了暴力网游第一和第二顺序的涵化效果基础之上，研究者进一步对暴力网游第三顺序的涵化效果进行探索，赋予涵化理论更强的生命力。这是本研究的第三个理论价值。

经过近半个世纪的发展，涵化理论不仅在越来越多的领域被用来作为解释的框架，而且还在其他理论框架的背景下得以检验，不仅是在传播学领域，还在其他更多的学科领域。这些不同理论之间的联系增加了我们对媒介效果的理解，同时也表明涵化理论的适用性和灵活性，该理论是生机勃勃、与时俱进的。

本研究也努力尝试在借鉴理性行动理论（TRA）的基础上，进一步分析涵化效果在意图层面存在的可能性。迄今为止，从涵化的视角出发去检验长期收视导致的态度是否会转化为相应的行为意图或行为，这样的研究还非常稀缺。同样地，关于网络游戏在玩家暴力意图层面的涵化研究也还是空白。鉴于暴力网游在认知层面的影响甚微，本研究采用结构方程模型来探讨暴力网游如何通过影响暴力态度以及移情水平从而最终影响玩家的暴力意图。

研究表明，采用TRA来深化涵化理论的理解是有价值的。为涵化研究引入第三顺序效果——行为意图——有助于填补涵化态度与潜在的行为后果之间的鸿沟，使我们更清晰地理解这些效果发生的过程，而且也有助于结合社会心理学的角度更进一步厘清媒介暴力对个人行为层面的影响。探索暴力网游第三顺序的涵化效果的这一尝试，不仅显示了涵化理论与其他理论相互结合的可能性，也增强了涵化理论的生命力。

此外，如前文所述，本研究不仅旨在检验涵化理论在这一新型媒体中是否适用，或是探究暴力网游对青少年有哪些负面影响，而且要揭示暴力网游这一娱乐形式背后更深层的影响机制，因此，涵化理论的批判性在关于暴力网游的研究中并未消失，而是得到了延续，这也是本书的第四个理论贡献。

对媒体技术影响进行社会文化考察是涵化理论转向批判模式的一个重要体现。涵化理论后来的发展远远超出了“暴力”与“恐惧”之间直接的线性关系，而更加关注政治经济权力对电视的影响，认为在资本主义商业媒体体制中，电视控制在少数权力集团手中，必将成为经济垄断和政治控制的文化工具，系统地表达主流意识形态，在受众中产生“同构型”影响。而这种受众的趋同性会进一步帮助统治者维护现状、推行政策、制造共识、排除异见，从而达到有效的社会控制，其批判性正体现在对政府合法化其国家机器的揭示。

本书针对暴力网游这一新型娱乐媒体进行涵化研究，其研究对象发生了变化，但其批判性没有消失。媒体新技术的发展或许改变了传统媒体的权力结构，比起早期涵化研究中政治经济权力的潜在隐含作用，技术权力的影响更加突出而明显。然而，尽管新技术带来了多种可能，涵化关系在新媒体语境下仍然存在，新技术并没有改变媒体内容被权力精英控制的现状。一方面，游戏玩家的“主动性”只是一种假象，他们貌似拥有自主权和能动性去选择自己喜欢的网游、决定如何展开游戏进程和游戏时间等，而实际上这种所谓的自主或主动仅是一种幻象，玩家始终无法逃脱游戏商精心设计的系统，终究只能是在这个看不见围栏的陷阱中享受暴力的狂欢。正如有研究者指出，涵化理论“隐蔽性地采用了一种被动的受众观念”。在暴力网游这一新媒体的情况中，被动的受众并未改变，只是变得更加隐蔽了。另一方面，与所有大众文化产品一样，网络游戏为了获得经济利益、赢得更多消费者，就必须诉诸大众的共性，符合资本的意识形态，符合现存的社会规训。因此网络游戏开发商以及网游产业链在利益驱使下对暴力的青睐有增无减，为玩家编织了一张难以逃脱的、充满幻象的网。实际上，网络游戏的发展和网络硬件的发展紧密结合在一起，都被纳入到市场的权力机制下。如 Gross（2012）指出的，如果你消费媒体而同时又没有为之付费的话，其实你自己已经成为产品，即便是在新媒体盛行的今天，这个法则仍旧适用。

最近的涵化研究对新媒体技术权力批判主要体现在媒体内容数量增加的背后是少数垄断性组织的操纵，新媒体只是技术上的更新，技术总是掌握在拥有最多权力与最强能力的人和组织手中，新媒体的盈利模式可能导致其完全被商业主义控制（石长顺、周莉，2008）。本研究的结果也从另一角度对上述批判进行了呼应。潘忠党（2004）曾提出，大众传播的媒介效果理论太少，又太多（只局限于具体现象，只见树木不见森林，孤立地解答问题）。他认为，媒介效果研究作为一种以逻辑实证主义为基调的话语，有明确的价值取向，有极强的应用和批判倾向，即运用理论，以发现、建构并分析现实问题，以价值观和实证观察相结合，对现实提出批判。本研究正是基于这样一种理念的初步尝试。

除了上述的几个理论贡献外，本研究也丰富了中国内地的涵化研究成果。涵化理论自提出以来就在世界各国得以检验。相比其他传播效果理论（例如议程设置理论或框架理论），涵化理论在中国内地受到的重视程度不足，相关的实证研究也非常缺乏，不论在对涵化理论内涵的把握还是研究方法的运用上，都存在诸多亟待改进的地方。仅有的两部著作分别研究的是电视的涵化效果（龙耘，2005）以及青少年的媒介使用的涵化效果（王玲宁，2009），还没有一个研究专门从涵化的角度针对青少年进行暴力网游的效果探索。本研究的结果不仅能为暴力网游的效果研究提供各方面的启示，也将充实丰富中国内地的涵化研究成果。此外，涵化分析最适合于多国的、跨文化的比较研究，借以全方位地测评不同国家间的相似点和差异，以及一个国家文化政策的实际意义（Morgan，1990）。由于目前其他国家的网络游戏涵化研究也并不丰富，因此尚未能对不同国家的异同进行总结比较，但本书为中国背景下的相关涵化研究提供了研究的样本和参考，亦是本研究的又一理论价值所在。

此外，中国内地当前关于暴力网游的实证效果研究中，当前多探讨对行为层面的负面效果的影响，且未能达成一致结论，本研究转而探讨认知与态度等层面的影响，并结合对游戏业界的分析和批判，试图从多方位、多角度厘清暴力网游的影响。

第三节　本研究的方法创新

“涵化不是别的，而是关于叙事的文化过程”，因此，“涵化被认同是作为一个批评性的社会理论而非方法运用”。涵化研究始终坚持批判的根源和文化的取向，并在此基础上形成综合的、更加适宜其研究对象的方法取向。国内外的相关研究也越来越多地阐述叙事理论的重要性，认为涵化本身隐含着一种文明、文化的叙事性解释。本书的研究对象——暴力网游——作为一种大众文化，根源于我们生活的复杂的社会，也反作用于这个复杂的社会，因此需要深刻地理解它本身的复杂性和这种作用的复杂性。单纯地对其危害进行道德批判，只是属于稳坐钓鱼台的说教，而且脱离了具体的文本，显得缺乏力度，也就无法理解这一具体文本的种种复杂内涵。基于上述考虑，本研究在采用量化的方法具体检验暴力网游对青少年玩家在认知、情感、态度和意图等层面的涵化指针的同时，结合质化的研究方法，选取《魔兽世界》为案例，从视觉表现、角色技能以及整体规划等不同层面分析了暴力网游中暴力元素的展现、暴力的叙事以及暴力网游受欢迎的成因。这是本研究在方法上的第一个创新之处。这一做法也异于涵化研究中对电视节目中的暴力进行内容分析的传统研究路径，是针对暴力网游这一特殊的研究对象的特点（例如游戏文本的开放性、无限性）而作出的选择。

围绕着暴力网游的特点来进行数据收集、变量测量和数据处理，是贯穿本研究始终的方法上的一大特色。例如对自变量“暴力网游接触量”的测量，在无前人经验可以借鉴的情况下，针对暴力网游的特点从两个方面（即玩暴力网游的时间以及暴力网游的暴力程度）来进行测量。又比如针对网游的虚拟特性，本研究以玩家对“对网游的认知真实”为调节变量，检验其在涵化效果之中的可能作用。对于这一尚无成熟量表进行测量的变量，本研究综合前人研究成果自建了量表，并进行了信度和效度的分析，取得令人较为满意的结果。

第四节　本研究的现实启示

一、网络游戏的暴力性评估和分级制度

1. 分级制度的必要性

2012 年 3 月，“中国青年网”组织专家，抽测了目前流行的 117 款网游。被专家初步判定为适合小学及小学以上年龄用户使用的游戏仅 6 款，约占全部测评游戏比例的 5%。近七成被抽测的网游由于传播低俗信息、鼓励恶意 PK 等原因，被专家认为不适宜未成年人使用。《中国游戏绿色度测评统计年报（2012）》显示，经测评的 423 款游戏中，测评结果绿色度为 18 + 的游戏有 332 款，占总测评游戏的 78.5%；测评结果绿色度为 6 + 、12 + 、15 + 的游戏共 91 款，占总测评游戏的 21.5%，绿色游戏生存现状和发展前景步履维艰。目前，中国网游市场境外进口游戏比重较大，而这些网游许多在其原产国并非供给所有未成年人玩。

虽然无明确证据表明暴力网游与青少年犯罪之间有直接的因果关系，但本研究的结果表明，大量接触暴力网游与玩家的高暴力赞成度和低移情水平显著相关，且会影响玩家的暴力意图。因此，在中国当前网游市场没有相应的管理机制、未成年人可以随意选择包含有暴力等因素的网游娱乐的情况下，网游的暴力性评估和分级制度显得尤为重要。

美国游戏定级机构工作人员曾表示，定级的目的在于“向消费者提示互动视频或计算机娱乐软件的内容适合怎样的年龄层，以帮助家长们更好地阻止和控制未成年人可能接触到的不健康内容”。如果没有分级制度，未成年人会产生一种“错觉”：我玩游戏合理合法，只是父母太讨厌，侵犯自己的自由。而分级制度可以从源头进行治理，同时为家长提供明确的监护依据。网游分级不仅能保护未成年人，还能保护成年人的合法权益，满足社会多元文化消费的需求。此外，对于网游业界来说，网游分级也意味着更加细分的用户群体和更加清晰的市场结构，可以更具针对性地开发产品。“属于未成年人游戏的，我们就可以进一步避免暴力的因素；针对成年人的游戏，我们又可以做得更加逼真。”①

---

① 《中国的网络游戏分级之路应走向何方》，《中国青年报》，2012 年 8 月 10 日。

2. 网游分级制迟迟无法出台

目前，社会各界对于网游分级的呼声很高。例如，2011 年的“两会”上，委员张晓梅在提案中表示，以刺激、暴力打斗甚至色情为主要内容的网游正在潜移默化地诱导青少年。在暴力网游创造的虚拟世界里，可以随意杀人、放火、掠夺，而这一切都不必承担后果和责任。涉世未深的青少年的人生观、价值观、道德观在这里容易被扭曲。因此，她提案要实施网游内容的审批、分级制度，从源头上取缔涉黄暴力网游。同时，相关的行业协会和政府部门从 2004 年开始也已经着手开展网游分级的尝试。然而，经过了将近 10 年的调研、探索，网游分级制度仍旧迟迟无法出台，主要有以下几方面的原因：

首先，政府相关部门担心如果建立了分级制度，很多适合成年人玩的游戏将不会再按照保护未成年人的标准进行修改，而这些游戏由于执法管理能力以及其他方面等原因，很可能会被未成年人接触到。新闻出版总署科技与数字出版司副司长宋建新在接受采访时表示：“现阶段来看，（网游分级）这只能是一种思路，还不具备可行性，要找出一个好的实施方式，不能头脑发热、简单照搬西方，要考虑到中国的现实国情。”他认为，要对目前的文化市场执法能力以及社会公众对出版物分级的心理承受能力等有清醒认识。“分级的愿望是好的，但立法、执法、管理以及相应宣传教育工作要跟上或者先行，否则，会造成原本不适合青少年的内容，因为分了级，一下子都传播出去了，其结果反而比不分级还糟糕。”

其次，和电视、电影相比，网游分级的管理更为复杂，它不是一个静态的作品，而是一个动态的作品，运营商可以通过网络进行增添、修改。这也增加了对其内容进行分级管理的难度，因此政府部门对网游分级工作持有更加“慎重”的态度。

再次，网游厂商素质参差不齐的现状让分级制度难以推进。许多厂商利用的是低俗、暴力的游戏和露骨、色情的广告盈利，他们自然不希望看到分级制的出现。

3. 他国的经验借鉴

在西方国家，分级制度很常见，不仅文学作品、影视作品有，对暴力电子游戏也已经有比较完善的研究成果，对青少年接触游戏的限制也有了明确的规定。所有游戏都必须通过限制级的审查，根据游戏的内容被分为适合各个年龄段的级别。

（1）美国。

早在 1994 年，作为国际游戏分级制度缔造者之一的美国，就由 ESRB

（娱乐软件定级委员会）发起，制定了游戏分级系统，建立了娱乐软件分级体制。ESRB 是一个独立的民间机构，任务是"在娱乐软件业的支持下，为互动娱乐软件产品制定一套标准的定级系统"。为了获得等级认定，游戏发行商需要向 ESRB 提交完整的关于游戏的图片和内容。评估人根据评估标准进行独立的审核，最后推荐一个等级。ESRB 的评估员由具有广泛背景、种族和年龄层的玩家组成，并且与互动娱乐业无关。他们包括退休的学校校长、家长、专家和其他领域的个人。而它所进行的定级，只是为了向消费者提示适合的年龄层次，而不是为了告诉消费者应该购买哪种，也不是作为选择产品的唯一依据。

ESRB 使用的分级标识，是以游戏适合的用户群的英文首字母来命名的，具体如下：

"EC"（Early Childhood）适合 3 岁以上的儿童，不包括任何可能引起家长反感的内容。

"E"（Everyone）适合所有人，此类游戏可涵盖多种年龄层和口味，它们包含最少的暴力内容、部分漫画风格的恶作剧（例如闹剧式的喜剧），或者部分粗鲁的语言。

"T"（Teen）适合 13 岁以上的玩家。此类游戏可能包含暴力内容、温和或强烈的语言，或者暗示性的主题。

"M"（Mature）适合 17 岁以上的玩家，比"T"类产品包含更多的暴力内容或语言。另外，此类产品可能包含成人的性主题。

"AO"（Adults Only）仅适合成年玩家。此类产品包含性或暴力的图片描述，严禁向 18 岁以下的玩家销售或出借。

"RP"（Rating Pending）已向 ESRB 提交定级申请，但尚未获得最终确切等级的产品。

ESRB 还包括详细的内容描述，围绕着酒精、血腥、幽默、暴力、侮辱、性、药品、赌博和烟草九个主题进行分类，共有 32 种，以方便家长进行选择，让儿童远离不适合其年龄的游戏。

（2）欧洲。

欧洲现行的游戏分级制度 PEGI（Pan European Games Information）是由欧洲互动软件联合会制定于 2003 年春，代替了原先在欧洲实行的游戏分级制度。现在该制度适用于欧洲 16 个国家。同美国的 ESRB 类似，PEGI 等级标识也分为年龄种类和内容类型两部分。年龄种类共有五个类别，分别为 3 +（3 岁以上，下同）、7 +、12 +、16 +、18 +。内容描述共有七类，分别为粗话、歧视、药品、恐怖、赌博、性和暴力。通过这些内容标识，家长们可以更好地选择适合孩子年龄的游戏。

(3) 德国。

德国是全球第一个制定互联网成文法的国家，该国政府于 1997 年提出《信息与通信服务法》，此法为综合性的法案，用来解决经由互联网传输的违法内容，包括暴力、猥亵、色情、恶意言论、谣言、反犹太人等宣扬种族主义的言论，更严格规范了有关纳粹的言论思想与图片等相关信息。其规范网络游戏的软件分级系统（USK）分级详情如表 8.1 所示。

表 8.1 软件分级系统（USK）德国 USK 分级制度表

德国 USK 分级制度表	
标识	释义
USK 0	这个等级的游戏没有任何限制。但是，这仅仅是以性和暴力标准来衡量的，而难度和复杂度可能依然不适合幼儿。
USK 6	这个等级的游戏可能是抽象化的或者漫画风格的，可能有阴暗主题或有容易让低于 6 岁的儿童过于投入的内容。
USK 12	这个等级的游戏可能注重战争或者打斗，有少量的歌词和争议性话题。战斗应该是历史性的或者科幻类的，并且须被控制在最低程度内。
USK 16	这个等级的游戏有频繁的枪战、现代暴力内容（但是无流血画面），并带有成人主题。
18	这个等级的游戏可能会有野蛮场血腥暴力、鼓励战争或者违反人权的内容。

（4）日本。

日本的游戏分级制度由独立的第三方计算机娱乐评价机构 CERO 审核，等级标志位于游戏包装盒的正面封面，分为“年龄区分标志”和“其他标志”两大类。其中，“年龄区分标志”共分五类，适用的年龄层次在标志上都有标识：A 级适合所有年龄阶层，B 级适合 12 岁以上的人群，C 级适合 15 岁以上的人群，D 级适合 17 岁以上的人群，Z 级仅适合 18 岁以上的人群。“其他标志”共分三类，依次是：表示教育类；表示是游戏 DEMO；表示该软件用于宣传、促销，还没有最后评定等级。对于游戏分级的审查基准分为四大类（暴力、性、反社会行为、言语和思想），共 22 条。

（5）韩国。

韩国的网络游戏产业发展迅猛，目前号称“亚洲网络游戏第一大国”，也是世界网络游戏强国。它建立了严格的游戏评级制度，以保障网络游戏产业的健康发展。

韩国负责电影与游戏内容分级管制的“韩国媒体评等委员会（Korea Media Ration Board）”，简称为 KMRB，它是仿效美国 ESRB 的产物，但它的分级观点和 ESRB 有所不同，带有浓厚的韩国民情。有些在美国认为适合青少年的游戏，在韩国却被列为限制级；在美国是“18 禁”的游戏，到了韩国却被认为适合青少年。有这样的差异，主因是文化上的差异。委员会一般将游戏分成四个等级：全年龄、12 岁以上、15 岁以上与 18 岁以上。对于评级结果，委员会要求必须在游戏数据物的显著位置标明游戏等级，在启动游戏时，初始画面的右上角以不同图案进行等级标记。对于成人游戏，必须有青少年保护警告条文的记载，以起到提醒作用。

4. 中国的网游分级尝试

相比上述各国，中国网游分级的工作起步较晚，直到 2004 年 9 月 26 日，中国青少年网络协会才正式公布了中国第一套网络游戏分级标准：《中国青少年网络协会绿色游戏推荐标准》。该标准由暴力、色情、恐怖等五项静态评测指标，以及聊天文明程度、对青少年身心的保护力度等七项动态指标构成。根据游戏各项指标所表现出的等级数，设定出相应于初中、高中、18 岁以上三个年龄阶段人群适合的游戏参考条件，符合 18 岁以下年龄阶段的游戏统称为“绿色游戏”。不过这并非国家强制执行标准，而是一种行业推荐标准。

2009 年，北京大学和华中师范大学受文化部文化市场司委托，曾进行网游分级分析，并在 2010 年 1 月的中国文化产业青年论坛上召开了网络游戏发展峰会，对分级标准进行了公布。但该项目至今未有结果。对于未来是否会实施网游分级管理及以何种方式实施等问题，政府部门仍在研究讨论之中，目前尚未形成最终的意见。

5. 小结

社会各界都已体会到网游分级的重要性及迫切性，有关方面也已展开各种尝试与探索。当前通过‘非黑即白’的内容审查审批机制来进行内容控制和管理效果非常有限，因此应与分级制结合起来，满足现在多元的需求。

纵观国内外的网游分级制，政策好制定，但执行是个挑战。首先，网游不同于单机游戏，单机游戏的内容是有限的，网游则会通过数据片等方式不断更新。就算网游的暴力因素在可控范围内，万一更新的数据片中含有暴力元素，如何阻止玩家去更新数据片是个问题。其次，相对比较健全的网吧管理制度，对在家的玩家管理难度更大。再次，依靠身份证号验证玩家年龄从理论上可以实现，但是通过技术手段规避更加方便和普及。

此外，如何保证对游戏进行分级的人员构成尽可能广泛，以从不同的角度对游戏形成客观公正的评价；政府以何种身份参与到网游分级的工作中等。上述这些问题都有待于进一步解决。

固然，建立游戏分级制度不是一件简单的事情，但在游戏业不断发展，电子竞技受关注程度日益提高的今天，游戏已经成为越来越多的人所选择的休闲娱乐方式，若想培育一个多元的创意氛围，真正满足多元化的文化现实需求，制定一套完全“中国特色”的分级制度势在必行。

二、青少年的网络媒介素养教育

一说到网游对青少年的影响，不少成年人首先想到的是“游戏成瘾”、“网络暴力信息”、“网络色情信息”，把网络看成“电子毒品”，希望青少年离网络越远越好。然而青少年并不领情，往往对学校、父母推荐的游戏不屑一顾，“飞蛾扑火”般地扑向家长们深恶痛绝的网游。其实，网游跟其他传统游戏一样，主要起到消遣休闲的娱乐作用，尽管我们希望游戏最好都能起到寓教于乐的作用，但片面强调“教”反而会引起青少年的反感，使得他们转向其他不受监管的项目。我们应该看到，不管是“游戏成瘾”还是“暴力色情信息”都不是网络特有的东西，在网游出现以前，这些问题照样在很多青少年中存在。尽管现在有一些青少年由于沉溺于网游而引发了一些社会问题，但也要看到，有更多的接触网游的青少年并没有出现问题，而那些出现问题的青少年，往往还有家庭教育、学校教育等其他因素在里面。我们不能简单地将网游“妖魔化”，而是首先要了解网游，帮助青少年批判性地认识网络媒介，因此，对青少年的媒介素养教育（尤其是网络的媒介素养教育）迫在眉睫。

媒介素养和媒介素养教育的概念源于20世纪30年代初期的欧洲，由英国学者列维斯（E. R. Leavis）和其学生桑普森（D. Thompson）等人提出。他们从维护传统价值观念、反对大众传媒中流行文化的角度出发，号召公众认清并抵制大众传媒对青少年的不良影响，倡导“注射文化疫苗”，即开展媒介素养教育。可见，其宗旨在于正确地认识媒介和理性地使用媒介。进入信息化社会以来，我们每天面对大量纷繁复杂、良莠不齐的媒介信息，如何了解媒介、辨识媒介信息更是成为每一个现代人需要掌握的基本能力。媒介素养教育，已经不是强调克服或预防媒介的负面影响，而是要提高受众批判的自主权。

当前，面对暴力网游，监管部门通常采取查禁或“和谐”的方式来解决，但是这容易造成管理上的滞后和不连贯，难以从根本解决问题。青少年缺乏社会经验和基本的鉴别防范能力，但又对世界充满好奇心和探索欲望，一味地禁止不仅不能取得效果，反而可能适得其反。因此媒介素养教育的普及则显得非常重要。我们要让更多青少年拥有现代社会的一项重要生存技能——媒介素养，让他们成为积极的媒介信息操控者，而不是暴力色情信息的靶子和俘虏，这是家庭、学校以及社会需要共同承担起来的责任。

从1997年卜卫发表《论媒介教育的意义、内容和方法》到十几年后的今天，中国的媒介素养教育仍处于理论阶段，真正的实践研究还处在起步和实验阶段，教育部也没有明文规定中小学校把媒介素养教育作为必修课程。学生自有的“媒介素养”多是通过个人的自觉感悟而来，缺乏科学的媒介理论指导和系统的训练。媒介素养教育无论作为独立课程还是融入现有课程，要真正进入学校教育体系，都需要漫长的时间，因为这不仅是由课程开发的固有规律决定的，也是由教育体制、社会环境等宏观因素决定的；但另一方面，我们也应意识到，推行中学生的媒介素养教育，有助于提高他们对媒介信息的批判能力，提高他们的是非判断能力、道德评判能力，有助于承担起社会责任感，进而树立正确的人生目标和价值观念，因此推行媒介素养教育是有必要且势在必行的。除了学校之外，家庭也是中学生媒介素养教育的基础，中学生的社会化进程深受家庭影响。家庭也是他们接触各类大众媒介特别是网络的主要场所，媒介素养教育要保持一贯性和持续性，离不开家庭和家长的紧密配合。

三、对社会各界的启示

由于对网游缺乏监督的手段，社会上出现了将其“妖魔化”的倾向，把青少年遇到的所有问题都归结为网吧、网络游戏的错。除了前面谈到的网游分级制以及青少年的媒介素养这两点之外，政府、社会、学校、家庭还应该在其他方面团结协作，各司其职，这样才能既很好地发展网游这一新兴的文化产业，又能保护青少年不受其消极因素的影响。

（一）政府

在当前游戏行业只认利益的从业理念之下，如果不从游戏内容的开发引进、不从游戏运营市场的准入和运营方式以及过程等方面进行全方位的政府监管，那么这个行业势必会产生恶性循环，而给整个社会造成的道德、法律甚至是经济等方面的损害将成倍地增加，其负面效果也将一一显现。因此，政府部门要及时填补法律空白，形成以法律法规、行政监督、行业自律和技术保障为核心的管理体制，规范网游的运作。之前实施的诸如防沉迷系统、网络实名制等一系列措施收效甚微，玩家能够轻易找到破解的途径，而且对政府的做法有颇多不满，因此政府在进行决策以及执行相关法律法规时，应充分考虑到网民尤其是青少年网民的特点，找到行之有效的办法，才能在保证网游行业健康发展的同时，尽量规避其负面效应。

（二）家庭

在个体社会化的过程中，家庭起着促使个体接受社会规范和引导个体确立生活目标等的重要作用。在本研究的结果中，从人口统计学特征变量对青少年的涵化影响上来看，家庭关系的好坏在很大程度上影响了青少年的认知和态度。这是由我们的调查对象——青少年这一群体的特殊性所决定的。作为正处于社会急剧转型和变革时期的中国来说，家庭在某种程度上也是折射社会环境的一面镜子，因此，提高家庭教育质量是预防暴力网游负面影响的一项有效的措施。

当前许多家长虽然意识到了暴力网游对未成年人的危害，但认识仍显不足。他们将网游视为洪水猛兽，希望完全断绝孩子与游戏的接触。他们选择一种消极的逃避方法，想方设法限制孩子对游戏的好奇心与渴望。对已经受到游戏不良影响或游戏成瘾的孩子，更是采用一种极端的隔离手段，限制孩子的自由。实际上，这是一种既不科学又收效甚微的做法。

此外，家庭对青少年的网游使用，缺乏明确、有效、必要的指导。本研究的调查结果显示，大部分家长对孩子玩游戏的时间进行管束，但对网游的类型和内容则缺乏足够的认识和关注。因此，家长应该正视网游，改掉以往“一棒子打死”的做法，辩证地看待网游。家长可以与孩子一同探索网游的五花八门、光怪陆离，将网游所发生的负面行为与现实生活作比较，让孩子知道网游世界并非如游戏公司所说的那样“让你实现平常不敢做的事”而无需负责。这样既提高了青少年与人交流的能力，又可以对游戏内容是否有潜在负面效果有一个把握。

青少年从心理上看还处于向社会人过渡的时期，容易受到各种不良事物的诱惑，在这一时期更需要家长与其加强沟通，为他们提供相对自由的环境，与他们进行平等的交流。此外，考虑到本研究中发现的涵化的共鸣效应，在家庭生活中，家长应尽量避免使用暴力行为来管教孩子或解决家庭成员间的冲突，应给予孩子较少暴力因素的家庭环境。

（三）学校

美国导演加斯·范·桑斯的影片《象》中提到，很多时候，中学校园作为现代社会里的一个机构，就像一个幻觉工厂，一个学着服从权力的实验室，一个有着独特逻辑、秩序和欲望的隔离区，教育成为一个形式的虚设，成年人没有从根本上理解这个世界。孩子们的伤感、憎恨、幼稚和孤独，这个‘问题年龄’从未获得一个合理的解决。尤其当青少年从网游中去寻求解决时，学校教育往往显得无所适从。

本研究的结果显示，学校关系这一控制变量在部分涵化指标上存在调节影响，可见教育者在青少年网络行为的引导上仍负有相当的责任。学校应该认识到，游戏是人内在的需要，不管是成年人还是青少年都离不开游戏。对于青少年来说，参与任何一种游戏的同时都是一个学习的过程，都有其内在的教育意义。除了之前提及的青少年媒介素养教育之外，学校也可以构建网络活动平台，积极引导学生参加健康的网游比赛，寓教于乐，陶冶学生情操，使他们能保持良好的精神状态，提高青少年的自我防护能力，避免网络沉迷现象的出现。此外，开设专门的心理健康教育课程也是积极的举措之一。对性格内向并喜欢玩暴力网游的青少年，应从人际关系着手，使其得到温暖和爱的体验，进而摆脱孤独，克服自卑和交往障碍，学会在现实生活中而不是在虚拟的网游世界里与人合作、共事，体验团结的快乐，恢复自信。

（四）游戏业界

网游的运营是一种企业行为，耗费高成本开发网游的商家肯定要考虑盈利的问题，但是由于其受众群体的特殊性，商家不能仅仅把网游看成是一个赚钱工具，不能放弃自己的社会责任。从客观上来说，中国本土的网游业也承担着传播民族文化、教育受众的社会责任。网游不仅仅是游戏产业，它更是影响社会生活的重要文化因素，因此网游的文化性、思想性是游戏开发商应慎重考虑的问题。中国目前市场上正在运行的网游大多是进口游戏，而其中多数又充斥着暴力色情元素，商家不应漠视其可能引发的负面效果或忽视媒介在社会上所应担负的教育之责，商家应该进行自我约束，减少具有暴力动作的内容，若确实无法避免，应多考虑暴力内容的设计安排，以减低不良影响。

（五）学界

著名的涵化论者 Larry Gross 在 2012 年 ICA 年会上的发言中指出，正如我们的现实世界已经被破坏一样，我们的文化环境在商业化的媒介浸润之下也遭到了污染。我们应该利用自己的知识与智能，来揭示媒介系统的商业运作——这是作为一个教育者应该提供的媒介素养的核心。早在 1990 年，Gerbner 从宾夕法尼亚大学安南伯格传播学院院长任上退下之后，就发起了一个“文化环境运动”，集合了学者、劳工、宗教团体、少数派、消费者群体和媒介专业人士等，旨在批判文化环境中商业主导力量对民主的破坏与挑战。该运动为后来的媒介改革以及反对媒介中的商业力量奠定了基础。Gross 认为，对于一个有道德责任感和积极参与公共事务的传播学者而言，应该谨记文化运动所传递的精神和宗旨。

本研究的结果亦呼应了 Gross 的呼吁。针对暴力网游这一新型的流行娱乐形式，专家学者可以严谨研究并告诉大众网游暴力的影响如何，揭示游戏产业背后的运作并给予主管当局制定政策、管制法令的参考建议，监督产业界避免制作不良内容，且提供一些可行、有效的方法，教导大众如何将媒体暴力的影响减到最低。

第五节　研究局限与未来的方向

一、本研究的局限

由于当前关于暴力网游的效果研究尤其是涵化研究的不足，本研究只能尽力在借鉴传统的暴力效果研究的基础上进行，因此在许多方面仍存在不足之处，需要后续研究以修正与弥补。

（一）无因果关系

虽然本研究发现暴力网游与青少年玩家的暴力态度、移情水平以及暴力倾向间存在显著的关联，但囿于本身采用的研究方法即问卷调查法横断设计的特性，无法证明它们之间的因果关系（在研究方法部分亦已作出明确说明，使用自变量和因变量的说法只是为了表达的需要，并不说明因果关系）。亦即究竟是青少年大量接触暴力网游后导致对暴力持有较高的赞成度和暴力倾向以及移情水平的下降，还是自身就有高暴力赞成度和暴力倾向的青少年更易于对暴力网游上瘾，这一点无法得到明确的回答。

实际上，这个问题在电视暴力的涵化效果中也存在。电视收视量是因还是果？不少涵化学者认为，由于涵化理论强调，我们在不同程度上被电视社会化，而且通常在形成相关信念和态度之前，我们已经看电视了，所以有理由认为电视收视影响与世界相关的信念，而不是相反。但是与电视不同，我们不是生来就接触到暴力网游的，不是与其共同成长的，所以这种因果顺序就更加难以确定。

（二）样本的代表性

由于时间、人力和物力等多方面条件的限制，本研究仅选取广州地区的中学生进行分析，这也在一定程度上造成样本的代表性有限的问题。无论是青少年的网络接触行为、消费水平还是网游的消费方式，都可能和中国其他地区存在诸多差异，因此应该针对其他地区和背景的青少年进行更多的研究。

另外，本研究的问卷调查都是在课堂上进行的，不可避免地忽略掉了那些逃学在网吧玩网络游戏的中学生，而这部分被漏掉的学生或许正是与本研究的主题联系更加密切的群体。所以仅在学校进行抽样的研究方法可能在一定程度上会影响到研究的最终结果。

（三）变量的测量

在关于变量的操作性定义以及研究设计方面，由于没有前人的研究可考，只能根据以往的相关研究自行研拟，因此在信度和效度上可能存在诸多不足。

例如自变量“暴力网游接触量”，本研究突破以往传统涵化研究的做法，不是单纯地衡量玩家玩暴力网游的时间，而是同时考虑接触暴力网游的时间以及网游的暴力等级，取二者的乘积来测量自变量。这种方法上的创新，固然考虑到了网络游戏的特性，但由于没有类似做法的借鉴经验，仍旧存在许多问题。首先，是关于网游的暴力等级的划分。目前中国尚未实行网游分级制，也没有明确的分级标准（相对于电视，网游的内容开放性和不确定性很强，难度更大），因此要对本研究调查结果中中学生玩的100多种网游进行暴力等级的划分，是一件非常困难的事情。研究者咨询、请教了数字网游资深玩家以及专业人士，并在参考他们的意见的基础之上作出暴力等级的划分，由于这种划分标准是非常主观的，因此很可能会影响测量的信度和效度。但是鉴于本研究在当前仍是一个探索性研究，可供参考的相关研究设计和测量非常稀缺，这种尝试还是可以接受的。第二个问题是仅从“暴力网游接触量”这一个数值中无法区分开其中包含的不同意义。例如同样是100的接触量，它可能意味着接触暴力等级为1的网络游戏100个小时，也可能意味着接触暴力等级为2的网络游戏50个小时，而在实际的数据处理中，把这两种情况都划归为100的接触量，等于是一视同仁了，并没有体现出其中的区别来。这个测量上的缺陷同样也可能会造成对数据的处理和分析出现偏差。第三个问题是该自变量的测量要求玩家针对每个游戏列出“周一至周四”、“周五”、“周六”和“周日”平均每天花费的时间，这种区分固然是考虑到了学生在一周当中娱乐时间的差异，但是也可能会过于细化，难以回忆得清楚准确。

此外，因变量“暴力意图”与因变量“暴力态度”中“应激性暴力”这一维度的某些题项较为相似，可能会造成统计误差，在今后的研究中需要完善。

（四）开放式问题

本研究在对样本进行个人层面以及社会层面的暴力认知的测量时，采用的是开放式的问题。例如让受访者估计“你认为在一年内，你本人遭受到攻击的可能性是多少”或“所有的犯罪中，暴力犯罪——例如杀人、强奸、抢劫和致重伤——所占的百分比是多少”，问卷中并没有具体的百分比选项可供选择，而是让受访者自行给出自己的估计。

在涵化研究中，关于开放式或封闭式问题的优劣也曾引起学者的关注。例如，针对Fox和Philliber（1978）进行的一项关于社会富裕观的调查，有学者质疑用开放式的百分比问题来衡量因变量的方法。他们批评说，开放式的百分比问题只会稳定地得到高（或低）的回答，7个问题在内部一致性上的信度很高，Cronbach α 系数达到0.85，但是其测量的效度值得怀疑。

本研究分别通过3道问题和7道问题来测量“个人层面的暴力认知”以及“社会层面的暴力认知”这两个因变量，对每一个题项的结果进行具体分析，分别考察自变量和控制变量对每一个题项的影响。这种做法虽然一定程度上避免了单纯把题项相加后取均值的短处，但是采用开放式问题是否会造成受访者的答案出现夸大的系统性倾向，也是需要注意的。

（五）没有区分直接和间接的“暴力经验”的调节作用

人们建构社会现实的过程，就是通过总结直接经验与间接经验而形成自身看法的整个推断过程。人们能够有意无意地将两种经验融会贯通，形成对世界的看法、观念和意见，进而作出判断和决定并采取行为。在分析暴力网游的涵化过程中，为了进一步检验共鸣效果是否存在，本研究将“暴力经验”作为调节变量纳入考虑。由于具有受害者经验和加害者经验的人数较少，且为了分析的方便，在处理数据时，受访者的直接经验和间接经验被综合成一个变量。这种做法忽略了不同暴力经验的影响和作用机制的差异，没能揭示出这些差异对受访者的涵化效果的调节作用。

（六）没有考察网游特有的互动元素的调节效果

网游与传统大众媒介很大的一点区别就在于其具有人际互动性、情节开放性、更大的情感卷入等特点，不仅是玩家与系统的互动，更重要的是玩家与玩家之间的互动。尤其是在 MMORPG 中，玩家的互动贯穿始终，包括分配任务、布置方案、协调合作等。如果能够考察互动过程中，暴力网游玩家的口头、文字或其他方面的交流（甚至是冲突）对他们的态度、情感乃至暴力倾向的影响，会加深人们对暴力网游涵化效果的理解。遗憾的是，本书没有将网游的互动元素纳入考察的范围，也忽略了口头暴力和文字暴力对玩家的影响机制。

（七）缺乏对玩家的心理机制的探讨

传统涵化理论经过近半个世纪的发展，到了后期，研究重点转向探索涵化效果的认知机制：对信息的启发式（heuristic）接收和处理使得重度收视者更倾向于依赖这些信息来建构关于真实世界的认知。从这可以看出，该认知机制主要还是针对第一顺序的涵化效果，亦即关于受众认知层面的效果的影响机制。

本研究发现，暴力网游第一顺序的涵化效果，仅在社会层面的暴力认知的某些题项上存在，其对受众的涵化影响主要还是体现在第二顺序（态度、情感等）和第三顺序（倾向意图）的涵化指标上。作为一个探索性的尝试，本研究没有进一步去挖掘暴力网游对玩家第二顺序和第三顺序涵化效果的心理机制，这也是局限之一。

（八）对暴力网游宏观层面的分析力度不足

涵化理论与其他媒介效果理论的明显区别在于它把媒介暴力放在一个更广泛的意识形态和文化情境中加以分析，而电视则被视为一个补充性的、有机的连贯信息系统，用统一的媒介信息模式描述社会关系、展现社会权利等级并复制社会秩序。本书亦希望沿袭涵化理论的批判性，揭示暴力网游背后更深层的影响机制，展现在新媒体语境下媒体内容仍旧被权力精英掌控的真相。但是由于多方面的限制，对暴力网游的组织流程分析还非常欠缺，对其与媒介信息分析、涵化分析之间长期互动关系的考察也尚待进一步深入。

此外，由于本书的问卷调查数据收集于2009年年底至2010年年初，问卷中所设计的问题及呈现的结果与当下难免会存在差距。例如，当时中国还没进入移动互联网时代，手机上网（甚至玩手机游戏）尚未成为青少年的普遍活动，因此在问卷中针对青少年的上网行为而设计的题项并未包含这方面内容，而被调查者的答案也没有提及相关行为。

二、未来的研究方向

（1）需要纵贯研究。涵化是个不断重复的媒介接触过程，因此实验法很难测量其效果，尤其是针对较为稳定的态度和价值观。本研究中对受众的暴力网游接触量也是通过测量的方式，而不是控制来研究，这也导致了推导因果关系的问题。如果能够针对同一个样本人群进行纵贯研究，考察接触网游前后的涵化指标的变换，将有助于进一步厘清暴力网游与青少年的暴力认知、态度、情感以及意图之间的关系。

（2）在检验暴力网游的涵化效果时，把与网游的互动性、玩家的能动性相关的因素纳入考察范围，从中寻找、构建相应的调节变量或中介变量，考察其作用机制，深化对暴力网游涵化效果的认识。

（3）本研究是专门针对暴力网游进行的涵化分析，考察的是“涵化的延伸效果”。人们或许会感兴趣，是否所有的网游都会对青少年玩家有类似的效果呢？亦即对于那些没有接触过暴力游戏的网游玩家而言，是否只要是重度玩家，也可能会在暴力认知、情感、态度和意图等指标上存在涵化效果呢？今后的研究可以考虑考察网游的普遍涵化效果，丰富对电视涵化效果以及网游涵化效果的内涵及其异同的理解。

（4）正如涵化学者发现的，涵化效果不一定是负面的或者只与暴力和恐惧相关的，网游中的涵化类型也可能是多样的。网络世界可以是光怪陆离的，其效果必然也有正面负面之分。尽管许多网游都极力强调和渲染诸如色情、暴力和煽情等元素，但仍旧有许多其他方面的效应值得我们去关注和研究。例如，《心理科学》上的一项研究报告指出，动作要素丰富的电子游戏有助于培养人的观察力。还有玩家列出了玩网游的十大好处，包括：结实新朋友，学会人际关系和互相尊重；学到合作团结的精神，获得满足感和成就感；激发各种思维，训练思考能力和应变能力；舒解压力，放松心情，平复烦躁的情绪；打怪升级可以让玩家学会正义和锻炼恒心等等。从上述这些观点中，研究者可以受到启发，选取感兴趣的要点去检验暴力网游的正面涵化效果是否存在。

（5）本研究中，暴力网游对玩家认知层面的涵化效果大部分不成立，这个异于电视涵化研究的结果需要重新寻求心理机制上的解释。根据 Shrum（2001）的解释，受众依赖最“易于接近”的信息来预测暴力的风险和可能性，并形成他们对某些事件或社会的认知。虽然网络游戏的重度玩家最易于接近的信息来自暴力网游，但是从“对网游的认知真实”这一变量的测量来看，玩家在该变量上的得分普遍不是很高，意味着他们似乎能区分得开游戏世界与现实世界的差别，因此有必要进一步探索其中的心理机制。此外，暴力网游对玩家态度、情感以及意图层面的涵化效果，也值得挖掘背后的心理机制。

最后需要指出的是，涵化理论作为大众传播效果理论中的强效果理论，其背后更深层的目的在于揭示媒介使得美国的大众越来越保守，卑鄙世界综合征的存在使得人们支持政府的相关做法，因此应该让真正热爱美国民主的人行使他们的权利，避免媒介被商业占领，从而将媒介拿回自己手中。可见，涵化理论有其深刻的社会文化背景，要将其在中国复制，用以探讨暴力网游的影响，也需要对中国相应的社会文化、受众心理、网游文化、媒介民主等问题有更深入的探讨和把握。受研究框架和时间精力等因素所囿，本书还是沿袭传统的媒介暴力效果研究的思路，以媒介为中心和出发点，而没有更多地将受众（网游玩家）作为权利的主体，从他们自身出发去考察为何他们会为网游（包括暴力网游）所吸引，网游满足了他们哪些需求，他们对社会的标签化有哪些反面意见，“网瘾”、“电子海洛因”等是否是被建构出来的概念。此外，玩家在网游维权运动中所彰显的权利（Chew，2008）是否有助于中国的媒介民主化，对这些问题的探讨与解答或许都将有助于进一步深化对本研究主题的理解。

附录　问卷

亲爱的同学：

您好！谢谢您参与该次关于中学生与网络使用的问卷调查。我们按照科学的抽样原则，在广州市选取了 8 所中学进行调查访问。该问卷将占用您大约 30 分钟的时间。问卷结果将只用于学术研究，您的个人资料绝对不会在研究报告中出现。答案没有对错之分。如果您如实作答，我们将万分感激。

在填写问卷时，请注意下列事项：

1. 凡问题中列出数种情况供您选择的，请在符合您实际情况的空格中或阿拉伯数字上画“√”。

2. 凡没有特别说明的，均为单选题。

香港中文大学新闻与传播学院

1. 目前您平均每周上网时间为________小时？（如从未上过网，停止答题）

2. 您上网最常做的事情是________。（最多可选 4 个）

（1）用 QQ 聊天交友　　（2）讨论热门的话题或 BBS 跟帖灌水

（3）看新闻与评论　　（4）看电影或听歌

（5）搜索资料　　（6）收发电子邮件

（7）玩网络游戏　　（8）进行网上电子商务

（9）其他（请注明：________________）

3. 您玩网络游戏至今已经有________年。（如从未玩过，停止答题）

4. 您通常在________场所玩网络游戏。（可多选）

（1）学校计算机室　（2）网吧　（3）家中上网

（4）同学朋友家　（5）手机　（6）请注明：____________

5. 请列出您所玩过的花费时间最多的五个网络游戏。（请提供不少于一个）

在你接触得最多的游戏中，排第一位的游戏是：____________

(此为游戏1)

在你接触得最多的游戏中，排第二位的游戏是：__________________
(此为游戏2)

在你接触得最多的游戏中，排第三位的游戏是：__________________
(此为游戏3)

在你接触得最多的游戏中，排第四位的游戏是：__________________
(此为游戏4)

在你接触得最多的游戏中，排第五位的游戏是：__________________
(此为游戏5)

对于游戏1，您周一至周四平均每天玩_______小时，周五平均玩_______小时，周六平均玩_______小时，周日平均玩_______小时。

对于游戏2，您周一至周四平均每天玩_______小时，周五平均玩_______小时，周六平均玩_______小时，周日平均玩_______小时。

对于游戏3，您周一至周四平均每天玩_______小时，周五平均玩_______小时，周六平均玩_______小时，周日平均玩_______小时。

对于游戏4，您周一至周四平均每天玩_______小时，周五平均玩_______小时，周六平均玩_______小时，周日平均玩_______小时。

对于游戏5，您周一至周四平均每天玩_______小时，周五平均玩_______小时，周六平均玩_______小时，周日平均玩_______小时。

6. 您平均每月玩游戏花费多少钱？

(1) 从不花钱　　(2) 50元以下　　(3) 51~100元
(4) 101~150元　　(5) 150元以上

7. 您的父母_______限制你打游戏的时间。

(1) 从不　(2) 偶尔　(3) 有时　(4) 经常　(5) 总是

8. 您的父母_______限制你打游戏的种类。

(1) 从不　(2) 偶尔　(3) 有时　(4) 经常　(5) 总是

9. 你认为在一年内，你本人遭受攻击的可能性是多少(1为最低，100最高)？_______

10. 你认为在一年内，你家被盗窃的可能性是多少(1为最低，100最

高）？ ________

11. 你认为在一年内，你被抢劫的可能性是多少（1 为最低，100 最高）？ ________

12. 在任意一个星期里，100 个人中有多少人会卷入暴力事件中？ ________

13. 所有的犯罪中，暴力犯罪——例如杀人、强奸、抢劫和致人重伤——所占的百分比是多少？ ________

14. 如果一个小孩在一个月中，每天白天都要在公园独自玩耍一个小时，你认为他或她成为暴力犯罪受害人的可能性是多少（从 1～100）？ ________

15. 人们在一生中被枪击的可能性是多少（从 1～100）？ ________

16. 每年有百分之多少的谋杀案没有被侦破（从 1～100）？ ________

17. 青少年犯罪中，暴力犯罪——例如杀人、强奸、抢劫和致人重伤——所占的百分比是多少（从 1～100）？ ________

18. 对于以下陈述，请在您认为合适的空格中画“√”。

	非常不同意	不同意	中立	同意	非常同意
我害怕被抢劫					
我害怕被入屋盗窃					
我害怕在家时有人破门而入					
我害怕被强奸或性侵犯					
我害怕被人用刀或枪攻击					
我害怕被谋杀					

19. 对于以下陈述，请在您认为合适的空格中画“√”。

	非常不同意	不同意	中立	同意	非常同意
大部分人只顾自己					
总的来说，和别人相处怎么小心都不为过					
如果有机会，大部分人都会占你的便宜					
通常而言，世界是很危险的					
大部分人本质上是诚实的					
人们大部分时间都尽力帮助别人					
总的来说，大部分人是可信任的					

20. 对于以下陈述，请在您认为合适的空格中画“√”。

	非常不同意	不同意	中立	同意	非常同意
为了达到目的，有时使用暴力是必要的					
我总是尽量远离那些可能发生暴力冲突的地方					
一个人在团体中，只要打架打赢别人，就不会被别人看不起					
携带武器能使我感觉更安全					
如果有人先动手打我，回击并没什么不对					
如果有人诋毁我或我的家人，打他一顿并没什么不对					
如果生活在治安不好的小区，携带武器以防身并没什么不对					
为了保护自己，做什么都是可以接受的					
父母应该告诉他们的孩子，在有必要的情况下可以使用暴力					
如果有人要和你打架，你应该走开					

21. 对于以下陈述，请在您认为合适的空格中画“√”。

	非常不同意	不同意	中立	同意	非常同意
我经常幻想可能发生在我身上的事情					
我经常对比我不幸的人有温柔及关心的态度					
我有时觉得用他人的角度看问题很困难					
我有时不会对有困难的人感到很难过					
我看小说时，会投入角色的情绪中					
在紧急的情况中，我会觉得焦虑及不自在					
我看电影或戏剧时通常很客观，而且不太会完全陷入其中					
我在作决定前，会尝试考虑每个人的不同观点					
当我看到有人被占便宜，我会想要保护他们					
当我在很情绪化的场合时，我有时会觉得无助					
我有时会尝试以朋友的角度想问题来多了解他们					
对一本好书或是电影很投入的情况，很少发生在我身上					
当我看到有人受伤时，我通常会保持镇定					
他人的不幸通常不会让我心神不定					
如果我确定我是对的，我不会浪费太多时间去听别人的争论					
在看过一场电影或是演出后，我曾经觉得我好像是其中的一个角色					
在很紧绷的情绪中我会害怕					
当我看到他人受到不公平待遇时，我有时并不会觉得他们可怜					
我通常在处理紧急事故时都很有效率					
对所见的事情，我通常会受感动					

（续上表）

	非常不同意	不同意	中立	同意	非常同意
我相信每个问题都有两面看法，也会尝试去正视这两面看法					
我是心肠软的人					
当我看一部好电影时，我会很容易把自己想象成主角					
我在紧急事故中常会失控					
当我对某人生气时，我经常会尝试用他的想法来想问题					
当我看到一则有趣的故事或小说时，我会想象如果事情真的发生在我身上，我的感觉会是如何					
当我看到危难中急需帮助的人时，我会崩溃					
在批评他人前，我会尝试想象如果我和他们一样，我的感受是如何					

22. 对于以下陈述，请在您认为合适的空格中画“√”。

	非常不同意	不同意	中立	同意	非常同意
如果有人打我，我会还击					
如果有人令我讨厌或看不顺眼，我会揍他一顿					
如果朋友需要，我会帮他们教训他们的对手					

23. 对于以下陈述，请在您认为合适的空格中画“√”。

	非常不同意	不同意	中立	同意	非常同意
家里人很关心我所做的一切					
我很关心我的家庭					
在家里，我感觉很安全、愉快					
爸爸和妈妈的关系很好					

24. 对于以下陈述，请在您认为合适的空格中画“√”。

	非常不同意	不同意	中立	同意	非常同意
我在我们班里感觉很愉快					
在班里，我是个受欢迎的人					
在班里，我是个很重要的人					
老师认为我是个好学生					
我讨厌学校					

25. 您是否曾经有以下任一经验：①在学校被恐吓；②被盗窃；③被抢劫；④被以肢体暴力相威胁；⑤遭遇肢体暴力？（ ）

A. 是　　B. 否

26. 您的家人或好朋友是否曾经有以下任一经验：①在学校被恐吓；②被窃；③被抢劫；④被以肢体暴力威胁；⑤遭遇肢体暴力？（ ）

A. 是　　B. 否　　C. 不清楚

27. 您是否曾经有以下任一经验：①在学校恃强凌弱；②盗窃；③抢劫；④以肢体暴力威胁他人；⑤对他人施加肢体暴力？（ ）

A. 是　　B. 否

28. 您的家人或好朋友是否曾经有以下任一经验：①在学校恃强凌弱；②盗窃；③抢劫；④以肢体暴力威胁他人；⑤对他人施加肢体暴力？（　　）

A. 是　　B. 否　　C. 不清楚

29. 对于以下陈述，请在您认为合适的空格中画“√”。

	非常不同意	不同意	中立	同意	非常同意
在大部分网游中发生的事情也会在现实生活中出现					
人们在网游中相处的方式与在现实生活中相似					
网游中的角色在现实生活中也很典型					
网游中发生在玩家身上的事情，在现实生活中也可能发生					
我在网游中碰到的人和现实中的很相似					
网游是具有真实性的，因为玩家可以从中寻求解决某些情绪问题的办法					
网游有助于人们了解在现实社会中某些行为会造成的后果					
像《魔兽世界》这样的大型多角色扮演游戏可以让玩家发现自己个性中的某些特点					
网游和现实生活很相像，因为人们都面临同一个主要问题，即如何控制某种境况					
网游与现实生活相似的地方在于玩家可以自由地作出选择					
玩网游的时候，我觉得自己是整个场面的焦点					

（续上表）

	非常不同意	不同意	中立	同意	非常同意
玩网游的时候，我远离了现实而完全沉浸在游戏世界中					
玩网游的时候，我对我选择的游戏角色感同身受					
玩网游的时候，我觉得我在游戏中的伙伴和对手是真实的					
高清晰度的画质使得网游更像现实世界					
网游要想更逼真，一个重要的因素就是具备高超的绘图能力					
当被问及网游的真实性时，第一反应就是画面					

30. 请用尽可能多的词来描述网络给你的感觉或印象（随意填写）。

最后是关于您的个人情况：

您的性别：1. 男　　　　　　　　2. 女

您的年龄是________岁。

你的年级是________。

你的学习成绩在班级居于：

（1）前十名　　（2）前二十名　　（3）中等

（4）后二十名　　（5）后十名

您全家每月的总收入大约是：

(1) 1 000 元以下　　(2) 1 001 ~3 000 元
(3) 3 001 ~5 000 元　　(4) 5 001 ~7 000 元
(5) 7 001 ~9 000 元　　(6) 9 001 ~10 000 元
(7) 10 000 元以上

问卷结束。多谢合作！

参考文献

一、英文

[1] Allen, R. & Hatchett, S. The media and social reality effects: Self and system orientations of blacks. *Communication Research*, 1986, 13 (1): 97 – 123.

[2] Anderson, C. A. & Bushman, B. J. Effects of violent video games on aggressive behavior, aggressive cognition, aggressive affect, physiological arousal, and prosocial behavior: A meta-analytic review of the scientific literature. *Psychological Science*, 2001, 12 (5): 353 – 359.

[3] Anderson, C. A., Carnagey, N. & Eubanks, J. Exposure to violent media: The effects of songs with violent lyrics on aggressive thoughts and feelings. *Journal of Personality and Social Psychology*, 2003, 84 (5): 960 – 971.

[4] Anderson, C. A. & Dill, K. E. Video games and aggressive thoughts, feelings, and behavior in the laboratory and in life. *Journal of Personality and Social Psychology*, 2000, 78 (4): 772 – 790.

[5] Anderson, C. A., Shibuya, A., Ihori, N. et al. Violent video game effects on aggression, empathy and prosocial behavior in Eastern and Western countries: A meta-analytic review. *Psychological Bulletin*, 2010, 136 (2): 151 – 173.

[6] Baker, R. K. & Ball, S. J. *Mass Media and Violence: A Staff Report to the National Commission on the Causes and Prevention of Violence*. Washington, D. C.: US Government Printing Office, 1969.

[7] Bandura, A. Influence of models' reinforcement contingencies on the acquisition of imitative responses. *Journal of Personality and Social Psychology*, 1963, 1 (6): 589 – 595.

[8] Bandura, A. Aggression: A social learning analysis. *Englewood Cliffs*. N. J.: Prentice Hall, 1973.

[9] Bandura, A. Social foundations of thought and action: A social-cognitive view. *Englewood Cliffs*. N. J.: Prentice Hall, 1986.

[10] Bandura, A., Ross, D. & Sheila A. Imitation of film-mediated aggressive models. *The Journal of Abnormal and Social Psychology*, 1963, 66 (1): 3-11.

[11] Bandura, A. & Walters, R. H. *Social Learning and Personality Development.* New York: Holt, Rhinehart & Winston, 1963.

[12] Barnett, M. A., Vitaglione, G. D., Harper, K. K. G. et al. Late adolescents' experiences with and attitudes towards video games. *Journal of Applied Social Psychology*, 1997, 27: 1316-1334.

[13] Baron, R. A. *Human Aggression.* New York: Plenum Press, 1977.

[14] Berkowitz, L. Some effects of thoughts on anti- and prosocial influences of media events: A cognitive-neoassociation analysis. *Psychological Bulletin*, 1984, 95 (3): 410-427.

[15] Berkowitz, L. *Aggression: Its Causes, Consequences and Control.* New York: McGraw-Hill, 1993.

[16] Berkowitz, L. & Geen, R. G. Film violence and the cue properties of available targets. *Journal of Personality and Social Psychology*, 1966, 3 (5): 525-530.

[17] Biblow, E. Imaginative play and the control of aggressive behaviour. In J. Singer, ed. *The Child's World of Make-Believe: Experimental Studies of Imaginative Play.* New York: Academic Press, 1973.

[18] Bilandzic, H. & Rössler, P. Life according to television. Implications of genre-specific cultivation effects: The gratification cultivation model. *The European Journal of Communication Research*, 2004, 29 (3): 295-326.

[19] Bolter, D. & Grusin, R. *Remediation: Understanding New Media.* Cambridge, M. A.: The MIT Press, 1999.

[20] Bryant, J. The road most traveled: Yet another cultivation critique. *Journal of Broadcasting & Electronic Media*, 1986, 30: 231-235.

[21] Bryant, J., Carveth, R. A. & Brown, D. Television viewing and anxiety: An experimental examination. *Journal of Communication*, 1981, 31 (1): 106-119.

[22] Bryant, J. & Miron, D. Theory and research in mass communication. *Journal of Communication*, 2004, 54 (4): 662-704.

[23] Buchman, D. D. & Funk, J. B. Video and computer games in the 90s: Children's time commitment and game preference. *Children Today*, 1996, 24: 12-16.

[24] Buckingham, D. *After the Death of Childhood: Growing up in the Age of Electronic Media.* Cambridge: Polity, 2000.

[25] Bulck, J. D. The selective viewer: Defining (Flemish) viewer types. *European Journal of Communication*, 1995, 10: 147 - 177.

[26] Bushman, B. J. & Huesmann, L. R. Effects of televised violence on aggression. In D. Singer & J. Singer. Eds. *Handbook of Children and the Media*. Thousand Oaks, C. A.: Sage Publications, 2001.

[27] Bushman, B. J. & Anderson, C. A. Violent video games and hostile expectations: A test of the general aggression model. *Personality and Social Psychology*, 2002, 28 (12): 1679 - 1686.

[28] Bushman, B. J., Rothstein, H. R. & Anderson, C. A. Much ado about something: Violent video game effects and a school of red herring: Reply to Ferguson and Kilburn (2010). *Psychological Bulletin*, 2010, 136 (2): 182 - 187.

[29] Busselle, R. W. Television exposure, perceived realism, and exemplar accessibility in the social judgment process. *Media Psychology*, 2001, 3 (1): 43 - 67.

[30] Calvert, S. L. & Tan, S. L. Impact of virtual reality on young adults' physiological arousal and aggressive thoughts: Interaction versus observation. *Journal of Applied Developmental Psychology*, 1994, 15 (1): 125 - 139.

[31] Carll, E. Violent video games: Rehearsing aggression. *Chronicle of Higher Education*, 2007, 53 (45): 12 - 55.

[32] Carnagey, N. L. & Anderson, C. A. Theory in the study of media violence: The general aggression model. In D. A. Gentile, ed. *Media Violence and Children: A Complete Guide for Parents and Professionals*. Westport, C. T.: Praeger, 2003.

[33] Carnagey, N. L. & Anderson, C. A. Violent video game exposure and aggression literature review. *Minerva Psichiatr*, 2004, 45: 1 - 18.

[34] Carveth, R. & Alexander, A. Soap opera viewing motivations and the cultivation process. *Journal of Broadcasting & Electronic Media*, 1985, 29 (3): 259 - 273.

[35] Cheung, C. K. & Chan, C. F. Television viewing and mean world value in Hong Kong's adolescents. *Social Behavior and Personality: An International Journal*, 1996, 24 (4): 351 - 364.

[36] Chew, M. Virtual-world Unrest and the Gamer Rights Protection Movement in China. Paper presented at the 6th Annual Chinese Internet Research Conference. 13 - 14. June. The University of Hong Kong, 2008.

[37] Christoffelson, J. The monster massacre or what is a violent video game. In C. von Feilitzen, & U. Carlsson, eds. *Children in the New Media Landscape*. G. Oteborg:

The UNESCO International Clearinghouse on Children and Violence on the Screen, 2000.

[38] Cline, V. B., Croft, R. G. & Courrier, S. Desensitization of children to television violence. *Journal of Personality and Social Psychology*, 1973, 27 (3): 360 – 365.

[39] Cohen, D. & Strayer, J. Empathy in conduct-disordered and comparison youth. *Developmental Psychology*, 1996, 32 (6): 988 – 998.

[40] Cohen, J. & Weimann, G. Cultivation revisited: Some genres have some effects on some viewers. *Communication Reports*, 2000, 13 (2): 99 – 114.

[41] Comstock, G. & Fisher, M. Television and human behavior: A guide to the pertinent scientific literature. *Santa Monica*. California: Rand Corporation, 1975.

[42] Condry, J. *The Psychology of Television*. N. J.: Erlbaum, Hillsdale, 1989.

[43] Deselms, J. L., Altman, J. D. Immediate and prolonged effects of videogame violence. *Journal of Applied Social Psychology*, 2003, 33 (8): 1553 – 1563.

[44] Diefenbach, D. L. & West, M. D. Television and attitudes toward mental health issues: Cultivation analysis and the third-person effect. *Journal of Community Psychology*, 2007, 35 (2): 181 – 195.

[45] Dill, K. E. & Dill, J. C. Video game violence: A review of the empirical literature. *Aggression and Violent Behavior: A Review Journal*, 1998, 3: 407 – 428.

[46] Dill, K. E., Gentile, D. A., Richter, W. A. et al. Portrayal of women and minorities in video games. Paper presented at the 109th Annual Conference of the American Psychological Association. San Francisco, C. A.. August, 2001.

[47] Dobrow, J. A. Patterns of viewing and VCR use: Implications for cultivation analysis. In N. Signorielli & M. Morgan, eds. *Cultivation Analysis: New Directions in Media Effects Research*. Newbury Park, C. A. Sage, 1990.

[48] Dollard, J., Miller, N. E., Mowrer, O. H. et al. *Frustration and Aggression*. New Haven: Yale University Press, 1939.

[49] Dominick, J. R. Video games, television violence and aggression in teenagers. *Journal of Communication*, 1984, 34 (2): 136 – 147.

[50] Doob, A. N. & Macdonald, G. E. Television viewing and fear of victimization: Is the relationship causal? *Journal of Personality and Social Psychology*, 1979, 37 (2): 170 – 179.

[51] Drabman, R. S. & Thomas, M. H. Does watching violence on television cause apathy? *Pediatrics*, 1976, 57 (3): 329 – 331.

[52] Eschholz, S., Chiricos, T., Gertz, M., Problems, S., & August, N. Television and fear of crime: Program types, audience traits, and the mediating effect of perceived neighborhood composition. *Social Problems*, 2003, 50 (3): 395-415.

[53] Ferguson, C. J. Blazing angels or resident evil? Can violent video games be a force for good? *Review of General Psychology*, 2010, 14 (2): 68-81.

[54] Ferguson, C. J. & Kilburn, J. Much ado about nothing: The misestimation and overinterpretation of violent video game effects in Eastern and Western nations: Comment on Anderson et al. *Psychological Bulletin*, 2010, 136 (2): 174-178.

[55] Ferraro, K. F. *Fear of Crime: Interpreting Victimization Risk*. Albany, N. Y.: SUNY Press, 1995.

[56] Ferraro, K. F. & La Grange, R. L. The measurement of fear of crime. *Sociological Inquiry*, 1987, 57 (1): 70-97.

[57] Feshbach, S. The drive-reducing function of fantasy behavior. *The Journal of Abnormal and Social Psychology*, 1955, 50 (1): 3-11.

[58] Feshbach, S. The stimulating effects of a vicarious aggressive activity. *The Journal of Abnormal and Social Psychology*, 1961, 63 (2): 381-385.

[59] Feshbach, S. & Singer, R. D. *Television and Aggression*. San Francisco, C. A.: Jossey-Bass, 1971.

[60] Fox, W. S. & Philliber, W. W. Television viewing and the perception of affluence. *Sociological Quarterly*, 1978, 19: 103-112.

[61] Frasca, G. Simulation versus narrative: introduction to ludology. In M. J. P. Wolf & B. Perron, eds. *Video Game Theory*. London: Routledge, 2003.

[62] Frasca, G. Videogames of the oppressed: critical thinking, education, tolerance and other trivial issues. In P. Harrington & N. Wardrip-Fruin, eds. *First Person: New Media as Story, Performance, and Game*. Cambridge, M. A.: The MIT Press, 2004.

[63] Funk, J. B. Reevaluating the impact of video games. *Clin Pediatr*, 1993, 32 (2): 86-90.

[64] Funk, C. D. Prostaglandins and Leukotrienes: Advances in Eicosanoid Biology. *Science*, 2001, 294 (5548): 1871-1875.

[65] Funk, J. B., Baldacci, H. B., Pasold, T. et al. Violence exposure in real-life, video games, television, movies and the Internet: Is there desensitization? *Journal of Adolescence*, 2004, 27 (1): 23-39.

[66] Funk, J. B. & Buchman, D. D. Playing violent video and computer games and adolescent self-concept. *Journal of Communication*, 1996, 46 (2): 19 -32.

[67] Funk, J. B., Buchman, D. D., Schimming, J. L., & Hagan, J. D. Attitudes toward violence, empathy, and violent electronic games. Paper presented at the annual meeting of the American Psychological Association, San Francisco, C. A., 1998.

[68] Gee, J. P. Pleasure, learning, video games and life: The projective stance. In Knobel, M. & Lankshear, C., eds. *A New Literacies Sampler*. New York: Peter Lang, 2007.

[69] Geen, R. & Berkowitz, L. Name-mediated aggressive cue properties. *Journal of Personality*, 1966, 34 (3): 456 -465.

[70] Gentile, D. A., Anderson, C. A. & Yukawa, S. The effects of prosocial video games on prosocial behaviors: International evidence from correlational, longitudinal and experimental studies. *Personality and Social Psychology*, 2009, 35 (6): 752 -763.

[71] Gentile, D., Lynch, P., Linder, J. & Walsh, D. The effects of violent video game habits on adolescent hostility, aggressive behaviors and school performance. *Journal of Adolescent*, 2004, 27: 5 -22.

[72] Gentile, D. A. & Walsh, D. A. Looking through time: A longitudinal study of children's media violence consumption at home and aggressive behaviors at school. Paper presented at the Biennial Conference of the Society for Research in Child Development Tampa, Florida, 2003.

[73] Gerbner, G. Toward "Cultural Indicators": The analysis of mass mediated public message systems. *Educational Technology Research and Development*, 1969, 17 (2): 137 -148.

[74] Gerbner, G. Cultural indicators: The case of violence in television drama. *The Annals of the American Academy of Political and Social Science*, 1970, 388 (1): 69 -81.

[75] Gerbner, G. & Gross, L. Living with television: The violence profile. *Journal of Communication*, 1976, 26 (2): 172 -194.

[76] Gerbner, G. & Gross, L. Edirorial response: A reply to Newcomb's "humanistic critique." *Communication Research*, 1979, 6: 223 -230.

[77] Gerbner, G., Gross, L., Eleey, M. F. et al. Violence profile—an analysis of the CBS report. *Journal of Broadcasting*, 1977, 21 (3): 280 -286.

[78] Gerbner, G., Gross, L., Jackson-Beeck, M. et al. Cultural indicators: Violence profile NO. 9. *Journal of Communication*, 1978, 28 (3): 176-207.

[79] Gerbner, G., Gross, L. & Morgan, M. Living with Television: The dynamics of the cultivation process. In J. Bryant & D. Zillmann, eds. *Perspectives on Media Effects*. N. J.: Lawrence Erlbaum Associates, 1980.

[80] Gerbner, G., Gross, L., Morgan, M. et al. Living with television: The dynamics of the cultivation process. In J. Bryant & D. Zillmann, eds. *Perceptives on Media Effects*. Hillsdale, N. J.: Lawrence Erlbaum, 1986.

[81] Gerbner, G., Gross, L., Morgan, M. & Signorielli, N. Growing up with television: The cultivation perspective. In J. Bryant & D. Zillmann, eds. *Media Effects: Advance in Theory and Research*. Hilladale, N. J.: Lawrence Erlbaum, 1994.

[82] Goidel, R. K., Freeman, C. M. & Procopio, S. T. The impact of television viewing on perceptions of juvenile crime. *Journal of Broadcasting & Electronic Media*, 2006, 50 (1): 119-139.

[83] Gosselin, A., De Guise, J., Pacquette, G. et al. Violence on Canadian television and some of its cognitive effects. *Canadian Journal of Communication*, 1997, 22 (2): 12-40.

[84] Grabe, M. E. & Drew, D. Crime cultivation: Comparisons across media genres and channels. *Journal of Broadcasting & Electronic Media*, 2007, 51 (1): 147-171.

[85] Greitemeyer, T. & Osswald, S. Effects of prosocial video games on prosocial behavior. *Journal of Personality and Social Psychology*, 2010, 98 (2): 211-221.

[86] Griffiths, M. Violent video games and aggression: A review of the literature. *Aggression & Violent Behavior*, 1999, 4: 203-212.

[87] Griffiths, M. Video game violence and aggression: Comments on "Video game playing and its relations with aggressive and prosocial behavior" by O. Wiegman and E. G. M. van Schie. *British Journal of Social Psychology*, 2000, 39 (1): 147-149.

[88] Gross, K. & Aday, S. The scary world in your living room and neighborhood: Using local broadcast news, neighborhood crime rates, and personal experience to test agenda setting and cultivation. *Journal of Communication*, 2003, 53 (3): 411-426.

[89] Gwinup, G., Haw, T. & Elias, A. Cardiovascular changes in video-

game players. Cause for concern? *Postgraduate Medicine*, 1983, 74 (6): 245-248.

[90] Hall, A. Reading realism: Audiences' evaluation of the reality of media texts. *Journal of Communication*, 2003, 53 (4): 624-641.

[91] Hawkins, R. P. & Pingree, S. Some processes in the cultivation effect. *Communication Research*, 1980, 7 (2): 193-226.

[92] Hawkins, R. P. & Pingree, S. Divergent psychological processes in constructing social reality from mass media content. In Signorielli, M. M, eds. *Cultivation Analysis: New Directions in Media Effects Research.* Newbury Park: Sage, 1990.

[93] Hawkins, R., Pingree, S., & Adler, I. Searching for cognitive processes in the cultivation effect. Adult and adolescent samples in the United States and Australia. *Human Communication Research*, 1987, 13: 553-577.

[94] Herz, J. C. *Joystick Nation: How Videogames Ate Our Quarters, Won Our Hearts, and Rewired Our Minds.* Boston: Little, Brown & Co., 1997.

[95] Hirsch, P. M. The "scary world" of the nonviewer and other anomalies: A reanalysis of Gerbner et al.'s findings on cultivation analysis part I. *Communication Research*, 1980, 7 (4): 403-456.

[96] Hirsch, P. M. On not learning from one's own mistakes: A reanalysis of Gerbner et al's findings on cultivation analysis part II. *Communication Research*, 1981, 8 (1): 3-37.

[97] Holbert, R. L., Kwak, N. & Shah, D. Environmental concern, patterns of television viewing, and pro-environmental behaviors: Integrating models of media consumption and effects. *Journal of Broadcasting & Electronic Media*, 2003, 47 (2): 177-196.

[98] Holbert, R. L., Shah, D. V., & Kwak, N. Fear, authority, and justice: Crime-related TV viewing and endorsements of capital punishment and gun ownership. *Journalism & Mass Communication Quarterly*, 2004, 81: 343-363.

[99] Hughes, M. The fruits of cultivation analysis: A reexamination of some effects of television watching. *Public Opinion Quarterly*, 1980, 44 (3): 287-302.

[100] Irwin, A. R. & Gross, A. M. Cognitive tempo, violent video games, and aggressive behavior in young boys. *Journal of Family Violence*, 1995, 10 (3): 337-350.

[101] Jeffres, L. W., Neuendorf, K. A., Bracken, C. et al. Integrating theoretical traditions in media effects: Using third-person effects to link agenda-set-

ting and cultivation. *Mass Communication & Society*, 2008, 11 (4): 470 - 491.

[102] Kestenbaum, G. I. & Weinstein, L. Personality, psychopathology, and developmental issues in male adolescent video game use. *Journal of the American Academy of Child Psychiatry*, 1985, 24 (3): 329 - 333.

[103] Konijn, E. A., Nije B. M. & Bushman, B. J. Wish I were a warrior: The role of wishful identification in the effects of violent video games on aggression in adolescent boys. *Developmental Psychology*, 2007, 43 (4): 1038 - 1044.

[104] Koo, D. M. The moderating role of locus of control on the links between experiential motives and intention to play online games. *Computers in Human Behavior*, 2009, 25 (2): 466 - 474.

[105] Krahe, B. & Moller, I. Playing violent electronic games, hostile attributional style, and aggression-related norms in German adolescents. *Journal of Adolescence*, 2004, 27 (1): 53 - 69.

[106] Lefkowitz, M. M. & Huesmann, L. R. Concomitants of television violence viewing in children. In E. L. Palmer & A. Dorr, eds. *Children and the Faces of Television: Teaching, Violence, Selling*. New York: Academic Press, 1981.

[107] Lin, C. A. & Atkin, D. J. Parental mediation and rulemaking for adolescent use of television and VCRs. *Journal of Broadcasting & Electronic Media*, 1989, 33 (1): 53 - 67.

[108] Liska, A. & Baccaglini, W. Feeling safe by comparison: crime in the newspapers. *Social Problems*, 1990, 37 (3): 360 - 374.

[109] Livingstone, S. M. Interpreting a television narrative: How different viewers see a story. *Journal of Communication*, 1990, 40 (1): 72 - 85.

[110] Lynch, P. J. Type A behavior, hostility, and cardiovascular function at rest and after playing video games in teenagers. *Psychosomatic Medicine*, 1994, 56: 152.

[111] Lynch, P. J. Hostility, Type A behavior, and stress hormones at rest and after playing violent video games in teenagers. *Psychosomatic Medicine*, 1999, 61: 113.

[112] Lynch, P. J., Gentile, Douglas, A., Olson, Abbie A. et al. The effects of violent video game habits on adolescent aggressive attitudes and behaviors. Paper presented at the Biennial Meeting of the Society for Research in Child Development. Minneapolis, M. N., April 19 - 22, 2001.

[113] Malliet, S. An exploration of adolescents' perceptions of videogame

realism. *Learning*, *Media and Technology*, 2006, 31 (4): 377 - 394.

[114] McCombs, M. & Gilbert, S. News influence on our pictures of the world. In J. Bryant & D. Zillman, eds. *Perspectives on Media Effects*. Hdsdale, N. J.: Erlbaum, 1986.

[115] McLeod, J. The synthetic crisis: Media influences on perceptions of crime. Paper presented at the annual meeting of the Communication Theory and Methodology Division of the Association of Journalism and Mass Communication, Washington, D. C., August, 1995.

[116] McLeod, J. M., Sotirovic, M., Eveland, W. P. et al. Let the punishment fit the (perceptions of) crime: effects of local television news on evaluations of crime policy proposals. Meetings of the International Communication Association, 1996.

[117] Mees, U. Constitutive elements of the concept of human aggression. *Aggressive Behavior*, 1990, 16 (5): 285 - 295.

[118] Mierlo, J. V. & Bulck, J. V. D. Benchmarking the cultivation approach to video game effects: A comparison of the correlates of TV viewing and game play. *Journal of Adolescence*, 2004, 27 (1): 97 - 111.

[119] Morgan, M. & Shanahan, J. Television viewing and voting 1972 - 1989. *Electoral Studies*, 1992, 11 (1): 3 - 20.

[120] Morgan, M. & Shanahan, J. Two decades of cultivation research: An appraisal and meta-analysis. In B. R. Burleson, ed. *Communication Yearbook* 20. Newbury Park, C. A.: Sage, 1996.

[121] Morgan, M. & Shanahan, J. Two decades of cultivation analysis: A review and meta-analysis. In B. Burleson, ed. *Communication Yearbook* 20. Thousand Oaks, C. A.: Sage, 1997.

[122] Morgan, M. & Shanahan, J. The state of cultivation. *Journal of Broadcasting & Electronic Media*, 2010, 54 (2): 337 - 355.

[123] Morgan, M. & Signorielli, N. *Cultivation Analysis*: *Conceptualization and Methodology*. Newbury Park, C. A.: Sage, 1990.

[124] Muncer, S. J., Gorman, B. & Campbell, A. Sorting out aggression: Dimensional and categorical perceptions of aggressive episodes. *Aggressive Behavior*, 1986, 12 (5): 327 - 336.

[125] Nabi, R. L. & Sullivan, J. L. Does television viewing relate to engagement in protective action against crime? A cultivation analysis from a theory of rea-

soned action perspective. *Communication Research*, 2001, 28 (6): 802 - 825.

[126] Newcomb, H. Assessing the violence profile studies of and Gross: A humanistic critique and suggestion. *Communication Research*, 1978, 5 (3): 264 - 282.

[127] Norris, K. O. Gender Stereotypes, Aggression, and computer games: An ȯnline survey of women. *Cyber Psychology & Behavior*, 2004, 7 (6): 714 - 727.

[128] O' Guinn, T. C. & Shrum, L. J. The role of television in the construction of consumer reality. *Journal of Consumer Research*, 1997, 23 (4): 278 - 294.

[129] Oliver, M. B. & Armstrong, G. B. Predictors of viewing and enjoyment of reality-based and fictional crime shows. *Journalism & Mass Communication Quarterly*, 1995, 72 (3): 559 - 570.

[130] Paik, H. & Comstock, G. The effects of television violence on antisocial behavior: A meta-analysis. *Communication Research*, 1994, 21: 516 - 546.

[131] Perse, E. M., Ferguson, D. A. & McLeod, D. M. Cultivation in the newer media environment. *Communication Research*, 1994, 21 (1): 79 - 104.

[132] Pingree, S. & Hawkins, R. U. S. Programs on Australian television: The cultivation effect. *Journal of Communication*, 1981, 31 (1): 97 - 105.

[133] Potter, J. Cultivation theory and research: A conceptual analysis. *Human Communication Research*, 1993, 19: 564 - 601.

[134] Potter, W. J. Perceived reality and the cultivation hypothesis. *Journal of Broadcasting and Electronic Media*, 1986, 30 (2): 159 - 174.

[135] Potter, W. J. Three strategies for elaborating the cultivation hypothesis. *Journalism Quarterly*, 1988, 65 (4): 930 - 939.

[136] Potter, W. J. Examining cultivation from a psychological perspective component subprocesses. *Communication Research*, 1991, 18 (1): 77 - 102.

[137] Potter, W. J. The linearity assumption in cultivation research. *Human Communication Research*, 1991, 17 (4): 562 - 583.

[138] Potter, W. J. & Chang, I. C. Television exposure measures and the cultivation hypothesis. *Journal of Broadcasting & Electronic Media*, 1990, 34 (3): 313 - 333.

[139] Potter, W. J. & Ware, W. An analysis of the contexts of antisocial acts on prime-time television. *Communication Research*, 1987, 14: 664 - 686.

[140] Quick, B. The effects of viewing Grey's anatomy on perceptions of doctors and patient satisfaction. *Journal of Broadcasting & Electronic Media*, 2009, 53

(1): 38 -55.

[141] Romer, D., Jamieson, K. H. & Aday, S. Television news and the cultivation of fear of crime. *Journal of Communication*, 2003, 53 (1), 88: 104.

[142] Roskos-Ewoldsen, B., Davies, J. & Roskos-Ewoldsen, D. R. Implications of the mental models approach for cultivation theory. *Communications: The European Journal of Communication Research*, 2004, 29 (3): 345 -363.

[143] Rule, B. G. & Ferguson, T. J. The effects of media violence on attitudes, emotions, and cognitions. *Journal of Social Issues*, 1986, 42 (3): 29 -50.

[144] Rushbrook, S. "Messages" of videogames: Social implications. *Dissertation Abstracts International*, 1986, 47: 6.

[145] Sakamoto, A. Video game use and the development of sociocognitive abilities in children: Three surveys of elementary school children. *Journal of Applied Social Psychology*, 1994, 24: 21 -42.

[146] Shanahan, J. & Morgan, M. *Television and Its Viewers: Cultivation Theory and Research*. London: Cambridge University Press, 1999.

[147] Shanahan, J., Morgan, M. & Stenbjerre, M. Green or brown? Television and the cultivation of environmental concern. *Journal of Broadcasting Electronic Media*, 1997, 41: 305 -323.

[148] Shanahan, J., Scheufele, D., Yang, F. et al. Cultivation and spiral of silence effects: The case of smoking. *Mass Communication & Society*, 2004, 7 (4): 413 -428.

[149] Shapiro, M. A. Memory and decision processes in the construction of social reality. *Communication Research*, 1991, 18 (1): 3 -24.

[150] Sherman, B. L. & Dominick, J. R. Violence and sex in music videos: TV and rock'n'roll. *Journal of Communication*, 1986, 36: 94 -106.

[151] Sherry, J. The effects of violent video games on aggression: A meta-analysis. *Human Communication Research*, 2001, 27: 409 -431.

[152] Shrum, L. J. Assessing the Social Influence of Television: A social cognition perspective on cultivation effects. *Communication Research*, 1995, 22 (4): 402 -429.

[153] Shrum, L. J. Processing strategy moderates the cultivation effect. *Human Communication Research*, 2001, 27 (1): 94 -121.

[154] Shrum, L. J. Magnitude of effects of television viewing on social perceptions vary as a function of data collection method: Implications for psychological

processes. *Advances in Consumer Research*, 2004, 31 (1): 511 – 513.

[155] Shrum, L. J. The cognitive processes underlying cultivation effects are a function of whether the judgments are on-line or memory-based. *Communications: The European Journal of Communication Research*, 2004, 29 (3): 327 – 344.

[156] Shrum, L. J. The implications of survey method for measuring cultivation effects. *Human Communication Research*, 2007, 33 (1): 64 – 80.

[157] Shrum, L. J. & Bischak, V. D. Mainstreaming, resonance, and impersonal impact: Testing moderators of the cultivation effect for estimates of crime risk. *Human Communication Research*, 2001, 27 (2): 187 – 215.

[158] Shrum, L. J. & O' Guinn, T. C. Processes and effects in the construction of social reality: Construct accessibility as an explanatory variable. *Communication Research*, 1993, 20 (3): 436 – 471.

[159] Shrum, L. J., Wyer, R. S. & O' Guinn, T. C. The effects of television consumption on social perceptions: The use of priming procedures to investigate psychological processes. *Journal of Consumer Research*, 1998, 24 (4): 447 – 458.

[160] Signorielli, N. & Morgan, M. *Cultivation Analysis: New Directions in Media Effects Research*. Newbury Park, C. A.: Sage, 1990.

[161] Silvern, S. B. & Williamson, P. A. The effects of video game play on young children's aggression, fantasy, and prosocial behavior. *Journal of Applied Developmental Psychology*, 1987, 8 (4): 453 – 462.

[162] Smith, D. W. *The Circle of Acquaintance: Perception, Consciousness, and Empathy*. Boston: Kluwer Academic Publishers, 1989.

[163] Sternheimer, K. Do video games kill? *Winter*, 2007, 6: 13 – 17.

[164] Tamborini, R. & Choi, J. The role of cultural diversity in cultivation analysis. In M. Morgan, & N. Signorielli, eds. *Cultivation Analysis: New Directions in Media Effects Research*. Newbury Park, C. A.: Sage, 1990.

[165] Tapper, J. The ecology of cultivation: A conceptual model for cultivation research. *Communication Theory*, 1995, 5 (1): 36 – 57.

[166] Tyler, T. R. Impact of directly and indirectly experienced events: The origin of crime-related judgments and behaviors. *Journal of Personality and Social Psychology*, 1980, 39 (1): 13 – 28.

[167] Tyler, T. R. & Cook, F. L. The mass media and judgments of risk: Distinguishing impact on personal and societal level judgments. *Journal of Personality and Social Psychology*, 1984, 47: 693 – 798.

[168] Vernberg, E. M., Jacobs, A. K. & Hershberger, S. Peer victimization and attitudes about violence during early adolescence. *Journal of Clinical Child Psychology*, 1999, 28 (3): 386-395.

[169] Vitelli, R. & Endler, N. S. Psychological determinants of fear of crime: A comparison of general and situational prediction models. *Personality and Individual Differences*, 1993, 14 (1): 77-85.

[170] Wakshlag, J., Vial, V. & Tamborini, R. Selecting crime drama and apprehension about crime. *Human Communication Research*, 1983, 10 (2): 227-242.

[171] Wan, C. S. & Chiou, W. B. Psychological motives and online games addiction: A test of flow theory and humanistic needs theory for Taiwanese adolescents. *Cyber Psychology & Behavior*, 2006, 9 (3): 317-324.

[172] Ward, L. M. Understanding the role of entertainment media in the sexual socialization of American youth: A review of empirical research. *Developmental Review*, 2002, 23 (3): 347-388.

[173] Warr, M. Dangerous situations: Social context and fear of victimization. *Social Forces*, 1990, 68 (3): 891-908.

[174] Warr, M. Fear of crime in the United States: Avenues for research and policy. *Criminal Justice*, 2000, 4: 451-489.

[175] Weaver, J. & Wakshlag, J. Perceived vulnerability to crime, criminal victimization experience, and television viewing. *Journal of Broadcasting & Electronic Media*, 1986, 30 (2): 141-158.

[176] Williams, D. Virtual cultivation: online worlds, offline perceptions. *Journal of Communication*, 2006, 56 (1): 69-87.

[177] Williams, T. M., Zabrack, M. L. & Joy, L. A. The portrayal of aggression on north American television. *Journal of Applied Social Psychology*, 1982, 12 (5): 360-380.

[178] Wortzel, L. *Multivariate Analysis Englewood Cliff*. N. J.: Prentice Hall, 1979.

[179] Yee, N. Motivations for play in online games. *Cyber Psychology & Behavior*, 2006, 9 (6): 772-775.

[180] Zillmann, D. Excitation transfer in communication-mediated aggressive behavior. *Journal of Experimental Social Psychology*, 1971, 7 (4): 419-434.

二、中文

[1] 卜卫:《大众媒介对儿童的影响》，北京：新华出版社 2002 年版。

[2] 别致:《网游传播现象研究——以〈魔兽世界〉为中心的考察》，河南大学硕士学位论文，2010 年。

[3] 蔡骐、杨静:《关于涵化理论的历史考察和方法论反思》，《吉首大学学报》（社会科学版）2005 年第 4 期，第 84 ~ 87 页。

[4] 蔡骐、杨静:《电视暴力与儿童成长》，《声屏世界》2006 年第 5 期。

[5] 陈碧云:《网络游戏暴力对大学生攻击行为的影响研究》，《中国科教创新导刊》2010 年第 20 期，第 13 ~ 17 页。

[6] 陈红莲:《从网络暴力盛行看公众媒介素养问题》，《长江大学学报》（社会科学版）2008 年第 5 期，第 33 ~ 38 页。

[7] 陈龙:《媒介文化全球化与当代意识形态的涵化》，《国际新闻界》2002 年第 5 期，第 48 ~ 53 页。

[8] 陈明:《当代大学生接触〈新闻联播〉之涵化分析》，《社科纵横》2010 年第 6 期，第 149 ~ 151 页。

[9] 陈尚永:《影响台湾地区大学生价值观之媒介因素探讨——以电视广告为例》，发表于《1998 第二届媒介与环境学术研讨会》，台北：辅仁大学，1998 年 11 月 14 日。

[10] 陈士哲:《我的世界是〈天堂〉? 在线游戏〈天堂〉对青少年涵化效果之初探》，中山大学硕士学位论文，2006 年。

[11] 陈怡璇:《综艺性访谈节目的涵化效果》，《网络社会学通讯》2006 年第 59 期，第 55 ~ 67 页。

[12] 程刚、张卫军:《浅析网络暴力现象》，《新闻世界》2010 年第 7 期，第 11 ~ 13 页。

[13] 丁婕:《中国电视法制节目的涵化理论》，《山东视听》（山东省广播电视学校学报）2006 年第 3 期，第 41 ~ 43 页。

[14] 杜好强:《电视暴力对幼儿心理的不良影响及对策思考》，《长沙师范专科学校学报》2009 年第 1 期，第 24 ~ 27 页。

[15] 郭庆光:《传播学教程》（第 2 版），北京：中国人民大学出版社 2011 年版。

[16] 郭镇之:《北美研究传播》，北京：北京广播学院出版社 1997 年版。

[17] 郭中实:《涵化理论：电视世界真的影响深远吗?》，《新闻与传播

研究》1997 年第 2 期，第 58 ~64 页。

［18］郭中实、祝建华、陈怀林、俞旭、黄煜：《无孔不入的媒体现实：直接和间接经验对香港与广州受众犯罪观念的影响》，《新闻学研究》2000 年第 71 期，第 61 ~86 页。

［19］郝雨，王祎：《媒介暴力：类型、效应及控制》，《新闻记者》2009 年第 6 期。

［20］贺建平、赵晓燕、黄肖肖：《网络暴力游戏与青少年暴力行为的相关性》，《新闻界》2009 年第 1 期，第 42 ~45 页。

［21］黄明明：《电视新闻暴力内容对儿童之涵化效果初探》，《新闻学研究》1994 年第 48 期，第 63 ~98 页。

［22］姬德强：《媒介娱乐的霸权本质与涵化机制》，《现代视听》2010 年第 5 期，第 43 ~46 页。

［23］金多娇：《电视暴力对受众心理的影响》，《记者摇篮》2009 年第 5 期，第 33 ~35 页。

［24］［美］康斯托克著，郑明椿译：《美国电视的源流与演变》，台北：台湾远流出版公司 1994 年版。

［25］李慧馨：《涵化理论回顾与前瞻——1967 到 1993》，《广播与电视》1994 年第 4 期。

［26］李金铨：《大众传播理论》，台北：三民书局股份有限公司 1983 年版。

［27］廖天琪：《天使怎样变成魔鬼——从西方少年犯罪看电视中的性与暴力》，《国际新闻界》1994 年第 3 期，第 46 ~49 页。

［28］林东泰：《大众传播理论》，台北：师大书苑 2002 年版。

［29］林育贤：《电玩暴力对学童攻击行为之效果研究》，私立世新大学传播研究所硕士学位论文，2001 年。

［30］刘月文：《电视剧〈大明王朝 1566〉的涵化理论分析》，《科技创新导报》2009 年第 33 期，第 233 页。

［31］龙耘：《电视与暴力：中国媒介涵化效果的实证研究》，北京：中国广播电视出版社 2005 年版。

［32］陆晔：《作为现代社会文化情境的“媒介真实”——试论电视传播对社会现实的建构》，《社会科技》1995 年第 2 期，第 56 ~58 页。

［33］罗文辉、林奂名、吴筱玫：《网络色情对青少年的涵化效果》，《传播与社会学刊》2009 年第 10 期，第 59 ~99 页。

［34］［美］洛厄里、［美］德弗勒著，刘海龙等译：《大众传播效果研究

的里程碑》（第三版），北京：中国人民大学出版社 2009 年版。

［35］吕霓、王颖：《美国媒介素质教育的传播学分析》，《江南大学学报》（社会科学版）2006 年第 6 期，第 106 ~ 109 页

［36］马小璐、蒲莳、郑少云、陈琦：《媒介暴力问题研究笔谈：关于媒介暴力的界定》，《今传媒》2007 年第 3 期，第 50 页。

［37］［美］麦克·摩根、［美］詹姆斯·尚翰著，龙耘译：《涵化研究的两个十年（上）——一个总体评估和元分析》，《现代传播》2002 年第 5 期，第 14 ~ 22 页。

［38］米金升、陈娟：《游戏东西》，桂林：广西师范大学出版社 2010 年版。

［39］潘玲娟：《电视暴力研究：理论与现象之解释》，台北：秀威信息 2005 年版。

［40］潘忠党：《导读：媒介效果实证研究的话语》，载［美］布莱恩特主编：《媒介效果：理论与研究前沿》（第二版），北京：华夏出版社 2009 年版，第 1 ~ 24 页。

［41］彭昊文：《电视暴力对青少年的影响及对策》，《长江大学学报》（社会科学版）2010 年第 1 期，第 30 ~ 33 页。

［42］皮勇、刘卫国：《论青少年与网络犯罪场》，《青少年犯罪问题》2005 年第 9 期，第 28 ~ 34 页。

［43］［美］赛佛林、［美］坦卡德著，郭镇之等译：《传播理论：起源、方法与应用》（第一版），北京：华夏出版社 2000 年版。

［44］沈新潮：《电视暴力镜头传播效果分析》，《青年记者》2009 年第 11 期，第 24 ~ 26 页。

［45］石长顺、周莉：《新媒体语境下涵化理论的模式转变》，《国际新闻界》2008 年第 6 期，第 84 ~ 87 页。

［46］宋维虎：《电视暴力对未成年人的负面影响与对策》，《内江科技》2007 年第 12 期，第 22 ~ 24 页。

［47］孙占利：《网络暴力游戏的影响及对策》，《新闻爱好者》（理论版）2008 年第 6 期，第 34 ~ 36 页。

［48］孙召路：《网络暴力与少年暴力：从涵化理论说起》，《青少年研究》（山东省团校学报）2004 年第 2 期，第 36 ~ 38 页。

［49］汤允一、陈毓麒：《台湾地区青少年电视使用、个人经验与世界观——一个涵化分析研究与讨论》，台北：中华传播学会年会 2003 年版。

［50］王玲宁、张国良：《网络暴力游戏对青少年的“涵化”影响——对

上海市中学生的调查》，《当代青年研究》2005 年第 5 期，第 6 ~ 10 页。

［51］王玲宁：《社会学视野下的媒介暴力效果研究》，上海：学林出版社 2009 年版。

［52］王敏如：《电视剧之性别刻板印象与儿童诠释之初探性研究》，世新大学传播研究所硕士学位论文，1999 年。

［53］王晓华：《大众传播、人际传播及直接经验的议程设置与涵化效果——以深圳的社会治安议题为例》，《新闻与传播研究》2009 年第 3 期，第 50 ~ 59 页。

［54］王旭：《收看电视与对治安观感之间的关联：培养理论的验证》，发表于台湾社会问题学术研讨会，“中央研究院”社会学研究所，台北，1999 年。

［55］王莹：《电视文化的涵化培养与“消费示范”——电视媒介的“消费示范”功能》，《渤海大学学报》（哲学社会科学版）2010 年第 4 期，第 148 ~ 151 页。

［56］魏谨、佐斌、温芳芳：《暴力网络游戏与青少年攻击内隐联结的研究》，《中国临床心理学杂志》2009 年第 6 期，第 33 ~ 36 页。

［57］翁秀琪：《大众传播理论与实证》，台北：三民书局 1992 年版。

［58］吴明隆：《SPSS 统计应用实务：问卷分析与应用统计》，北京：科学出版社 2003 年版。

［59］肖小霞、任许文：《网络暴力游戏与青少年成长——基于 6 家网吧 250 位游戏玩家的实证调查》，《青年探索》2007 年第 5 期，第 34 ~ 37 页。

［60］徐乐、邹德伟、李高华：《电视暴力对受众的心理影响》，《吉林艺术学院学报》2008 年第 3 期，第 22 ~ 25 页。

［61］徐翔：《“涵化”理论及其在效果研究应用中的主要矛盾》，《西南民族大学学报》（人文社会科学版）2010 年第 3 期，第 116 ~ 120 页。

［62］徐鑫鑫：《反思涵化研究的方法论》，《青年记者》2008 年第 18 期，第 53 页。

［63］杨帆：《媒体暴力与媒介素养》，《今传媒》2009 年第 5 期，第40 ~ 42 页。

［64］杨静：《从涵化理论的角度看电视暴力对儿童的影响》，《中国商界》（下半月）2008 年第 4 期，第 233 页。

［65］雨文：《“我们都是杀人犯”——美国电视界对暴力内容采取限制措施》，《新闻战线》1993 年第 10 期，第 21 ~ 23 页。

［66］曾凡林、戴巧云、汤盛钦、张文渊：《观看电视暴力对青少年攻击

行为的影响》，《中国临床心理学杂志》2004 年第 1 期，第 41 ~ 47 页。

［67］曾鸿：《卡通暴力影响下的儿童媒介素养教育》，《现代传播》2008 年第 3 期，第 51 ~ 58 页。

［68］张国华：《暴力网络游戏偏好与青少年死亡认知的关系》，《中国校医》2008 年第 6 期，第 33 ~ 36 页。

［69］张克旭：《从媒介现实到受众现实——从框架理论看电视报道我驻南使馆被炸事件》，《新闻与传播研究》1999 年第 2 期，第 40 ~ 51 页。

［70］张玮、李坤：《韩国电视长剧的涵化理论分析》，《青年文学家》2009 年第 15 期。

［71］张晓冰、陈少徐、黄艳苹、程伟：《广州市青少年网络暴力游戏状况分析》，《新闻界》2009 年第 4 期，第 42 ~ 44 页。

［72］郑日昌、李占宏：《共情研究的历史与现状》，《中国心理卫生杂志》2006 年第 4 期，第 277 ~ 279 页。

［73］朱世达主编：《美国市民社会研究》，北京：中国社会科学出版社 2005 年版。

［74］赵允芳：《解剖“媒体暴力现象”》，《传媒观察》2004 年第 12 期，第 18 ~ 20 页。

后　记

2012年的夏天，当我坐在九份山顶奋战博士论文的最后一章时，曾发了这么一条微博：“在九份的咖啡馆……写论文ing……想起巴黎时的‘@糖糖笑掉大牙’同学，还有Dresden、Berlin、Prague的旅馆中夹着香烟手指翻飞的‘@麦_未_央’同学，请问你们的后记中有记录这段旅途中苦逼的赶论文的美好经历吗?”，3年后，我终于如愿把这段文字放在了即将出版的博士论文的后记里。然而，今天的我们已经很少使用微博，而转战其他或许注定走向衰落的社交媒介了。

正如该书的研究对象——青少年们，和5年前我进行数据搜集时相比，其媒介接触习惯及娱乐消费行为亦发生了许多变化。具体到游戏而言，当时还是新生事物的手机游戏如今已发展得如火如荼。时代在飞速地发展，科技进步日新月异，很多时候分辨不清究竟我们是时代变革的推动者，还是身不由己地被时代洪流裹挟着奔涌前进。如诺基亚那句著名的广告语“科技以人为本”所言，科技发展应以人的需求为出发点，但有时却像打开了潘多拉宝盒，在享受其带来的便利与满足的同时，我们难以预估其造成的负面影响。

著名的涵化论者Larry Gross在2012年ICA年会上的发言曾指出：“正如我们的现实世界已经被破坏一样，我们的文化环境在商业化的媒介浸润之下也遭到了污染。我们应该利用自己的知识与智慧，来揭示媒介系统的商业运作——这是作为一个教育者应该提供的媒介素养的核心。”对于传播学者而言，这或许是媒体迅速流变的一个世纪以来传播研究不变的初衷，同样亦是本研究试图要追求的价值。

在本书即将付梓的时刻，要感谢我的博士导师冯应谦教授多年来的悉心指导。此次出书，承蒙您欣然作序，今后的学术研究当不辜负您的殷切期望。梁永炽教授、邱林川教授、卜卫教授等多位师友在我论文的撰写和答辩过程中都提出了许多中肯和宝贵的意见和建议，张引同学非常慷慨地提供了自己关于结构方程模型的书籍和笔记，并在数据处理阶段给予了我大力的支持，对此我一直深深地感恩。还要感谢多位帮忙派发问卷的朋友以及接受调查的孩子们，没有你们的积极参与，本书将始终是空中楼阁。

暨南大学出版社的史学英编辑为本书的出版付出了许多心血，这是我们的第二次合作，他严谨、细致而耐心的工作态度让我印象深刻且受益匪浅。

最后要深深地感谢我的强大后援——母亲张春英女士和我的先生刘大会。在港求学7年间，他们始终不移的关爱、宽容与支持，让我得以心无旁骛地实现自己的梦想。

这本书还要送给你，妞妞。在论文的构思阶段，你悄然到来；在四处派发问卷的忙碌中，你静静地在妈妈肚子里陪伴。可以说，本书从孕育到出版，你是全程的见证者和参与者。记得一位作者在其博士论文的后记里致谢自己的孩子时说“without whom this dissertation may have finished earlier”。当时我心有戚戚焉地大笑。现在我想要告诉你，与你带来的快乐相比，这些是多么微不足道。

作 者

2015年3月